KB140154

조선유학의 교육철학사상 변주 Ⅰ

— 성리학의 확장과 심화 —

연찬의 시공간을 배려해 준
아내 유희재 박사에게

조선유학의 교육철학사상 변주 Ⅰ
— 성리학의 확장과 심화 —

신창호 지음

경인문화사

머리말

이 책은 조선유학을 교육학의 관점에서 정리한 것이다. 특히, 16세기 중·후반부터 17세기 초반까지 조선 중기 유학이 지닌 몇몇 특징을 교육철학사상의 시선으로 조명하였다. 책의 제목에서 '변주(變奏)'라고 한 것은 음악에서 '어떤 주제를 바탕으로 리듬(rhythm)이나 멜로디(melody) 또는 하모니(harmony)를 변형하여 연주하듯이', 조선유학이라는 주제에 터하여 변주하는 양상을 비춰보며 스펙트럼의 차이를 엿보았기 때문이다. 참고문헌에 제시한 것처럼, 지금까지 발표한 논문과 저서 가운데 주요 내용을 정돈하고 수정·보완하여 재구성하였다.

조선유학이라는 전문 영역을 고려하여, 성리학(性理學)의 주요 개념을 한자(漢字) 그대로 노출해 놓았고, 핵심 용어나 내용의 경우에는 중복되는 부분일지라도 반복 제시하여, 각 장별로 내용의 완결성을 갖도록 하였다. 또한 이해를 돕기 위해, 성리학의 주요 개념이나 용어는 교육학적 의미를 부여하거나 현대적 언어로 번안하였다. 필요에 따라서는 한문(漢文)의 구절이나 단락을 적절하게 자르거나 나누어서 제시하기도 하였다.

조선 중기의 유학자 가운데 훌륭한 학자가 많다. 하지만 여기에서는 교육철학사상에 의미를 부여할 만한 유학자 7명을 선정하여, 사유의 변주를 들어 보았다. 아동교육의 차원에서 다룬 소요당 박세무(逍遙堂 朴世茂, 1487~1564)를 비롯하여 성인교육 및 지도자 교육, 일반교육, 유학교육철학사상의 심화 등에 대해 퇴계 이황(退溪 李滉, 1501~1570), 남명 조식(南冥 曺植, 1501~1572), 율곡 이이(栗谷 李珥, 1536~1584), 내암 정인홍(來庵 鄭仁弘, 1535~1623), 석탄 이신의(石灘 李愼儀, 1551~1627), 여헌 장현광(旅軒 張顯光, 1554~1637) 등이다.

퇴계 이황과 남명 조식, 그리고 율곡 이이의 경우, 다양한 영역에서 많은 연구가 진행되었으나 다른 학자들은 연구 성과가 상대적으로 적은 편이다. 특히, 교육철학사상으로 정돈한 사례는 미미하다. 퇴계와 남명, 율곡과 내암은 비슷한 시기에 출생하였으나 다른 길을 선택한 대표적 유학자이다. 동일한 성리학을 교육의 모체로 삼았으면서도, 그 실천의 양상에서 무게중심이 다르다. 철학사상의 차이가 교육행위에 반영될 때, 얼마나 엄중한가! 그 적나라한 모습이 이들에게서 발견된다. 소요당과 석탄, 여헌의 경우에도 유학교육 철학사상의 독특성이 엿보인다. 그들의 사유를 점검하면서 다른 유학자들이 강조한 교육적 특징을 검토하면, 조선유학이 지향하는 교육철학을 보다 풍부하게 확인할 수 있으리라.

　　여러 가지로 부족하지만, 이 책을 통해 한국교육철학사상의 지평이 확장되기를 기대한다.

2020. 11. 입동(立冬) 무렵.

신창호

목 차

머리말

2장 지도자 교육의 기본 모형
― 퇴계 이황의 『성학십도』 ―

3장 깨달음의 각성 교육
― 퇴계 이황의 내면 지향 학문 ―

7장 수양교육의 사회적 실천
　　－ 내암 정인홍의 실천교육 정신 －

조선 유학교육의 사상적 기초

원시유학에서 성리학까지

조선 유학은 주자(朱子; 朱熹, 1130~1200)가 집대성한 주자학(朱子學)에 기초한다. 주자학 형성의 근거이자 확장인 성리학(性理學)이다. 공자(孔子)가 초기 유학[1]을 집대성(集大成)하기 이전부터, 유학은 교육의 중요성을 강력하게 피력했다. 요(堯)·순(舜)시대에서 하(夏)·은(殷)·주(周) 삼대(三代)를 거치면서 형성된 교육제도와 사유가 그것을 잘 보여준다. 주나라 이후, 춘추전국시대에 들어서면서, '공자의 인(仁)', '맹자의 의(義)', '순자의 예(禮)' 사상은 교육의 중요성을 더욱 강화하며 교육철학을 다져왔다.

한(漢)나라 때는 유학이 동중서(董仲舒)에 의해 국가이데올로기로 정립되면서, 중화주의(中華主義) 교육의 기반을 다졌고, 남송(南宋) 때의 주자에 이르러서는 정치와 교육, 삶의 전 과정을 수양해 나가는 학문의 양식으로 발전한다. 이때 교육철학의 기초는 일상(日常; life itself)을 강조하는 삶의 학문(學問)이다. 그 상징적 언표가 "일상생활에서 해이해진 마음을 바로잡는 일일뿐"[2]이라는 맹자의 한탄이다.

유학교육의 초기 모습은 『서경(書經: 尙書)』에서 순(舜)임금이 호소하는 장면에 엿보인다. "설(契)이여! 백성은 서로 친하게 지내지 않으며, 오품(五品)을 따르지 않고 있다. 그대에게 사도(司徒)의 직책을 맡기니, 오교(五敎)

---

1) 초기에 형성되는 儒學은 孔子의 集大成 이후, 成均館이나 鄕校의 配享에서도 확인할 수 있듯이, 顔子-曾子-子思-孟子로 이어지는 사상적 脈을 중심으로, 荀子에 의해 다시 정돈되면서 사유를 확장한다. 이를 原始儒學 또는 本原儒學이라고 명명하며, 유학의 근원이나 근본을 형성하고 있다.
2) 『孟子集註』「告子」上: 學問之道, 無他, 求其放心而已矣.

를 가르쳐 백성이 너그러운 마음을 가지고 살 수 있도록 하라."³⁾ 제도가 제대로 정비되지 않았던 조금 덜 개화된 시대의 교육은 사람 사이에 발생하는 삶의 관계 정돈을 요청하는 가운데 진행되었다. 오품(五品)이라는 다섯 가지 등급 관계는, 집안에서 이루어지는 동시에 사회적으로 확장되는, 부자(父子), 군신(君臣), 부부(夫婦), 장유(長幼), 붕우(朋友)라는 인간의 질서이고, 이후 『맹자』와 『중용』에 등장하는 오륜(五倫)과 직결된다. 그것은 사도(司徒)라는 교육 담당관에 의해 인간을 교육하는 형식이다. 이런 제도로서의 교육이 강조된 이후, 교육에 관한 보다 풍부한 사유는 『예기(禮記)』「학기(學記)」에서 발견된다.

　　좋은 생각을 내서 법도에 맞게 하고 착한 일을 추구하면, 조그마한 영예를 얻을 수는 있으나 많은 사람에게 감동을 주기에는 부족하다. 자기 몸을 낮추어 훌륭한 인격을 갖춘 사람에게 나아가고 처지를 바꾸어 멀리 있는 아래 사람의 마음을 헤아린다면, 많은 사람에게 감동을 줄 수는 있으나 모든 사람을 감화시키기에는 부족하다. 인격을 갖춘 사람인 군자가 일반 사람인 백성을 감화시켜 아름다운 풍속을 이루려 한다면, 반드시 배움으로 말미암아야 한다. 옥은 다듬지 않으면 그릇으로 만들 수 없고, 사람은 배우지 않으면 도리를 알지 못한다. 때문에 옛날에 임금이 나라를 세우고 군주 노릇을 할 때 가르치고 배우는 일을 먼저 했다.⁴⁾

---

3) 『書經』「舜典」: 帝曰, 契, 百姓不親, 五品不遜, 汝作司徒, 敬敷五教, 在寬.; 孔穎達의 『尙書正義』에 의하면, 五品은 집안에서 형성된 尊卑의 질서 차이를 말하는 것으로 '父·母·兄·弟·子'의 관계이다. 五教는 '義·慈·友·恭·孝'로 아버지에게는 의로운 행위를 할 수 있도록 가르치고 어머니에게는 사랑하는 삶을 가르치며 형에게는 우애하는 행동을 가르치고 아우에게는 공경하는 행실을 가르치며 자식에게는 효도하는 삶의 양식을 가르치는 윤리적 작업이다. 이는 일상에서 항상 실천할 수 있는 다섯 가지 일이기 때문에 五常이라고 한다.

4) 『禮記』「學記」: 發慮憲, 求善良, 足以諛聞, 不足以動衆. 就賢體遠, 足以動衆, 未足以化民. 君子如欲化民成俗, 其必由學乎. 玉不琢, 不成器, 人不學, 不知道. 是故古之王者, 建國君民, 教學爲先.

'가르침과 배움'이라는 교학(教學)은 군주와 백성 사이에 이루어지는 교화(教化)와 순종하는 백성으로서의 습관형성 행위이다. 군주는 자기 수양을 거친 교육자이고, 백성은 어리석은 상황에 처해 있는 피교육자[학습자]로 자리매김 되어 있다. 군주와 백성은 두 차원으로 설명된다. 먼저, 군주는 교화의 주체로서 덕망을 갖추어야 한다. 그것은 군주로서 당연한 의무이자 도리이다. 군주는 최고의 인격체로서 완성된 인간이어야 하고, 그것을 기반으로 백성을 교화해야만 했다. 이는 한 국가의 최고지도자로서 통치를 위한 교도(矯導)의 과정이었다. 다음으로 백성은 어리석고 부족하며 미숙한 존재였다. 따라서 천도(天道)로서 온전한 덕망을 체득한 군주로부터 인간의 도리를 깨우쳐야 하고, 그의 통치에 익숙해져야 하는 교육의 객체였다. 그들은 철저하게 교화의 대상이었고, 군주가 요청하는 습관을 형성하여 일방적으로 따라야 하는 존재였다.

이런 점에서 유학의 초기 교육은 '교화(教化; edification)'의 형태로 시행되었다.5) 군주의 경우, 교육은 수기(修己)를 통해 자신의 직분(職分)을 정립하고 치인(治人)을 통해 백성을 교화하는 작업이었다. 백성의 경우, 인간의 도리인 오륜을 주입받고 깨우치며 인간의 관계 질서를 파악해 나가는 인간 조성 작용이었다. 초기 유학을 집대성한 공자는 이러한 사고를 바탕으로 다음과 같이 교육을 자리매김한다.

공자가 위나라에 갈 때, 염유가 수레를 몰았다. 공자가 말했다. "백성

---

5) '教化'는 특수한 상황에 처한 개인의 입장을 고려한 啓蒙이나 訓導 활동으로, 특정한 목적과 이데올로기(ideology), 주의(ism) 등을 일방적으로 주입하는 과정이다. 예를 들면, 유교나 기독교, 이슬람교 등과 같은 종교나 공산주의 국가에서 그들의 교리나 이론을 주입하여 국민들을 무장시키거나 의식화하는 경우가 이에 해당한다. 유학에서 군주가 백성을 가르치는 형식은 오륜을 중심으로 하는 윤리 도덕의 주입이라는 측면에서 교화의 양식을 담보하고 있다. 이는 민주주의적 의미의 교육(education)과 상당한 차이를 보이지만, 여기에서는 편의상 교화와 교육을 유사한 의미로 사용한다.

들이 참 많기도 하구나!" 염유가 물었다. "백성들이 많아졌으면 무엇을
더해야 합니까?" 공자가 말했다. "부유하게 해 주어야 한다." 염유가 물
었다. "부유해졌으면 또 무엇을 더해야 합니까?" 공자가 말했다. "가르
쳐야 한다!"[6]

공자와 염유의 대화가 지시하는 핵심은 국가 통치의 기본 요건에 관한
것이다. 국가의 구성 요건은 '인구'와 '경제', 그리고 '교육'이라는 세 가지
로 정돈된다. 그것을 전반적으로 운용해 나가는 큰 활동이 정치이다. 세 가
지 요건 가운데 인구 증가와 경제적 부(富)의 창출은 국가를 지속하기 위
한 물질적 바탕이다. 인구 증가는 농사를 짓기 위한 노동력의 확보와 외부
적의 침입으로부터 보호하기 위한 군사력의 확보와 연관된다. 경제적 부의
창출은 생활의 안정이나 복지와 직결된다. 교육은 이를 바탕으로 진행되는
정신적 기초의 건설이다. 즉 백성을 통치하기 위해 그들이 윤리 도덕을 갖
출 수 있도록 강변하는 수준의 교화이다.

교화가 강조되는 이유는 간단하다. 인간의 욕망(慾望)때문이다.『서경』
의 심법(心法)[7]에서 '인심유위(人心惟危)'라고 했듯이, 인간은 사리사욕(私
利私慾)으로 인해 스스로 삶을 위태롭게 만든다. 특히, 경제적 부의 창출을
통해 물질적 풍요를 누리게 되었을 때, 윤리 도덕적 측면의 정신적 황폐화
를 가져오기 쉽다. 정신적 황폐화는 금수(禽獸)와 같은 영혼 없는 생활로
전락하기 쉽고, 물질적 향락에 빠져 인간의 존재 의의를 상실할 수도 있다.

---

6)『論語集註』「子路」: 子適衛, 冉有僕, 子曰, 庶矣哉. 冉有曰, 旣庶矣, 又何加焉.
   曰富之. 曰旣富矣, 又何加焉. 曰教之.

7) 儒學을 흔히 心學이라고도 하는데, 이는 '16字 心法'으로 명명되는 "人心惟危, 道
   心惟微, 惟精惟一, 允執厥中"이라는『書經』「大禹謨」의 구절에서 기원한다. 16
   자 심법은 人心과 道心이라는 '인간의 마음'과 '자연의 마음', 즉 인간의 '욕망'과
   자연의 '순수'라는 마음의 두 축을 표현한다. 유학은 人心道心의 이해와 파악에
   따라 인간의 지향점을 지시해 주고, 자연[天; 道心]의 질서에 인간[人; 人心]의 무
   질서를 합치하려는 자기 조절을 강조한다.

공자의 인식은 인간의 가치, 인간만이 지닌 윤리 도덕적 질서를, 교화를 통해 의식화하려는 열망이다.[8]

공자의 교육에 관한 인식은 맹자와 순자로 이어지면서 그 생명력을 이어간다. 익히 알고 있듯이, 맹자는 선단론(善端論)[9]을 주장했다. 맹자는 '군자삼락(君子三樂)'에서 '교육(敎育)'의 의미를 자리매김하기도 했지만,[10] '선단(善端)을 확충해 가는 과정'을 교육으로 인식한다. 모든 인간에게 단서(端緒)로 자리하고 있는 사단(四端)을 확충해 나가는 일이 다름 아닌 교육이다. 맹자는 이를 인륜(人倫)을 밝히는 작업으로 명시했다.

> 옛날부터 상(庠)·서(序)·학(學)·교(校)를 설치하여 백성을 가르쳤다. 상(庠)은 '봉양한다'는 뜻이고, 교(校)는 '가르친다'는 뜻이며, 서(序)는 '활쏘기를 익히다'는 뜻이다. 하나라에서는 교(校)라 하였고, 은(殷)나라에서는 서(序)라 하였으며, 주(周)나라에서는 상(庠)이라 하였고, 학(學)은 하·은·주 세 나라가 공통적으로 쓴 명칭이다. 모두 인륜(人倫)을 밝히는 작업이었다. 인륜이 위의 지도자에서 밝으면 사람들이 아래에서 친해질 것이다.[11]

---

8) 『論語集註』「子路」: 富而不敎, 則近於禽獸. 故必立學校, 明禮義以敎之.
9) 일반적으로 孟子의 性論이나 心論을 '性善說'로 이해하는 경우가 많다. 엄밀하게 말하면, 그것은 "惻隱之心, 仁之端"과 같은 표현에서 확인할 수 있듯이, '善端'으로 이해하는 것이 정확하다. 端緒는 確定이나 結論이 아니라 문제를 해결해 나가는 부분에서 첫 단계에 해당하는 始作이다.
10) 『孟子集註』「盡心」上: 孟子曰, 君子有三樂, 而王天下不與存焉. 父母俱存, 兄弟無故, 一樂也. 仰不愧於天, 俯不怍於人, 二樂也. 得天下英才而敎育之, 三樂也. 君子有三樂, 而王天下不與存焉; 이 구절에서 '敎育'이라는 용어가 처음으로 등장하는 데, 이는 敎化의 의미도 포함하고 있으면서도 상당히 포괄적 차원으로 이해된다.
11) 『孟子集註』「滕文公」上: 設爲庠序學校, 以敎之, 庠者, 養也, 校者, 敎也, 序者, 射也. 夏曰校, 殷曰序, 周曰庠, 學則三代共之, 皆所以明人倫也. 人倫, 明於上, 小民, 親於下.

맹자가 언급한 상·서·학·교는 중국 삼대 때의 학교이다. 시대와 나라는 다르지만, 학교를 설치한 이념이나 본질은 공통적으로 '인륜을 밝히는 일'이었다. 인륜은 인간이 살아가는 데 필수적인 질서 체계인 윤리나 도덕을 말하는데, 유학의 경우 오륜(五倫)이 그 핵심이다. 오륜은 '부자유친(父子有親), 군신유의(君臣有義), 부부유별(夫婦有別), 장유유서(長幼有序), 붕우유신(朋友有信)'으로 그 끝자리 글자를 따서 '친(親)·의(義)·별(別)·서(序)·신(信)'이라고도 한다.

이 가운데 부자유친과 군신유의, 장유유서는 인간관계에서 '상하 수직질서'를 상징하고, 부부유별과 붕우유신은 '전후좌우 수평질서'의 차원이다. 상하 수직질서 가운데 가정에서 혈육 간의 관계가 부자유친이고, 사회 조직에서의 약속 관계가 군신유의이다. 또 사회조직 전체의 일반적인 인간관계가 장유유서이다. 이 관계 질서를 형성하는 요인으로는 나이, 학문, 관직, 지위, 직업 등 다양한 기준이 있다. 그리고 때와 장소 등 상황에 따라 다르게 적용된다. 전후좌우 수평질서 가운데 붕우유신은 사회적 관계이고, 부부유별은 가정의 질서였다. 이 중에서 부부유별은 인륜의 시작[12]이다. 왜냐하면, 모든 인간의 탄생은 부부(夫婦)에서 비롯되기 때문이다.

이처럼 오륜은 인간 사회의 질서 전반을 함축하고 있다. 그것은 교육이라는 제도적 장치를 통해, 공동체 내부 구성원 상호 간의 화합과 인륜 질서의 확립, 그리고 구성원들의 인격적 완성에 초점을 두었다. 오륜을 비롯한 다양한 유학의 덕목들은 '관계 중심적(relation-oriented)'이고 '역할 중심적(role-oriented)'이다. 사회적 역할 관계에서 개인이 맡은 직분의 원활한 수행과 이를 통한 공동선의 실현을 목표로 삼는다.[13] 이런 역할과 기능론은 오륜을 비롯하여 공자의 '정명(正名)', 맹자의 '노력자(勞力者)/노심자(勞心者)', 순자의 '분(分)'에서 잘 드러난다. 이는 인간이 수행해야 하는 마

---

12)『中庸章句』12章: 君子之道, 造端乎夫婦, 及其至也, 察乎天地.
13) 이승환,『유가사상의 사회철학적 재조명』, 서울: 고려대 출판부, 1998, 142~147쪽.

땅한 길인 '인도(人道)'를 의미한다. 그 길[道: way]은 다름 아닌 인류의 본질이자 인간 생활의 특징을 표현한다.[14] 그 도정(道程)에서 삶의 내용과 형식을 구체적으로 밝혀 이해시키는 작업이 교육의 핵심이다. 이런 점에서 맹자의 교육은 인간의 본질인 선(善)과 그를 바탕으로 덕목화한 오륜을 구체적으로 체득하여 생활에 적용하고 개인과 사회를 지속하는 데 있다. 도덕적 인간으로서 개인의 완성은 물론, 사회의 윤리 질서까지도 보장하려고 했다.

맹자의 사유에서 볼 때, 상대적으로 맞은편에 있다고 인식되는 순자는 맹자의 선단(善端)을 거부했다. 인간이 선천적으로 '도덕적 성향'을 지녔다는 데 상당히 소극적이었다.[15] 왜냐하면 인간은 원초적으로 이기적 욕망(欲望: desire)을 지니고 있다고 판단했기 때문이다. 그 욕망은 순자가 '예(禮; 禮義; 禮法)'를 들고 나온 근원이 되었다.

예는 무엇 때문에 생긴 것인가? 사람에게는 태어나면서부터 욕망이 있다. 욕망을 채우지 못하면, 끊임없이 그것을 추구한다. 욕망 추구에는 절제와 한계가 없다. 그러므로 서로 다투지 않을 수 없게 된다. 다투면 사회가 어지러워지고 어지러워지면 궁색해진다. 옛날 왕들은 그 어지러워짐을 싫어하였다. 그러므로 예의를 제정하여 욕망에 일정한 한계를

---

14) 孫培靑, 『中國敎育史』, 上海: 華東師範大學出版社, 2000, 71쪽.

15) 대부분의 경우, 孟子와 荀子를 극단적으로 대비한다. 즉 맹자는 性善說, 순자는 性惡說로 이해하여 '善'과 '惡'의 구도로 정돈한다. 그러나 맹자의 善端과 순자의 性惡은 인간의 본성이나 마음을 이해할 때 극단적으로 반대편에 배치하기보다는 그 특성의 차원이 다름을 인지할 필요가 있다. 맹자의 경우, 인간은 도덕적 善의 실마리를 원초적으로 간직해 있으므로, 그것을 擴充해 나가려는 노력을 중시하고, 순자의 경우, 인간은 자기중심적인 惡을 근원적으로 지니고 있으므로, '나쁘다[나쁜 만이다]'라는 욕심을 制御하고 調節하려는 노력이 중시하는 특성을 지닌다. 이는 '선=긍정=좋음'과 '악=부정=나쁨'으로 대비하기보다는 '맹자=善端=타고난 도덕성의 씨앗'과 '순자=性惡=자기중심적 사고'에 대한 교육의 두 가능성으로 이해할 필요가 있다. 인간의 본성[마음]을 동전에 비유할 때, 그 양면처럼 이해하고 삶을 해석해 나가면 개인과 사회를 성찰하는 시선이 넓어질 수 있다.

긋고 사람들의 욕망을 길들였으며, 사람들의 욕구를 충족해 주었다. 욕
망이 재물 때문에 파탄되지 않도록 하고, 재물이 욕망 때문에 바닥나지
않게 하여, 이 양자를 서로 조화 있게 균형을 이루도록 하였다. 이것이
예가 생긴 까닭이다.16)

욕망은 인간 유기체 속에 선험적으로 내재된 본질적 요소이다. 라깡(J.
Lacan)에 의하면, 욕망은 어떤 만족으로도 제한되지 않는, 끝없는 영원한
결핍을 내부에 지니고 있다.17) 인간은 끊임없이 욕망을 추구한다. 그런 가
운데 개체적 욕망의 대결과 갈등은 사회적 혼란을 야기한다. 사회의 안정
과 지속을 위해, 외부에서 욕망에 제재를 가하거나 조절해야 할 필요성이
대두된다.18) 순자는 예를 욕망을 잘 길러 결핍을 충족시켜 주는 것19)으로
이해했다. 욕망의 충족과 조절, 감시를 위한 사회 제도적 장치가 다름 아닌
예이다. 이런 점에서 예는 비뚤어질 가능성이 있는 인간 존재를 올바르게
세우는 교육적 기능을 담당한다.

순자는 생각했다. "인간은 예가 없으면 살아갈 수 없다. 그러기에 선(善)
으로 남보다 앞서 실천하며 나아가 인도하는 일, 이것이 교육이다."20) 순
자는 욕망을 조절하고 갈등을 줄이기 위해 예(禮)를 통해 정치를 하고, 예
를 최고의 교육 사업으로 갈구했다. 예를 근거로 정치를 이행하는 예치(禮
治)는 궁극적으로 선을 지향하고 선으로의 회귀를 갈망하는 통치 행위이
다. 교육은 욕망으로 점철된 인간의 성품, 그로 인해 드러나는 사회적 병리
를 예(禮)라는 제도 장치 속에서 조절한다.

---

16) 『荀子』「禮論」: 禮起於何也. 曰, 人生而有欲. 欲而不得, 則不能無求. 求而無度
   量分界, 則不能不爭. 爭則亂, 亂則窮. 先王惡其亂也. 故制禮義以分之, 以養人
   之欲, 給人之求. 使欲必不窮乎物, 物必不屈於欲. 兩者相持而長. 是禮之所起也.
17) 김형효, 『構造主義의 思惟體系와 思想』, 서울: 인간사랑, 1992, 284쪽.
18) 권미숙, 「荀子 禮治思想의 社會思想的 含意」, 한국학대학원 박사학위청구논문,
   1996, 64쪽.
19) 『荀子』「禮論」: 禮者, 養也.
20) 『荀子』「勸學」: 人無禮則不生……以善先人者謂之敎.

원시유학의 교육에 대한 의미 규정은 주자가 사서(四書)로 주석하며 집대성한 유학에서 보다 확장되었다. 더구나 체계를 갖추면서 명확히 드러났다. 그 무엇보다도, 『소학(小學)』과 『대학(大學)』, 그리고 『중용(中庸)』을 통해 교육의 본질과 의미를 분명히 했다. 먼저, 『중용』의 첫머리를 보자.

> 하늘이 명령한 것을 본성[性]이라 하고, 본성을 성장시켜 가는 것을 길[道]이라 하고, 길을 닦는 것을 가르침[敎]이라고 한다!21)

이 유명한 『중용』의 머리 장, 세 구절은 유학 사상의 총 강령에 해당한다. '하늘이 명령한 것을 본성'이라고 하는 말은 '인본주의(人本主義)'의 요체가 되는 진리이다. '본성을 성장시켜 가는 것을 길'이라고 하는 말은 '진덕수업(進德修業)'하는 공부의 요체가 되는 근본이다. '길을 닦는 것을 가르침'이라고 하는 말은 교화와 정치를 하는 요체가 되는 방법이다.22) 이 세 구절에 유학의 진리와 근본, 그리고 방법이 간명하게 함축되어 있다.

'천명(天命)이 바로 성(性)'이라는 인식에서 볼 때, 인간은 하늘의 명령을 통해 개인적·사회적 성품을 부여받았다. 때문에 모든 인간에게 존재하는 성품은 하늘의 법칙과 질서를 각자 고유하게 간직하고 있다. 이는 맹자가 말하는 '인의예지신(仁義禮智信)'이라는 덕(德)이 나에게 갖추어져 있다는 이해와 동일한 맥락이다. 하늘의 뜻은 하늘의 도리인 천도(天道)이다. 천도는 자연의 질서이자 섭리이다. 인간의 길인 인도(人道)는 하늘의 명령에 따라 수행해 간다.

맹자 이후, 선단(善端; 性善)으로 규정된 본성은 당위적으로 따라야 하는 사람의 기준이다. 나아가 일상에서 확충해야 하는 인생의 존재 근거이다. 여기에서 본성을 확충하는 양식, 때와 상황에 따라, 능력과 자질에 따라, 절도 있게 하는 방법의 '제도적 장치'가 다름 아닌 교육이다. 그러므로 주

---

21) 『中庸章句』1章: 天命之謂性, 率性之謂道, 修道之謂敎
22) 김충렬, 『中國哲學散稿』Ⅱ, 청주: 온누리, 1990, 191쪽.

자는 그것이 "예악(禮樂)이나 형정(刑政)의 형태로 현실감 있게 드러난다."[23]라고 했다.

『중용』은 텍스트 전체가 이 첫머리를 일관되게 풀어내며, 유학교육의 본질을 언급한다. 인간 존재는 하늘의 명령인 천도(天道; 자연의 질서)를 부여받았다. 그 천도를 본받아 나아가는 것이 인간의 삶이다. 따라서 인간은 일상생활 가운데 적절한 상황에 합당하게 대처해야 한다. 그 방식이 교육이다. 여기에서 천인합일(天人合一), 즉 자연의 섭리와 인간의 길을 화합하려는 유학교육의 본질이 드러난다.

이런『중용』을 현실감 있게 구체적으로 표출한 것이『대학』의 교육철학이다.『대학』은『중용』에서 제시된 '성(性)―도(道)―교(敎)'의 원리를 3강령(三綱領)으로 전환하여 설정하고, 다시 세부적으로 8조목(八條目)을 제시한다. 그것은 보다 역동적으로 교육과 정치의 실천을 유도한다.

> 교육의 길은 마음[본성]을 밝히는데 있고, 백성을 새롭게 거듭나도록 하는 데 있고, 가장 착한 인간의 삶에 그치는 데 있다.[24]

이 3강령은 교육의 대전제를 본질적으로 언급한 대목이다. 세부적으로 논의하면 다음과 같다.

첫째, '마음을 밝히다'에 해당하는 '명명덕(明明德)'은 자연의 섭리에 따

---

23) 『中庸章句』 1章: 聖人因人物所當行者, 而品節之, 以爲法於天下, 則謂之敎. 若禮樂刑政之屬是也.;『中庸』의 첫머리 "天命之謂性, 率性之謂道, 修道之謂敎"에서 맨 마지막에 자리한 '敎'를 주자는 '禮樂刑政'으로 드러난다고 했다. 이때, 敎는 일반적 의미의 교육(education)과는 상당한 거리가 있고,『中庸』내부에서도 상황에 따라 敎의 의미가 다르게 읽히기도 한다.

24) 『大學章句』 經1章: 大學之道, 在明明德, 在新民, 在止於至善; 교육을 강조하는 차원에서 '大學之道[큰 배움의 길]'를 '교육의 길'로 강조하였다. 중국 근대의 학자인 辜鴻銘은 大學을 영어로 번역할 때, '큰 배움(Great Learning)'이라 하지 않고 '高等教育(High Education)'으로 번역하였다. 어떻게 이해하건 大學은 敎育과 직결된다.

라 천도(天道)로 이미 부여된 착한 마음을 밝혀 깨닫는 일이다. 왜냐하면 마음은 사람이 자연[하늘]에서 얻은 것으로 텅 비어 있는 것 같지만, 신비스런 작용을 하며 어둡지 않고, 모든 이치를 갖추고 모든 일에 응할 수 있기 때문이다.[25] 마음은 인간 존재를 상징적으로 형용하는 언표이다. 인간은 맹자의 주장처럼 세상의 모든 사안을 갖추고[26] 언젠가는 구현할 수 있는 일종의 현실적 가능태이다. 이런 인간의 본질을 깨닫는 사업이야말로 교육의 첫 번째 임무이다. 그것은 '자각(自覺)'하고 '자증(自證)'해야 하는[27] 개인의 존재와 본질을 각성하는 실존적 깨달음이다.

둘째, '백성을 새롭게 하다'에 해당하는 신민(新民)[28]은 군주가 자신의 존재를 깨닫고 백성을 변모시키는 일이다. 백성에게 다가가 그들을 새로운 차원의 인간으로 개조하겠다는 의지이다. 군주로서 자신의 덕성을 밝힘으로서 백성에게 다가서는 사안이다. 군주가 백성을 새로운 인간으로 교육하는 사업은 군주의 의무 가운데 가장 중요한 사항을 이행하는 일이자 책무성이다. 그것은 필연적으로 사회적 관심으로 이어지고 백성에 대한 배려(配慮)를 수반한다. 이 두 번째 교육의 본질은 첫 번째의 명명덕을 기반으로 연속된다.

셋째, '가장 착한 곳에 그치다'에 해당하는 지어지선(止於至善)은, 위의 명명덕(明明德)과 신민(新民)이라는 경지를 개인적·사회적으로 지속하는 일이다. 지속은 일상의 평화를 안내하고 일용의 풍족함을 갈망한다. 여기에서 말하는 가장 착한 경지는 군주가 지도자로서 착한 자신의 '마음을 밝

---

25) 『大學章句』經1章 註: 明德者, 人之所得乎天而虛靈不昧, 以具衆理而應萬事者也.
26) 『孟子集註』「盡心」上: 孟子曰, 萬物皆備於我矣.
27) 김철운, 「『大學』의 平天下思想에 관한 硏究」, 고려대학교 박사논문, 1998, 53쪽.
28) 『大學』古本에는 '親民'으로 되어 있는데, 여기서는 程子가 '新民'으로 해석했고, 朱子가 이를 받아들인 그대로 이해한다. 『大學章句』傳2章에서 "日新, 日日新, 又日新 …… 作新民 …… 維新" 등의 구절과 맞춘 것으로 볼 때 주자의 의도가 상당히 의미 있다고 판단된다. 王守仁[陽明]의 경우에는 古本 그대로 '親民'을 주장한다.

히고', 그것을 바탕으로 '백성을 새롭게 하는' 궁극적 관심이다. 다시 말하면, 군주에게 부과된 지도자로서의 마음, 지도자로서의 잠재능력을 바탕으로 지도자의 일에 충실하고, 지도자로서의 책무성을 다하는, 책임 정치의 발휘이다. 그런 군주의 모습은 다음과 같은 사회적 관계 질서 속으로 녹아든다.

> 군주가 되어서는 훌륭한 정치를 실천하는 데 힘을 쏟는다. 신하가 되어서는 공경한 행실로 정사를 보좌하는 데 힘을 다한다. 자식이 되어서는 효도하는 데 성의를 다한다. 부모가 되어서는 자식 사랑에 정성을 쏟는다. 타인과 사귐에는 믿음으로 삶의 관계를 지속한다.[29]

'가장 착한 곳에 그친다'는 지어지선(止於至善)은 군주의 정치와 교육에 대한 태도를 지적한다. 즉 명명덕(明明德)과 신민(新民)의 정치와 교육의 본질을 지속해 나가며 생명력을 지니도록 하는 대사업이다. 이렇게 볼 때, 교육은 군주가 자신의 본성이나 마음인 '명덕(明德)이 착하다'는 깨우침과 그것을 발현할 수 있다는 내면적 가치인식인 '각성(覺醒)'이 핵심이 된다. 동시에 그 마음을 백성에게 펼쳐나가는 사회적·외면적 가치실현이라는 본질을 담지(擔持)하고 있다. 이는 군주라는 지도자와 백성 사이의 조화를 꾀하는 일이다. 군주는 자각하는 존재인 동시에 백성을 통해 국가 사회에 대한 책무성을 지니고, 백성은 군주로부터 받은 교육의 힘으로 자각의 길을 열어 나가며 국가에 대한 책무성을 지녀야 한다.

조선 유학은 바로 이러한 유학의 교육 전통을 근거로 변주를 거듭하였다. 하지만, 15세기 조선 초기에는 성리학의 심화가 이루어지기보다는 국가 이데올로기로서 유학을 받아들이는 수준이어서 뚜렷한 교육사상이 정립되지 않은 시기였다. 1390년 조선 건국 직전에 권근(權近, 1352~1409)의

---

29) 『大學章句』 傳3章: 爲人君, 止於仁. 爲人臣, 止於敬. 爲人子, 止於孝. 爲人父, 止於慈. 與國人交, 止於信.

『입학도설(入學圖說)』이 처음 간행되고, 1425년에 재간행되기는 했지만, 이는 교육사상이라기보다는 성리학의 기초이론을 정돈하여 소개하는 성격의 철학개론서이다.

권근의 『입학도설』 서문에 의하면, 이 책은 초학자들에게 성리학의 기초지식을 쉽게 안내하는 것이 저술의 동기이다. 때문에 성리학 이론을 문자로 설명하고 그에 대한 그림을 그려 넣어 부족한 부분을 보조하는 풀이 방식인 도해(圖解)를 이용하였다.

그 내용을 보면, 「천인심성합일지도(天人心性合一之圖)」·「천인심성분석도(天人心性分釋圖)」·「대학지장지도(大學指掌之圖)」·「중용수장분석도(中庸首章分釋圖)」 등 40여 종의 도설이 수록되어 있다. 이 가운데 맨 앞자리에 있는 「천인심성합일지도」는 성리학을 이해하는데 가장 중요한 도설로 평가된다. 성리학의 중심개념인 태극(太極)·천명(天命)·리기(理氣)·음양(陰陽)·오행(五行)·사단(四端)·칠정(七情) 등의 문제를 하나의 도표에 요약하고, 그 상호관계와 개별적 특성을 쉽게 설명하고 있다.

이러한 성리학의 도입에 힘입어 조선은 사상 체계를 강화하고, 국가 시스템을 안정시켜 나갔다. 그 도정에서 교육의 중요성이 대두하였고, 구체적인 교육의 실천을 고민하게 되었다. 그 결과, 교육의 방향과 목적을 뒷받침하는 교육철학이 요청되고, 교과서 편찬을 비롯하여 교육실천을 위한 다양한 교육양식을 창출해 나갔다. 즉 교육이념의 공고화에 기여할 수 있는 교육사상의 진보가 이루어졌다.

1장 아동교육의 현실화와 구체적 양상

― 소요당 박세무의 『동몽선습』 ―

1. 여는 글

인간의 교육은 자연에서 시작한다. 출생 이전부터 진행되는 자연교육의 비형식적이고 잠재적 양태는 출생 이후의 유아기와 아동기를 거치면서 인위적이고 체계적인 형식교육의 양상으로 드러난다. 그것이 인간이 의도하는 교육이고, 조선은 성리학[주자학]이라는 이념을 교육의 근거로 삼았다.

하지만, 성리학을 기초로 확립된 조선의 전통 아동교육을 현대의 아동교육과 동일한 차원에서 재구성하는 작업은 거의 불가능하다. 왜냐하면 조선의 아동교육 양식은 현재 대한민국의 아동교육을 담당하는 유치원이나 초등학교 교육과 여러 측면에서 다르기 때문이다. 조선시대 왕실이나 특정한 지배계층을 제외하고, 일반 백성을 대상으로 하는 아동교육의 경우, 1895년 「소학교령」이 제정·공포되기 이전까지, 설립 주체가 국가인 공식 교육기관이 존재하지 않았다고 볼 수 있다. 따라서 아동교육은 가정이나 민간에 의해 설립된 초등 수준의 서당(書堂)에 의존하였다.

조선시대의 아동교육, 이른바 '동몽(童蒙)'교육은 현대의 교육에 비유하면, 초등학교 수준의 교육과 동일시된다. 하지만 조선시대 아동교육이 어떤 수준에서 어떤 내용을 중심으로 진행되었는지 그 구체적인 양상을 구명하기는 쉽지 않다. 조선의 전통 아동교육을 연구한 학자들은 동몽의 교재 분석에서 교육적 특징에 이르기까지 다양하게 고찰하지만, 그것은 주로 서당(書堂)이라는 교육기관과 가숙(家塾)을 중심으로 분석되었다. 또한 교육내용으로서 문자 학습서인 『천자문(千字文)』을 비롯하여 『유합(類合)』,

『훈몽자회(訓蒙字會)』, 『신증유합(新增類合)』 등에 대한 연구도 상당히 진척되었고, 유학의 입문서인 『동몽수지(童蒙須知)』를 비롯하여 『동몽선습(童蒙先習)』, 『소학(小學)』 등에 이르기까지 세밀한 분석과 내용상 특징을 구명하는 작업이 지속적으로 진행되어 왔다.

유학을 이데올로기로 내세운 조선의 경우, 아동을 대상으로 하는 초중등 수준의 교육이건 성인을 대상으로 하는 고등 수준의 교육이건, 연속적 차원에서 보면 학문의 궁극적 지향점은 동일하다. 다만, 단계별 목적과 내용, 방법에서 차이가 있다. 따라서 교육과정을 구성할 때도 대동소이한 절차를 밟는다. 이런 점에서 조선시대 아동교육의 초석을 놓은 『동몽선습』에서 어떤 교육의 과정이 담겨있는지, 논의할 필요가 있다. 그러나 문제는 다시 주어진다. '교육과정을 어떻게 정의하느냐?' 그에 따라 『동몽선습』이 의도하는 교육과정을 고찰하는 방식도 달라진다.

'교육과정'의 의미는 매우 광범위하다. '교과목의 모음'이라는 좁은 의미에서, '학교 안팎에서 일어나는 모든 경험'이라는 넓은 의미에 이르기까지 다양하다. 그것은 '교과내용', '학습경험', '학습계획', '학습결과'로서의 교육과정으로 나누어 설명되기도 한다. 그럼에도 불구하고 교육과정(教育課程; Curriculum)은 학습자에게 보다 나은 학습과 삶을 열어 주기 위해, '무엇을 가르치고 배울 것인가?'에 집중된다.

물론, 조선시대 아동교육을 담당한 핵심 교육기관으로 볼 수 있는 '서당'과 '가숙(家塾)'의 경우, 현대적 의미의 교육과정으로 분석하려면, 다양한 장치를 마련해야 한다. 여기에서는 교육과정을 '무엇을 가르치고 배울 것인가?'와 동일한 차원에서, 그 핵심을 담고 있는 교과서의 내용으로 이해한다. 허친스(R. M. Hutchins)를 비롯한 20세기 미국 항존주의(恒存主義; 永遠主義) 교육운동가들이 주장했듯이, '진리는 참이기에 어디에서든 동일하다. 따라서 교육과정은 영구불변의 교과로 구성되어야 한다!' 유학은 수기치인(修己治人)이라는 절대 가치를 추구한다는 차원에서, 영구불변의 진리를 지향하는 항존주의와 닮아 있다. 그러기에 교과내용으로서 교육과정 자체도, 조선시대 내내 큰 변화 없이 지속되었다.

조선에서 아동교육의 중요성을 인식하여 그 초석을 마련하고, 이후 그 교육과정을 온전하게 간직하고 있는 텍스트가 다름 아닌 소요당 박세무(逍遙堂 朴世茂, 1487~1554)의 『동몽선습』이다. 『동몽선습』은 조선이 건국된 지 150여년 후인 1543년에 출간되었다. 조선 중기 신진사류(新進士類)들이 정치적 참여와 사회 개혁의 의지가 좌절된 상태를 맞으면서, 이전에는 매우 중시되었던 『소학』을 금기시하는 경향과 분위기가 연출되는 상황에서, 그것을 대체할 새로운 교재의 필요성에 의해 저술되었다.[1] 송시열의 발문과 영조의 서문 등을 통해 볼 때, 『동몽선습』은 조선사회 아동교육 교재의 으뜸으로 자리매김 되었다. 1930년대 일제 강점기까지, 서당의 주요 교재로 사용될 정도였다.

이 책에서 『동몽선습』을 맨 앞에 둔 이유는 간단하다. 그것은 조선사회 아동교육의 기초를 제공한 텍스트이자, 최고 권위를 자랑하는 교재로, 조선시대 아동 교육과정의 모델이기 때문이다. 『동몽선습』은 그 내용의 우

---

1) 이달우, 「立巖 閔齊仁의 敎育思想」, 충남대학교 유학연구소, 『유학연구』 제18집, 2008 참조; 일반적으로 『童蒙先習』은 朴世茂가 지은 것으로 알려져 있다. 그러나 閔齊仁이 지었다는 설과 박세무와 민제인의 共著라는 설이 공존한다. 둘 다 書誌學的으로 구명되는 문제이다. 민제인 저자설은 안춘근(『한국서지의 전개과정』, 서울: 범우사, 1994), 류부현(『동몽선습』의서지적 연구, 중앙대 석사논문, 1989), 이달우(앞의 논문)등이 주장하였고, 박세무 저자설은 박동수(『『동몽선습』의 아동교과서적 의의와 저자 이설에 관한 연구」, 함양박씨종친회, 1986)가 밝혀 놓았다. 또한 박세무와 민제인의 공동 저자설은 최봉영(「『동몽선습』 연구」, 『항공대학교논문집』 22, 1884), 류부현(「『동몽선습』의 저자에 관한 연구」, 『한국도서관 정보학회지』 40-3)의 연구가 있다. 특히, 류부현은 "『동몽선습』은 박세무와 민제인의 공저로 박세무는 『동몽선습』의 내용 가운데 전반부인 經部에 해당하는 五倫을 집필하고, 민제인은 후반부인 史部에 해당하는 歷代要義를 저술한 후 合編한 것"으로 보았다. 여기에서는 『童蒙先習』의 原著者에 대한 논의는 별로도 하지 않고 『동몽선습』의 교육적 의미와 과정을 구명하는 데 집중한다.

수성을 인정받아 국왕이 어제문(御製文)을 붙여 간행할 정도로 아동교육을 위한 '국가 수준의 필수교재'로 공인되었다.[2] 때문에 조선을 대표하는 아동 교육과정의 표본으로 삼을 수 있다.

여기에서는 조선시대 아동교육의 근거가 되는 『동몽선습』의 교육과정을 분석하기 전에, 먼저 유학의 아동 교육과정을 간략하게 제시한다. 그리고 조선의 아동교육과 유학의 특징을 담은 『동몽선습』의 교육과정을 교육내용의 선정과 조직 측면에서 검토하고, 현대 교육적 차원에서 재해석해 본다.

2. 유학의 아동교육

'동몽(童蒙)'교육의 구체적 내용과 방법은 조선시대 유학 이론서의 핵심 가운데 하나였던 『소학(小學)』에 잘 담겨있다. 일반적으로 '소학'은 15세 이후의 성인이 대학(大學)에 들어가기 이전, '8~15세 정도의 아이가 입학하여 다니는 학교'라는 의미와 '그 학교에서 어린아이가 배우는 내용[책]'이라는 이중적 의미로 쓰인다. 현대의 학교에 비유한다면, 초등학교나 중등학교 수준에 해당할 것이다. 물론, 8세 이하의 유치원 수준에 해당하는 아이들에게도 일상에 필요한 교육은 실시되었다.

여기에서 간과해서는 안 되는 사안이 있다. 조선사회의 교육은 시대별로 편차가 있겠지만, 모든 백성이 교육을 받는, 전 국민적 차원의 교육이 실시될 수 있는 상황이 아니었다. 17~18세기, 조선 후기에 이르면 서당교육이 상당히 팽창하여 교육이 확대되기는 하지만, 현대와 같은 보편교육의 차원에 이르지는 않는다. 이 점이 민주주의 시대의 의무교육이나 대중교육

---

2) 박영태 외, 「조선시대 『童蒙先習』과 제7차 『유치원 교육과정』 비교 연구」, 『石堂論叢』 44집, 288쪽.

과 차이나는 것이다. 뿐만 아니라 서당교육이나 가숙(家塾)이 활발히 이루
어졌다 할지라도, 그 방법과 내용이 다양할 수 있기에, 통일적인 교육과정
을 제시하기에 난점이 존재한다.

유학의 교육은 크게 '소학(小學)'과 '대학(大學)'으로 구분된다. 이 가운
데 아동교육에 해당하는 소학은 발달 단계에 따라, 가정교육과 서당교육으
로 대별된다. 대개 5세 미만의 아동은 특별한 경우를 제외하고는 유아(幼
兒)로서 '보육(保育)'의 단계에 머무른다. 이때 교과를 중심으로 하는 지식
교육은 거의 이루어지지 않은 듯하다.

그러나 여섯 살 이후에는 구체적인 가정교육의 모습이 드러난다. 현재
의 유치원 입학 무렵의 나이에 해당하므로 발달 시기나 과정상에서 보면,
보편성을 띤다. 전통 유학에서는 여섯 살이 되면, 아동에게 숫자와 동서남
북의 방위를 가르쳤다. '동쪽에서 해가 뜨고 서쪽에서 해가 진다. 남쪽은
따스하고 북쪽은 음산하다.'는 등의 내용을 통해, 자연의 순환과 음양(陰
陽)의 조화, 그것을 본받는 삶의 이치에 대한 맛보기가 주어졌다. 일곱 살
이 되면 남자와 여자가 같은 자리에 앉지 않으며 같은 그릇에 먹지 않는다
는 사회 법칙을 배운다. 흔히 '남녀칠세부동석(男女七歲不同席)'이라는 사
유를 익힘으로서 그들은 성역할(性役割)을 인식하기 시작한다. 요즘의 학
령기로 볼 때, 초등학교에 들어가는 시기인 여덟 살이 되면 문을 드나들고
자리에 나아가며 마시고 먹을 때 반드시 어른보다 나중에 하여 양보하는
법을 가르치고, 아홉 살이 되면 날짜 헤아리기를 가르친다. 서서히 인간관
계를 비롯하여 인간에게 중요한 규범과 덕목이 무엇인지 알게 되어 간다.
이런 과정은 순수하게 집안에서 이루어지던 가정교육이다.

초등학교 고학년 수준에 해당하는 열 살이 되면 가정을 벗어나 스승을
찾아가 밖에 거처하는 서당교육 시기로 접어든다. 서당에서 자고, 글을 배
우고, 헤아리는 법을 배운다. 옷은 명주로 지은 좋은 적삼과 바지를 입지
않고, 예절을 가르치며, 아침저녁으로 어른을 섬기는 예의를 배우되, 자주

익혀서 몸에 배게 한다. 여기에서 '글[文]'이라는 지식교육은, 기본예절을 익힌 이후의 문제이다. 문자를 익히고 문장을 통해 사물을 깨우치며, 세상의 다양한 사물의 관계를 헤아려 세상의 법칙을 터득한다. 이때 좋은 옷을 입지 말라고 권고한다. 열세 살이 되면 악(樂)을 배우고 시(詩)를 외우며, 열다섯 살이 되면 활쏘기·말부리기를 배운다. 악은 화합과 분별의 의미를 일러주는 공부이고, 활쏘기와 말 부리기[말몰기]는 정신집중과 군사훈련, 현대적 의미의 체육 활동과 전략적 기획 능력의 터득에 기여한다. 이제 아동은 가정을 넘어 사회성을 획득하는 차원의 공동체 교육을 마치게 되었다.3) 그리고 고등교육인 '대학(大學)'으로 향한다.

발달 단계에 따른 교육은 유학의 아동교육 차원에서 보편성을 띠는 것 같지만, 아동이 처한 사회경제적 배경과 상황에 따라, 다양하게 이루어졌을 것으로 추측된다. 그것은 조선시대 동몽 교재가 시대별, 지역별, 학자별로 그 내용상 편차가 있다는 점에서도 알 수 있다. 교재에서도 『소학』『천자문』 『훈몽자회』『신증류합』『계몽편(啓蒙編)』『동몽선습』『격몽요결(擊蒙要訣)』 『사소절(士小節)』『아희원람(兒戱原覽)』『아학편(兒學編)』『몽어류훈(蒙語 類訓)』 등 다양한 내용이 상황에 따라 달리 사용되었다는 점도 고려할 수 있다.

이 모든 내용은 어떤 기간에, 누구에 의해, 어떤 내용을 중점적으로, 또는 체계적으로 가르쳐졌을까? 이를 구명하기에는 여러 가지 한계가 있다.4)

---

3) 여기에서 정돈한 6세에서 15세 정도의 아동이 공부하는 내용은 『小學』이다. 문제는 실제로 조선 사회에서 『小學』의 내용을 그대로 교육하였는지는 未知數이다. 시대 상황의 변화와 家風, 地域, 生活相에 따라 다양한 교육양식이 존재했다고 추측된다. 예컨대, 18세기에 저술된 이덕무의 『士小節』「童規」의 경우, 어린이의 행동 규범과 그 교육을 위해 기준을 제시하고 있는데, 나이별로 정돈한 것이 아니라 '행동거지[動止]'와 '교습(教習)', '어른 공경[敬長]'과 '일상의 여러 가지 일[事物]'에 관한 부분으로 나누고 있다.

4) 대부분의 『한국교육사』에는 '書堂'의 교육과정을 '書堂의 종류, 財政, 構成員, 教育內容(教材), 教育方法, 學規' 등을 중심으로 간략하게 소개하고 있다. 그것도

중요한 것은 문자 익히기 교재에서 자연의 이치와 법칙, 유교 윤리와 학문, 수신과 예절 등 일상생활의 법칙과 삶의 원리를 깨우치는 내용으로 가득했다는 점이다. 그것은 조선시대 아동교육과정의 핵심이 유학의 질서 구축을 위한 공부라는 점을 반증한다.

3. 『동몽선습』의 교육과정

1) 아동교육의 전체과정

『동몽선습』의 교육과정과 그 특성을 이해하기 위해서는 『동몽선습』의 구조와 체제를 파악할 필요가 있다. 『동몽선습』의 내용은 크게 두 가지 교육과정으로 나누어진다. 하나는 오륜(五倫)으로 대변되는 유교 생활윤리(生活倫理)의 핵심이고, 다른 하나는 중국 역사와 조선 역사로 나누어지는 역사(歷史) 부분이다. 이는 '경학(經學)'과 '역사(歷史)', 즉 유학적 의미의 경사(經史)를 아동 수준에 맞게 정돈한 것이다.[5]

전반부에서는 경(經)에 해당하는 오륜(五倫)의 내용을 서술하고, 후반부에서는 사(史)에 해당하는 중국 및 조선의 역사를 기록하는 형식을 취하여 경학과 역사를 순차적으로 배열하였다. 유교의 도덕적 원리에 대해 구체적 실례를 들어 실증하는 방식이다. 이때 '경(經)'은 역사의 기본 원리이고, '사(史)'는 그 원리가 인간의 삶 속에서 구체적으로 표현된 것이다. '경(經)-사(史)'는 '체(體)-용(用)'의 관계로 비유할 수 있다. 이런 구조는 교육

통일적이고 체계적인 교육기관으로서 書堂을 소개하기보다는 주요 내용을 개괄적으로 제시하고 있다.

5) 강명숙, 「조선 중기 초등교육에 관한 시론적 연구: 교재분석을 중심으로」, 교육사학회, 『교육사학연구』 8, 1998; 김경미, 「『동몽선습』의 역사교육적 의미」, 한국교육사학회, 『한국교육사학』 25-2, 2003; 장정호, 「조선시대 독자적 동몽 교재의 등장과 그 의의」, 한국영유아교원교육학회, 『유아교육학논집』 10-1, 2006 등 참조.

에서 학생들에게 경학과 역사의 교육내용을 순차적으로 질서정연하게 전
달하면서, 교육적 효과를 기대하는 특별한 의도를 담고 있다.6)

현대적 의미를 부여하여 분석하면, 『동몽선습』은 서론과 총론을 제외하
고, 크게 '윤리교육'과 '역사교육'이라는 두 개의 영역으로 구분된다. 윤리
교육의 측면에서는 오륜을 자세하게 설명하면서 다섯 부분으로 나누고, 역
사교육의 측면에서는 명나라 때까지의 중국 역사와 단군 이래 조선까지의
조선 역사 두 부분으로 나누어 검토할 수 있다. 이는 교육과정의 차원에서
『동몽선습』을 어떻게 읽어야 하는지, 하나의 지침을 제공한다.

<표 1>에 보이듯이, 경사(經史)의 차원에서 보면, 서론과 윤리교육 부분
은 경(經)에 해당하고, 역사교육 부분은 사(史)에 배치할 수 있다.7) 그러나
경(經)·사(史)로 구분하지 않더라도, 서문에서 역사교육에 이르기까지 『동
몽선습』의 내용은 매우 체계적으로 정돈되어 있다. 이는 교육과정 이론으
로 볼 때, 윤리교육과 역사교육의 상호보완이나 균형성의 차원에서 이해할
수도 있다. 거시적으로 보면, 일종의 교육과정 '계열화의 원리'를 담고 있다.

교육과정 이론에 대비해 보면, 본문의 내용은 크게 오륜과 총론의 2대
단원으로 구성되어 있다. 오륜은 다시 순서에 따라 '부자유친, 군신유의,
부부유별, 장유유서, 붕우유신'을 소단원으로 하여 종적 계열(sequence)과
횡적 영역(scope)을 구성한다. 이 각각의 소단원에는 일정한 형식으로 개념
의 요지, 실천 방법 내지는 활동 경험, 이상적 인간상, 성현(聖賢)의 교훈
등을 순서에 어그러짐이 없이 배열하여 횡적 영역으로 삼고 있다. 총론의
단원에서도 오륜의 종합, 중국사, 한국사 등 3개의 소단원을 종적 계열로

---

6) 장정호, 앞의 논문, 180~181쪽 참조.

7) '總論' 부분의 경우, 歷史敎育의 중요성을 강조하면서 뒷부분의 내용을 열고 있다
  는 점에서 史에 배치할 수 있다. 여기에서는 윤리 교육[五倫] 가운데 핵심이 孝교
  육임을 다시 강조하면서 학문의 의미와 역사교육을 강조하여 經과 史의 징검다리
  역할을 하고 있다. 따라서 '孝'의 강조를 아동교육과정에서 주요한 요소로 보고,
  편의상 史나 用보다는 經과 體에 按排했다.

담고 있으며, 개념의 요지나 이상 국가, 최고의 윤리를 횡적 영역으로 넣고
있다. '오륜' 단원과 '총론' 단원의 내용 구성상 차이는 오륜 단원에서는
성현의 교훈을 횡적 영역으로 소속시키고 있지만, 총론에서는 그것을 생략
하였고, 중국사나 한국사는 모두 그 내용의 성격이 단순히 역사의 시대적
조류나 사실만을 기술한 까닭에 일상의 실천 행동이나 활동 경험이 횡적
영역으로 포함될 수 없었다.8)

<표 1> 동몽선습의 교육과정

주요 영역별		세부 영역별 내용		현대적 의미	비고
서문		인간의 존재 이유 － 五倫		인간학, 인문학, 도덕 정신	經(體)
윤리 교육	오륜	父子有親	부모－자식	雙務 倫理 秩序	
		君臣有義	지도자－구성원		
		夫婦有別	남편－아내		
		長幼有序	어른－아이		
		朋友有信	친구－동지		
총론		孝	오륜의 근원	인간에게 가장 중요한 것	
		學問	通古今 達事理	역사와 철학	
역사 교육	중국 역사	通古今	명나라 이전	과거의 현재화－전통	史(用)
		達事理	명나라 당대	현재의 인식－시대정신	
	조선 역사	通古今	조선 이전	과거의 현재화－전통	
		達事理	조선 당대	현재의 인식－시대정신	

2) '서문'-인간의 존재 이유

『동몽선습』의 첫 대목인 '서문'9)에서는 윤리교육의 당위성을 구명하였
다. 서문은 원문에서 '天地之間～方可謂之人矣' 부분인데, 그것은 '모든 사

---

8) 박덕원, 「『동몽선습』의 교육과정적 고찰」, 『부산외국어대학논문집』 제1집, 1983,
40～41쪽.
9) 사실, 『童蒙先習』에는 '序文'이라는 표시가 없다. 그러나 맨 처음 등장하는 내용
은 다음에 나올 五倫을 통합적으로 설명하는 緖言 역할을 하고 있고, 『童蒙先習』
전체의 머리말 역할도 하고 있어, 편의상 '서문'으로 제시한다.

물 가운데 사람이 가장 귀중하다!'라는 인간의 자의식(自意識)을 담고 있다. 그 이유는 모든 존재 가운데 인간만이 지닌 도덕 질서, 오륜(五倫) 때문이다.[10] 『동몽선습』에서는 그 근거를 맹자(孟子)에서 찾는다.[11] 맹자는 인륜(人倫; 五倫)의 교육적 필요성을 다음과 같이 언급했다.

> 후직은 백성에게 농사일을 가르쳐서 오곡을 심게 하였다. 이 오곡이 여물어 백성이 먹고 살게 되었다. 그런데 배부르게 먹고 따스하게 입고 편안하게 살면서 사람의 길이 무엇인지 가르치지 않는다면, 백성은 새나 짐승에 가깝게 될 것이다. 성인이 이를 근심하여 설에게 교육 담당 관리를 맡기고 인륜을 가르치게 하였다. 부모와 자식 사이에는 친함이 있고, 임금과 신하 사이에는 의리가 있으며, 남편과 아내 사이에는 분별이 있고, 어른과 아이 사이에는 차례가 있으며, 벗과 벗 사이에는 믿음이 있게 해야 한다. 예전의 기록에도, 방훈이 '위로 하고 오게 하며 바르고 곧게 하며 돕고 도와서 백성 스스로 사람의 길을 깨닫게 하고, 사람의 길을 따라 백성을 구휼하고 은혜를 베풀어라!'고 하였다. 성인이 백성을 근심함이 이와 같다. 이렇게 바쁜 일정 가운데 언제 밭 갈고 농사지을 겨를이 있겠는가?[12]

맹자가 오륜을 제시하는 정황에서 눈여겨볼 대목이 있다. 그것은 왜 맹자가 오륜을 가르쳐야 하는지, 그 이유에 대한 진지한 탐구가 요청된다는 말이다. 맹자가 오륜을 제시하는 상황은 허행(許行)의 농가(農家)를 비판하는 가운데, '분업(分業)'의 논리를 강조하면서이다. 이는 인간의 개성과 직업에 따라 사회적 기능이 달라질 수 있다는, 사회성 담긴 언표이다. 즉 육

---

10) 『童蒙先習』: 天地之間, 萬物之衆, 惟人, 最貴, 所貴乎人者, 以其有五倫也.

11) 『童蒙先習』: 孟子曰, 父子有親, 君臣有義, 夫婦有別, 長幼有序, 朋友有信.

12) 『孟子』「滕文公」上: 后稷敎民稼穡. 樹藝五穀, 五穀熟而民人育. 人之有道也, 飽食 煖衣 逸居而無敎, 則近於禽獸. 聖人有憂之, 使契爲司徒, 敎以人倫, 父子有親, 君臣有義, 夫婦有別, 長幼有序, 朋友有信. 放動曰, 勞之來之, 匡之直之, 輔之翼之, 使自得之, 又從而振德之. 聖人之憂民如此, 而暇耕乎.

체노동자인 노력자(勞力者)와 정신노동자인 노심자(勞心者)의 역할 분담
가운데, 교육의 주관자이자 주체가 노심자임을 규정하고, 교육의 대상이자
객체인 노력자들을 교화(敎化)하는 차원이다. 짐승 수준으로 떨어질 가능
성이 있는 백성을, 사람다운 사람으로 바른 자리에 놓기 위한 노력이다. 요
컨대, '오륜을 알고 그 실천 방법이 몸에 배어야 금수(禽獸)와 구별된 인격
체로서의 사람이라고 말할 수 있다'13)라는 '사람다움'의 의미 상정이다.

『동몽선습』의 저자는 이런 사상적 정황을 염두에 두고, 어린 시절부터
금수와 다른, 사람다운 사람을 형성하기 위한 교육을 지향했다. 그것은 막
연하게 오륜을 던져두고, 인지적(認知的) 차원에서 아동들에게 일방적으로
주입하거나 암송하는 교육 양식을 넘어서 있다. 서당의 교육 방법적 특성
상,14) 스승을 통해 교육내용을 전달받고 스스로 체득하는 과정에서 금수
와 인간의 차이가 확연하게 인지되고, 일상생활에서 실천하는 마음가짐이
나 태도 형성을 추구했을 것으로 판단된다. 이는 맹자의 의도, 즉 유학의
지향이 무엇인지를 확인하는 배움의 근원 역할을 한다.

3) 오륜의 윤리교육

이렇게 강조된 오륜(五倫)은 다음 부분에서 하나씩 구체적으로 풀이된
다. 그 구조를 보면, 각각의 윤리가 만들어진 원리와 근거가 설득력 있게
제시되어 있다. 마지막 부분에는 역사적으로 그에 합당한 구체적 사례나
전거(典據)를 유학의 성현들인 공자(孔子)와 자사(子思), 맹자(孟子)의 언표
를 들어 설명한다.15) 즉 오륜의 각론을 진술해가는 방식이 '기(起)-승(承)

---

13) 장희구, 「朝鮮時代 初等課程 敎材內容 分析考察－『童蒙先習』을 中心으로」, 『漢
   字漢文敎育』창간호, 1994, 201쪽.
14) 특히, 『千字文』이나 『訓蒙字會』『新增類合』과 같은 한 글자씩 익히는 習字와
   音讀의 단계를 거쳐, 『童蒙先習』과 같이 句讀의 文理, 句節의 大義를 가르치며
   자신이 풀이하는 講讀수준에 이르면, 자기학습을 스스로 할 수 있다.
15) 孔子의 경우, 실제로 『論語』를 저술한 것은 아니지만, 孔子學團을 대표하는 차원

－전(轉)－결(結)'의 논리적 흐름을 유지하면서 내용의 하나하나를 용기
(用器)에 적절하게 압축하고 있다. 문제 제기에서 그것의 실천 이유, 이전
의 사례, 성현의 말씀으로 이어지는 구조이다.16) 아동의 발달 수준에 맞게
상당히 자세하고 친절하며, 논리와 체계를 갖춘 내용으로 구성되어 있다.
'부자유친(父子有親)'의 경우를 예로 들어 보자.

① 부모와 자식은 자연이 정해준 친밀한 관계이다. 그러므로 부모는
자식을 낳아 기르고 사랑하고 가르쳐야 한다. 자식은 부모를 받
들어 그 뜻을 이어가고 효도하며 봉양해야 한다.
② 부모는 자식을 올바른 도리로 가르쳐 부정한 곳에 발을 들여놓지
않게 해야 한다. 자식은 부모에게 부드러운 목소리로 말려서 마을
에서 죄를 짓지 않게 해야 한다.
③ 부모가 자기 자식을 사랑하지 않고 자식이 자기 부모를 사랑하지
않으면 어떻게 세상을 떳떳하게 살아갈 수 있겠는가. 세상에 착하
지 않은 부모는 없다. 어떤 상황으로 인해 부모가 자식을 사랑하
지 않은 일이 생기더라도, 자식은 효도하지 않아서는 안 된다.
④ 옛날에 위대하신 순(舜)임금의 경우, 아버지는 완악하고 어머니는
모질어 늘 순을 죽이려고 했다. 그러나 순은 효도로 화합하고 끊
임없이 선(善)으로 인도하여 악한 일을 하지 않게 하셨다. 여기에
서 효자로서 최고의 모습을 볼 수 있다.
⑤ 공자께서 말씀하셨다. '다섯 가지 형벌에 해당하는 죄목이 삼천
가지이다. 하지만 그 가운데 불효(不孝)보다 더 큰 죄는 없다.'17)

에서『論語』의 저작자로 보고, 子思의 경우에는『中庸』의 저작자로, 孟子의 경
우에는『孟子』의 저자로 인식하고, 儒學의 핵심 經典의 내용을 정돈하여 제시한
것으로 이해한다.
16) 장희구, 앞의 논문, 202~203쪽.
17)『童蒙先習』: 父子, 天性之親. 生而育之, 愛而敎之, 奉而承之, 孝而養之, 是故,
敎之以義方, 弗納於邪, 柔聲以諫, 不使得罪於鄕黨州閭. 苟或父而不子其子, 子
而不父其父, 其何以立於世乎. 雖然, 天下, 無不是底父母. 父雖不慈, 子不可以
不孝. 昔者, 大舜, 父頑母嚚, 嘗欲殺舜, 舜克諧以孝, 烝烝乂, 不格姦, 孝子之道,

이러한 구성은 유교 윤리의 세부 내용인 오륜을 적시하여 현실성을 더할 수 있는 장점이 있다. ①의 경우, 부모와 자식 사이의 관계가 자연적이고 선천적이라는 질서의 부여이다. 이는 그 아래에 나오는 다른 윤리에서도 동일한 형식으로 드러난다. 군신(君臣)은 천지지분(天地之分), 부부(夫婦)는 이성지합(二姓之合), 장유(長幼)는 천륜지서(天倫之序), 붕우(朋友)는 동류지인(同類之人)으로서 사람다운 구실을 한다. 이는 사람 사이의 쌍방적 윤리 질서로, 상호 권리와 의무를 반영한다.

모든 사람은 부자, 군신, 부부, 장유, 붕우 가운데 어느 하나의 위치에 존재한다. 이 다섯 가지 자리가 자신에게 중첩적으로 동시에 부여되어 있을 수도 있다. 예컨대, 부모인 동시에 자식일 수도 있고, 부부인 동시에 사회의 어른일 수도 있다. 사람은 각자의 위치에서 무엇을 실천해야 하는가? 그것에 대한 자각을 통해 인간 삶에 도덕 윤리적 질서를 불어 넣는 작업이 『동몽선습』이 요청한 아동교육과정의 필수 내용이었다.

①에서 파악한 부모-자식 간의 쌍무 윤리 질서를 바탕으로 ②에서는 부모의 역할과 자식의 역할을 분명하게 제시한다. 특히, 교육적 차원의 삶이 강조된다. 부모의 자식 교육과 자식의 부모를 향한 충언이 부각된다. ③에서는 '사랑'으로 맺어진 부모 자식 관계의 당위성을 통해, 삶을 영위하는 원칙과 지혜를 일러 준다. 특히, 부모 자식 사이에 문제가 생겼을 때, 자식의 양보를 유도한다. 이는 부모가 우위에 설 수 있는 수직적 윤리를 반영하는 봉건적 질서라는 오해를 받을 수도 있다. 그러나 부모의 자식에 대한 '내리사랑'이라는 기본 원칙을 전제로, 피치 못할 사정이 발생했을 경우, 최후에 제시하는 삶의 지혜로 판단된다. ④의 경우, 유학에서 효의 상징으로 대변되는 순임금에 관한 이야기를 설정한다. 사례를 들어 학문하는 방법은 유학의 오랜 전통이다. 특히, 주제에 맞는 구체적 사례인 '대효(大

於斯至矣. 孔子曰, 五刑之屬, 三千而罪莫大於不孝. 이하, 君臣有義에서 朋友有信에 이르기까지 내용의 체계는 거의 유사하여, 여기서는 자세한 설명을 생략한다. 번호 ①, ②, ③, ④, ⑤는 논의의 편의상 붙인 것이다.

孝)'를 제시하여 아동들이 이해하기 쉽게 배려하였다는 점에서 의미심장하다. ⑤는 글의 마무리이자 총 결론에 해당하는 언표이다. 유학의 성인인 공자의 말, 이른바 '불효가 가장 큰 죄'라는 역설을 인용하여, 효의 중요성을 다시 강조한다.

이 다섯 가지 교육과정은 교육내용을 '계열적'으로 조직한 것으로 판단된다. 부모-자식 간의 '효도'와 '자애'를 바탕으로 이루어진 '부류 개념 관련 계열성'으로 이해할 수 있다. 부류 개념이란 "일련의 사상, 혹은 사건들이 공통적인 속성을 지니고 있다는 이유에서 동일한 부류의 사례로 묶어 놓은 개념이다."18) 뿐만 아니라, 학습 관련 계열화의 차원에서 '효도'라는 가치를 내면화하기 위해 내용을 순차적으로 조직한 것으로 생각된다.

4) 총론-효도의 근원성과 교육의 의미

총론(總論)은 앞부분인 '윤리교육'과 뒷부분인 '역사교육'을 연결하는 '관절 고리' 역할을 한다. 내용은 분명하고 구체적이다. '효(孝)'가 모든 행실의 근원임을 강조하고, 동시에 효는 그것을 실천한 다양한 사례들을 통해, 배우고 묻는 학문의 과정을 통해서만 체득할 수 있다는 점이다.

먼저, 효를 백행지원(百行之源)으로 보았는데, 이는 오륜의 원리적이고 거시적 차원에서 논의한 것이다. 동시에 실천적이고 미시적 차원에서 논의한다. 거기에서 효자와 불효자의 구체적 행동 지침이 어떠해야 하는지, 설명된다.

> 효자는 부모님을 다음과 같은 양식으로 모신다. 첫닭이 울면 세수하고 양치질하고, 부모님이 계신 곳으로 가서 기운을 낮추고 목소리를 부드럽게 하여 옷이 더운지 추운지를 여쭈며, 무엇을 잡수시고 마시고 싶은지를 여쭌다. …… 거처할 때는 최선을 다해 공경하고, 봉양할 때는

---

18) 홍후조, 『알기 쉬운 교육과정』, 서울: 학지사, 2011, 234쪽.

최선을 다해 즐겁게 해드리며, 병환이 드셨을 때는 진심으로 근심하며 낫기를 바라고, 상(喪)을 당해서는 진심으로 슬퍼하며 초상을 치르고, 제사 지낼 때는 엄숙하게 해야 한다. …… 불효자는 이와 달리 부모님을 다음과 같이 대접한다. 자기 부모는 사랑하지 않고 다른 사람을 사랑하며, 자기 부모는 공경하지 않고 다른 사람은 공경하며, 부지런히 일하지 않고 게으름을 피우며 부모 봉양을 하지 않으며, 장기나 바둑, 술 마시는 것 등, 유흥에 빠져 부모를 제대로 봉양하지 않고, 재물을 좋아하고 처자식만을 사랑하여 부모 봉양을 하지 않으며, 감각적 욕망을 좇아 부모를 욕되게 하며, 힘자랑이나 하면서 사람들과 싸우고, 포악하게 행동하여 부모 속을 태운다.[19)]

총론의 의도는 효도의 실천을 현실화하는 데 있다. 그러므로 아동을 대상으로 한 교육내용을 실천 중심의 행위 도덕으로 나열하였다. 그런데 그 구성이 매우 체계적이고 조직적이다. 하루 전체를 기준으로 부모님 모시는 방법의 경우, 새벽에서 저녁까지의 행동 지침을 제공한다. 뿐만 아니라, 계절별로 모시는 방법, 집안 내외에서 활동할 때의 행동 요령, 부모님을 대하는 방식 등도 내용으로 담았다. 또한 인생 전체를 통해, 부모님이 처한 상황에 따라 어떻게 모시고 섬겨야 하는지, 그 대강을 일러준다. 그리고 효도의 중요성과 그 실행이 어려운 일이 아님을 강조한다.

다음으로, 교육과정의 내용을 조직하는 차원에서, 총론이 제기한 주요한 사안이 있다. 그것은 바로 '학문의 길', '교육의 목적' 제시이다. 쉽게 말하면, '아동들이여 왜 공부하는가?'에 답변이다.

---

19) 『童蒙先習』: 孝子之事親也, 鷄初鳴, 咸盥漱, 適父母之所, 下氣怡聲, 問衣燠寒, 問何食飮, 冬溫而夏凊, 昏定而晨省, 出必告, 反必面, 不遠遊, 遊必有方, 不敢有其身, 不敢私其財. 父母愛之, 喜而不忘, 惡之, 懼而無怨, 有過, 諫而不逆, 三諫而不聽, 則號泣而隨之, 怒而撻之流血, 不敢疾怨, 居則致其敬, 養則致其樂, 病則致其憂, 喪則致其哀, 祭則致其嚴. 若夫人子之不孝也, 不愛其親, 而愛他人, 不敬其親, 而敬他人, 惰其四肢, 不顧父母之養, 博奕好飮酒, 不顧父母之養, 好貨財, 私妻子, 不顧父母之養, 從耳目之好, 以爲父母戮, 好勇鬪狠, 以危父母.

태어나면서부터 이치를 아는 사람이 아니라면 반드시 배우고 묻는 과정에서 알게 된다. 그러므로 학문의 목적은 다른 데 있는 것이 아니다. 옛날과 지금의 일에 두루 통하고, 사물의 이치를 꿰뚫는 작업을 통해, 이를 마음에 보존하고 몸으로 실천하는 데 있다. 그러므로 아동들이여 학문에 힘쓰라!20)

맹자는 학문의 길을 '구방심(求放心)'으로 정돈했다.21) 그것은 고등교육 차원의 형이상학적 특성을 띤다. 그러나 『동몽선습』은 학문의 길을 '통고금 달사리(通古今 達事理)'로 정돈하여, 시간과 공간을 아우르는 역사성과 현대성, 현실적 실천성을 제시한다. '통고금(通古今)'은 과거에서 현재까지 시간적으로 꿰뚫는다는 의미이고, '달사리(達事理)'는 세상의 구체적인 일과 이치를 공간적으로 깨닫는다는 뜻이다. 다시 말하면, 이는 시공간 속에서 발생한 구체적 사건들의 이해와 분석, 독해와 적용의 문제를 제기한 것이다. 여기에서 당시 세계의 중심이던 중국과 구체적 삶의 터전인 조선의 역사를 이해하는 교육과정으로 이어진다.

'통고금 달사리(通古今 達事理)'라는 언표는 철학이나 사상적 지식은 물론, 역사적으로 중국 역대 왕조의 흥망성쇠를 기술함으로써, 인간 사회의 흐름에 대한 지식과 그것의 실천적 사례를 강조하였다. 또한 고조선 성립 이후, 조선 역사를 구체적으로 기술하여, 아동들에게 독자적 역사 인식을 할 수 있도록 자국 역사교육의 시발점이 되었다.22)

---

20) 『童蒙先習』: 自非生知者, 必資學問而知之, 學問之道, 無他, 將欲通古今, 達事理, 存之於心, 體之於身, 可不勉其學問之力哉.

21) 『孟子』「告子」上: 孟子曰, 仁, 人心也, 義, 人路也. 舍其路而弗由, 放其心而不知求, 哀哉. 人有雞犬放, 則知求之, 有放心, 而不知求. 學問之道無他, 求其放心而已矣.

22) 『童蒙先習』의 후반부에 조선 역사를 편입하여 민족 주체성이나 정체성 교육을 가능하게 했다는 데는 논란이 있다. 특히, '小中華'라는 표현이 문제이다. 이를 事大主義的 사고방식의 반영으로 中國의 屬國이라는 점을 강조한 것인가? 아니면, 文明國으로서 중국에 비견되는 역사와 전통을 지닌 국가라는 점을 강조한 것인

뿐만 아니라 그런 지식을 바탕으로, 모든 인간의 사태에 대해 그것의 이치를 통달하고 이해하는 데까지 나아갈 것을 요구한다. 그런 차원에서 『동몽선습』의 교육과정은 '통찰적 지식'과 '이해적 지식'을 겸비하고 있다.[23] 그 지식은 당연히 실천적 지식으로 나아가고, 실천을 전제로 습득되는 성질의 것이다.

5) 역사교육의 중요성

왜, 아동기 때부터 역사를 가르치고 배워야 하는가? 그것은 '통고금 달사리(通古今 達事理)'의 길을 통해, 인간이 어떤 삶을 영위해 왔는지 확인하는 작업이다. 앞서 배운 오륜의 원칙이 인간 삶의 역사 속에서 관철되고 있음을 발견하는 일이다.[24] 그 핵심 내용은 효도를 필두로 하는 오륜이다. 인간관계의 쌍무 윤리 질서는 역사적으로 어떻게 진행되었는가?

가? 英祖의 御製文 말미에 그 실마리가 담겨있다. "國初에 나라를 세우고 조선이라는 국호를 받는 부분에 대하여, 진심으로 추모하며 세 번이나 반복하여 읽고 감동했노라. 아! 끊임없이 이어 거듭 빛내시고 여러 번 무젖어 든 것은 실로 선왕들께서 지극한 덕성과 깊은 은혜를 후손들에게 넉넉히 남겨주신 문화를 이룬 것이니, 체통을 이어갈 군주들이 이 지극한 덕을 체득하여, 조심하고 두려워하는 태도를 지니고 진심으로 자신의 마음을 닦아 공평무사함을 이루며, 진심으로 백성들을 사랑하여 길이 만백성들을 보호한다면 우리나라는 잘 다스려지게 될 것이다. 뿐만 아니라 우리나라의 예의는 비록 기자의 敎化에 힘입었지만 三韓 이후에는 거의 없어졌다가, 우리 조선조에 들어와 禮樂이 모두 거행되고 문물이 구비되었는데, 저자가 이 내용을 빠뜨리고 기록하지 않은 것이 애석하다.(予又於卷下, 國初開創, 受號朝鮮之文, 愾然追慕, 三復興感也. 噫, 繼繼承承, 重熙累洽, 寔是至仁盛德, 深恩隆惠, 垂裕後昆之致, 繼體之君, 式體至德, 兢兢業業, 誠心調劑, 至于蕩蕩, 誠心愛民, 永保元元, 則吾國, 其庶幾也, 吾國, 其庶幾也. 且我東禮義, 雖因箕聖之敎化, 三韓以後, 幾乎泯焉, 入于我朝, 禮樂畢擧, 文物咸備, 惜乎. 述者之猶遺乎此哉.)"

23) 문태순, 「童蒙先習의 교육적 의의에 대한 연구」, 『한국교육사학』 25-1, 2003, 38~43쪽 참조.
24) 김경미, 앞의 논문, 12쪽.

『동몽선습』은 세계 질서로서 문명의 기준을 중국 역사에서 찾았다. 따라서 '통고금 달사리(通古今 達事理)'에서 '통고금(通古今)'의 경우, 중국을 중심으로 하는 왕조의 변천과 유학 사상의 발전이 역동적으로 투영된다. 우주의 탄생에서 인간의 역사로 이어지는, 내용은 태극(太極)에서 음양(陰陽), 오행(五行)으로 그리고 만물의 탄생과 성인의 탄생으로 구체화한다.25) 이후, 복희씨(伏羲氏)에서 하·은·주(夏·殷·周) 삼대, 춘추·전국(春秋·戰國), 진·한(秦·漢), 수·당(隋·唐), 송·원(宋·元)에 이르기까지, 역사적으로 주요한 교육적 사안을 간추려 기록하였다.

한편, 조선 아동들의 문명 질서는 중국 역사와 견주어 본 조선 역사에서 찾았다. 이 또한 '통고금(通古今)'의 입장에서는 단군(檀君)에서 삼한(三韓), 삼국(三國), 고려(高麗) 때까지의 주요 역사를 국가 건설의 순서로 정돈하였다. 여기에서 조선은 명(明)나라를 문명국가의 기준으로 하여, 그 적통임을 내비친다.

'달사리(達事理)'의 입장에서 중국 역사는 당대의 역사인 명나라에 집중된다. 동시에 조선 역사는 중화[中華; 明]의 문화를 따르고 있다는 소중화(小中華)의 자부심으로 표출된다. 그것은 최고 문명국가로서 교육적 자긍심과 사명을 스스로 부여하고 문명의 지속을 염원하는 교육내용을 담고 있다.

이와 같은 역사교육은 현대적 의미에서 다양한 목적을 지닌다.26)

첫째, 역사교육은 역사를 이해한다는 자체만으로도 아동들의 세계관 또는 역사 인식에 해당하는 내재적 가치를 지닌다. '통고금 달사리(通古今 達事理)'에서도 확인되듯이, 조선의 처지에서 현재 문제의 기원과 발달에

---

25) 太極이나 陰陽五行과 같은 宇宙發生論이나 宇宙本質論을 간략하게 언급했다고 하여, 아동들에게 심오한 철학을 중시하여 가르쳤다고 오해해서는 곤란하다. 이는 儒學의 全貌를 보여주기 위해 설정한 '안내' 정도로 이해하는 것이 타당하다.
26) 양호환 외, 『역사교육의 이론』, 서울: 책과 함께, 2009, 31~32쪽; 정선영 외, 『역사교육의 이해』, 서울: 삼지원, 2001, 34~40쪽 참조.

대한 지식, 과거와 현재 사회에 대한 비교 인식, 현재와 미래의 문제를 해결하는 데 의미 있는 도움을 제공한다.

둘째, 아동들은 역사교육을 통해 교훈을 얻을 수 있다. 역사를 배우면서 인간의 집단적 경험을 활용하고 과거의 잘못을 반성하며 현재나 미래의 활동과 생활에 필요한 도움을 얻을 수 있다. 그것은 중국과 조선의 역대 왕이나 선현들의 정치, 사상적 활동을 이해하는 과정에서 해소된다.

셋째, 역사를 아는 것은 교양인으로서의 자질, 일종의 상식을 갖추는 작업이다. 윤리 도덕적 지식과 역사적 지식을 통합하는 가운데, 조선인으로서 삶의 자세를 가다듬는 데 도움을 준다.

넷째, 역사교육은 타민족과 구별되는 고유한 유산이나 역사상을 통해, 민족의 동질감, 민족적 주체성을 확립할 수 있게 한다. 즉 민족 공동체 의식을 고취하는 데 도움을 준다. 『동몽선습』의 경우, 후반부에 '조선 역사'를 추가하여, 민족 정체성을 확보하는 동시에 소중화로서 문화 민족의 자존감을 드러낸다.[27]

다섯째, 역사교육은 아동의 역사의식 함양에 도움을 준다. 역사교육의 궁극적 목적은 존재의 변화와 발전, 자아와 시간에 대한 의식을 역사에서 가르치는 일이다. 『동몽선습』의 경사(經史) 논리는 인간으로서 존재감, 인간 사이의 관계망, 학문의 목적, 문화 민족으로서의 자부심 등 다차원적 역사의식을 제공한다.

이런 점에서 역사학습의 궁극적 의의는 역사의 구체적 사실에 대한 지식보다 역사를 통해 유학의 가치를 확인하고 실천할 수 있는 용기를 불어넣는 일이다. 역사교육은 개인으로서 현존재의 의미를 역사적으로 설명하여 개인의 자기 정체성을 인식시킨다.[28] 요컨대, 『동몽선습』의 역사교육은 유학의 도덕 핵심인 오륜이 인간이 지켜야 할 보편적 윤리임을 증명함과

---

27) 장정호, 앞의 논문, 참조.
28) 김경미, 앞의 논문, 참조.

동시에 학습자에게 소중화(小中華) 의식을 형성하여 유학의 이상을 자발적으로 실천할 수 있도록, 개인적·사회적 책무성을 부여하는 작업이다.

4. 닫는 글

지금까지 논의한 『동몽선습』은 그 내용의 특성상, 일상에서 아동들이 실제로 경험하는 생활 장면들이 많다. 그런 만큼 교육과정의 분류상, '경험 중심 교육과정'으로 볼 수 있다. 어떤 경험이 개인의 성장을 건전하게 이끌 수 있는가? 그것은 유학을 중심으로 전개되어 온 역사적 경험의 결과에서 나온 윤리적 실천이다. 그러나 이는 기본적으로 아동의 흥미(興味)나 관심(關心), 그리고 욕구(欲求)를 구체적이고 진지하게 고려한 교육내용은 아니다. 그러기에 『동몽선습』의 내용 자체를 경험 중심 교육과정으로만 보기에도 난점은 존재한다.

반면, '교과 중심 교육과정'에서 강조하는 교육의 목적인 '문화유산의 전달' 차원에서 보면, 『동몽선습』의 내용은 이와 유사한 측면이 많다.[29] 교과 중심 교육과정의 교육내용은 문화적 유산으로부터 선정된다. 인류에게 알려진 것 가운데 가장 영구적이고 확정적이며 객관적인 사실, 개념, 법칙, 가치, 기능들이 이에 속한다.[30] 『동몽선습』에서 강조하는 교과 내용의 핵심은 유학의 오륜과 중국 역사, 그리고 조선 역사이다. 이는 영구적이고 확정적이며 객관적 사실을 담고 있는 문화의 총체이다. 오륜에 담긴 '친·의·별·서·신(親·義·別·序·信)의 개념이나 실천, 가치, 인간관계의 기능들 또한 그러하다. 이런 점에서 『동몽선습』은 '교과 중심 교육과정'을 상당히 닮아있다.

---

29) 박덕원, 앞의 논문, 44쪽; 박영태 외, 앞의 논문, 312쪽 참조.
30) 홍후조, 앞의 책, 128쪽.

또한 현대 교육과정 이론에 비추어 보면, 다음과 같은 해석도 가능하다. 교육내용의 선정 차원에서, 조선 사회가 유학이라는 교육이념을 중심으로 이행되었다고 가정할 때, 『동몽선습』의 내용은 매우 유의미하고 타당하며, 학습자의 요구를 존중하는 사회적 효용성이나 학습 가능성, 실행 가능성을 내포하고 있다. 그것은 아동교육의 차원에서도 현재성을 띤다. 현대 아동 교육의 과정은 인간의 존엄성을 강조하고, 인간관계를 역설하며, 인간의 자질과 역할을 중시한다. 『동몽선습』의 교육과정도 서문과 오륜의 인간 관계망, 부자와 군신, 부부, 장유, 붕우를 다루는 부분에서 인간의 역할과 기능을 구체적으로 지시한다.

이외에도 『동몽선습』의 교육은 다양한 실천을 함장하고 있다. 금수(禽獸)에서 벗어나 사람다움을 지향한다는 점에서, 타고난 본성을 보존하고 사회적 모순으로 인해 비뚤어진 인간성을 회복하고 치유하려는 '인본주의적 교육'의 모습이 보이기도 한다. 아동들이 오륜을 습득하고 의미를 만들어서 지식을 구성하여 생활에 적용한다는 차원에서는 '구성주의 교육'의 측면도 엿보인다. 나아가 아동들이 스스로 생활을 영위하면서 사회의 일원으로 유익한 일을 할 수 있도록 준비시키는 측면에서, '생활 적응 교육'을 위한 과정으로 볼 수도 있다.

요컨대, 『동몽선습』의 실천과정은, <표 1>에서 본 것처럼, 아동을 대상으로 유학의 윤리 도덕과 역사를 중핵으로 하는 복합적 교육이다. 그 특징은 다음과 같이 정돈할 수 있다.

첫째, 인간의 자기 확인과 정체성 확립을 위한 기준과 요건을 제시하여, 사람의 존재 의의를 구명하였다. 그 표준에 해당하는 덕목이 '오륜(五倫)'이다.

둘째, 오륜 가운데 핵심을 '효(孝)'로 자리매김하였다. 부모－자식 간의 쌍무 윤리 질서를 온전하게 이행할 때, 사회의 모든 윤리는 자연스럽게 제자리를 찾을 수 있다.

셋째, 학문(學問)의 목적과 방향을 구체화하였다. 그것은 '통고금 달사리(通古今 達事理)'로 시간과 공간, 종적·횡적 사태를 아우르며 과거와 현재를 가로지르는 통섭(統攝)의 배움이다.

넷째, 윤리 도덕과 역사를 통합하는 경(經)−사(史) 통일의 인간학이다.

2장 지도자 교육의 기본 모형

- 퇴계 이황의 『성학십도』 -

1. 여는 글

퇴계 이황(退溪 李滉, 1501~1570)의 사유를 논의하는 작업은, 그것이 어떤 형태이건, 일종의 모험이다. 왜냐하면 국내외적으로 많은 연구가 진척되어 있고, 새로운 시선으로 검토하기 위한 지적 여행을 색다르게 감행해야 하기 때문이다. 특히, 퇴계의 교육사상을 논의하기 위해서는 철학적 특성이 강조되는 성리학(性理學; 朱子學) 체계를 교육의 프리즘으로 재조명하여 스펙트럼을 나열할 필요가 있다. 교육사상을 철학과 격리하여 인식하기 어렵다면, 교육철학에 대한 새로운 성찰도 요청된다. 그리고 철학이 교육과 어떤 차원에서 연관되는지 심사숙고해야 한다.

역사적으로 볼 때, 철학은 과거에서 현재까지 발전해 온, 체계를 갖춘 사상이다. 이는 개인이 자신의 경험에서 발견할 수 없는 다양한 문제들을 비출 수 있다는 점에서 매우 중요하며, 인간의 지식 성취 정도를 가늠할 수 있게 한다. 나아가 미래의 발전을 위한 안내자 역할을 하기도 한다. 뿐만 아니라, 과거에 형성된 여러 가지 사유의 실천들을 반성하여, 미래 세대들이 동일한 오류를 범하지 않게 인도하기도 한다.

퇴계의 경우에도 마찬가지이다. 퇴계 철학은 조선사상사를 통해 발전한 사유이고, 당대 지성인들에게 삶의 문제를 해결하는 표준으로 작용하기도 하였다. 그의 성리학 이해가 이전 학자들과 다른 차원으로 나아갔을 때, 그것이 오류는 아닐지라도, 성리학을 연구하는 지식인들에게는 심각한 고민거리로 남았다.

교육은 철학적 사유와 지향을 실천하는 일련의 과정이다. 특히, 교육사
상은 인간이 자신에 대해 반성하도록 준비하는 삶을 주요한 목적의 하나
로 삼는다. 교육은 인간이 살아가는 사회적 환경과 개인적 삶의 구체적 정
황에 따라 변화한다. 중요한 것은 삶에 관한 적절한 훈육(訓育)과 단련(鍛
鍊), 사람의 마음을 발달시키기 위한 필수적 학습 내용들을 어떻게 다루느
냐이다. 그것은 인간 경험의 다양한 영역을 탐구한다. 동시에 다른 사람의
견해들을 평가하고 비평하기 위한 기회를 제공한다. 때문에 교육철학이나
사상은 다양한 주제에 직면하여 인간이 지향하는 직업이나 취향을 통해
내용과 형식을 달리한다.

퇴계의 교육철학사상을 전통교육 속에서 다루려는 시도 또한 이런 사유
와 성찰에서 벗어나지 않는다. 여기서는 퇴계의 교육에 관한 철학사상을
기존의 연구와 다른 시선에서 점검하려고 한다. 기존의 연구는 대부분 퇴
계 철학의 용어나 개념을 분석·검토하며, 퇴계학의 내부로 들어가려는 성
향이 강하다. 이런 연구 성과는 퇴계학 이해에 많은 도움을 준다. 그러나
자칫하면 철학 용어나 성리학 자체의 논의에 갇혀 다른 사유를 인정하지
않거나 철학의 구조를 객관적으로 바라보지 못하게 만들 위험성이 도사리
고 있다.

이에 퇴계 철학의 핵심인 『성학십도(聖學十圖)』를 서구 전통 철학의 관
점을 도입하여 간략하게 분석·검토하며, 교육적 시선을 투영하려고 한다.
특히, 철학의 세 가지 큰 영역인 형이상학(形而上學: metaphysics)과 인식론
(認識論: epistemology), 가치론(價値論: axiology)의 차원에서 퇴계의 철학사
상을 재분류한다. 그리고 이를 바탕으로 유학을 축으로 하는 전통교육의
지평에서 퇴계의 교육철학사상을 재구성해 본다.

2. 철학사상의 재인식

1) 철학의 분류

철학을 분류하는 방법에는 여러 가지가 있다. 하지만, 어떠한 분류법도 모든 영역을 칼로 두부 자르듯이 명확하게 구분하기에는 한계가 있다. 영역별로 완벽하게 구분했다고 할지라도, 의미나 내용상 중첩되는 부분이 존재할 수 있기 때문이다. 그럼에도 불구하고, 철학의 영역 분류는 특정한 주제를 질서 있게 처리하기 위해 필요한 장치이다. 그 대표적인 분류가 형이상학, 인식론, 가치론, 논리학(論理學: logic) 등이다.[1]

형이상학은 우주의 본질이나 존재 자체의 성질에 관계된다. 이는 철학적 대상이 물리적 영역 위에 놓여있음을 의미한다. 존재하는 것과 그것이 되어가는 과정, 사물의 근본 원인들, 잠재적인 것과 실제적인 것, 신(神)의 개념, 사물에 대한 성질 등이 어떠한지를 논의하는 장이다. 이러한 주제들은 인간의 감각세계에 놓인 문제들과 연관된다. 하지만, 일상의 경험을 이해하기 위해 필수적 장치는 아니다. 때로는 논의로만 끝나고 해결책이 없기 때문에, 시간 낭비나 쓸모없는 일로 여겨질 수도 있고, 때로는 세계를 이해하고 인간의 문제를 파악하기 위한 가치 있는 분석의 기초로 인식되기도 한다.

인식론은 지식에 관한 이론이다. 세계와 인간에 대한 앎의 문제로, 형이상학과 밀접하게 관계된다. 어떤 측면에서 보면, 형이상학과 인식론은 삶의 현실적 차원에서 관념이나 사유의 굴레에 갇혀 있는 듯이 보인다. 그것은 형이하학이나 경험론, 유물론의 사유와 실천의 측면에서 보면, 매우 부정적인 철학적 태도로 간주될 수도 있다. 그럼에도 불구하고 형이상학이나

---

1) C. H. Patterson, *Philosophy An Introduction*. Nebraska: Cliff's Notes Inc, 1972; 콰인-울리안, 정대현 옮김, 『인식론』, 서울: 종로서적, 1984; 리차드 테일러, 엄정식 옮김, 『형이상학』, 서울: 종로서적, 1988 참조.

인식론을 완전히 고려하지 않는 것은 철학적으로 불가능하다. 앎에 관한 이론인 인식론은 어떤 신념을 만들기 위해 사용된 것이기 때문에, 다양한 방법을 통해 탐구를 시도한다. 예를 들면, 의견을 판단하기 위한 표준이나 규범으로서 어떤 완벽한 권위에 대한 수용을 하게 만드는 '권위주의적 방법'이 있다. 지각으로부터 나온 것도 아니고 이성의 과정으로부터 나온 것도 아닌, 즉시 아는 '직관의 방법'도 있고, 경험의 영역 안에서 이성적인 것이란 여전히 진리의 기준이라고 믿는 '이성적 방법'도 있으며, 직관 또는 이성적 사유보다는 주요한 감각경험을 의미하는 '실증적 방법'도 있다. 이러한 방법을 배타적으로 사용하기보다는 혼합적으로 수용하려는 '혼합적 방법'도 있다.

가치론은 윤리학이나 도덕철학과 연관된다. 윤리학은 인간이 실제로 행동하거나 행동해야만 하는 방식 양쪽 모두와 관련된, 인간 행위에 대한 공부이다. 윤리학은 존재 자체의 단순한 묘사가 아니라 행위를 통해 사람됨이나 사람다움을 지향하는 생명력과 결부된다. 이른바, 의무적 실천(oughtness)을 통해 선악을 판단하는 행동에 따라, 삶의 표준이나 규범을 암시한다. 다시 말하면, 그것은 인간 삶에 필요하고 만족스러운 선의 표준을 발견하기 위한 여러 가지 시도들이다. 행복, 정의, 당위, 의무, 자아실현 등 가치 높은 삶을 만드는 실천 행위와 연관된다.

요컨대, 형이상학은 존재론의 차원에서 논의되고, 인식론은 지식론에 직결되며, 가치론은 도덕적 행위와 실천의 문제로 귀결된다. 존재론으로서 형이상학은 존재 자체인 '비잉(Being)'의 문제를 다루고, 지식론으로서 인식론은 앎의 문제와 직결되는 '노우잉(Knowing)'을, 도덕 행위와 실천을 중심으로 하는 가치론은 삶의 '두잉(Doing)'과 직결된다.

그렇다면, 퇴계는 어떤 차원에서 이런 고민을 했을까?『성학십도』는 우주의 본질과 세계에 대한 형이상학적 사유, 세계와 인간의 앎에 대한 인식, 인간의 행위에 관한 가치 질서를 체계적이면서 조리있게 드러낸다.

2) 『성학십도』의 사유 구조

『성학십도』는 퇴계가 68세 때 지은 지도자를 위한 교육철학서이다. 당시 17세의 나이로 조선 제14대 왕위에 오른 선조(宣祖, 재위 1567~1608)를 위해 지은 조선 성리학의 명저이다. 당대 최고의 학자로서 퇴계는 심혈을 기울여 유학의 요체를 정돈하였다. 선조가 최고지도자로서 제 역할을 할 수 있도록 그 요령을 도해(圖解)로 제시하였다. 그것은 일종의 성학(聖學)을 위한 최고의 교육 지침서이다.2) 성인이 되는 학문의 시스템을 10개의 그림과 해설로 요약하였다. 이는 당시 조선 성리학을 '총결산' 한다는 의의를 지닌다.

그 체계는 서론과 10개의 도해로 구성되어 있다. 즉 서론에 해당하는 「진성학십도차(進聖學十圖箚)」, 제1도 「태극도(太極圖)」, 제2도 「서명도(西銘圖)」, 제3도 「소학도(小學圖)」, 제4도 「대학도(大學圖)」, 제5도 「백록동규도(白鹿洞規圖)」, 제6도 「심통성정도(心統性情圖)」, 제7도 「인설도(仁說圖)」, 제8도 「심학도(心學圖)」, 제9도 「경재잠도(敬齋箴圖)」, 제10장 「숙흥야매잠도(夙興夜寐箴圖)」이다.

10개의 도해는 당시까지 논의되고 연구되었던 성리학의 우주론과 심성론, 수양론을 압축·정리한 성리학의 백미(白眉)이다. 이 10개의 도설은 성리학의 핵심 사안에 대해, 공부의 순서나 질서를 고려하여 '교육 유기체(教

---

2) 한형조의 경우, 『聖學十圖』를 '자기 구원의 가이드맵'으로 인식하여 풀이하였다. 한형조, 『성학십도, 자기 구원의 가이드맵』, 성남: 한국학중앙연구원출판부, 2018 참조; 하지만 여기에서 유의할 부분이 있다. '자기' 구원에서 '자기'는 儒學의 구조에서 볼 때, 철저하게 聖學을 지향하는 (最高)指導級 人士[王/士大夫]를 지칭한다. 단순하게 그 대상이 一般大衆이나 市民 가운데 個人을 가리키는 것이 결코 아니다. 대신, 현재성을 부여할 경우, 聖스러운 靈魂이나 건전한 理性的 삶을 추구하는 차원에서, 個人을 조선시대의 王[士大夫]의 자리에 올려놓고, 인간의 성숙이나 삶의 지향점 차원에서 응용한다면, 개인의 '자기 구원' 차원에서 『聖學十圖』를 재해석할 수는 있다.

育 有機體, educational organism)로 정돈하고 있다. 이 가운데 퇴계 철학사상의 핵심인 '경(敬)'이 곳곳에 녹아 들어 간다. 이때 경은 성학의 알파이자 오메가이다. 철학사상의 차원에서『성학십도』가 담보하고 있는 사유의 유기체 구조를 간략하게 요약·분류하면 다음과 같다.

① 「태극도」

「태극도」와 그 도설(圖說)은 모두 북송(北宋)시대 성리학의 선구자로 '태극(太極)' 이론을 제기한 주돈이(周敦頤, 1017~1073)가 지은 것이다.『성학십도』의 제1도인 「태극도」는 주돈이의 그것에 주자(朱子)가 해설하였고 퇴계가 보충 설명을 하였다. 주돈이는 잘 알려진 "무극(無極)이면서 태극(太極)이다."[3]라는 상당히 형이상학적이면서 어려운 말로『태극도설(太極圖說)』을 시작한다. 태극이 움직여 음(陰)과 양(陽)을 낳고 변화의 근원이 된다. 그 변화 가운데 세상 만물이 생겨나고, 그 가운데 사람이 가장 영험하다. 사람 가운데도 선(善)과 악(惡), 군자(君子)와 소인(小人)의 구분이 생긴다. 성인(聖人)은 이를 잘 조화하여 나아가는 인간이다.

주자는 이를 보완하여 설명한 후, 성(聖)스러운 인간이 되기 위한 조건을 수양(修養)에 두었다. 수양한다는 것은 깨닫는 작업이다. 그 핵심에 '경(敬)'이 자리한다. 경을 실천하면 욕심이 적어지고 이치가 밝아진다. 욕심을 줄이고 조절하여 욕심이 없는 지경에 이르면 성스러움을 인지할 수 있다. 이를 바탕으로 퇴계는『성학십도』에서 「태극도설」을 앞에 배치한 이유를 해명한다. 「태극도설」은 성학을 해나가는 데 가장 중요한 이치를 담고 있다. 때문에 성인이 되려고 공부하는 사람은 근본을 여기에서부터 추구해 나가야 한다.[4]

---

3) 『太極圖說』: 無極而太極.
4) 『聖學十圖』「第一太極圖」: 無極而太極, 太極動而生陽, 動極而靜, 靜而生陰 …… 朱子曰, 圖說首言陰陽變化之原 …… 右濂溪周子自作圖幷說, 平巖葉氏

이러한 우주의 본질과 사물의 탄생, 진화 과정은 유학 형성의 근원인 우주론의 기초를 이룬다. 우주 발생에서 인간의 탄생에 이르기까지, 그것은 우주의 본질이나 존재 자체의 성질을 논의하는 형이상학에 해당한다. 동시에 우주 본질의 구조를 이해하려는 측면, 즉 세계와 사물에 대한 앎의 차원에서는, 우주에 관한 지식을 언급하므로 인식론으로 볼 수도 있다.

주자가 수양을 언급한 대목에 이르면, 이는 형이상학에서 인식론을 거쳐 인간의 윤리적·도덕 철학적 차원의 가치론으로 전환한다. 따라서 「태극도」는 유학의 형이상학을 중심으로, 『성학십도』 전체의 초석이 되는 철학적 과제인 형이상학과 인식론, 그리고 가치론을 혼합적으로 보여주고 있다.

② 「서명도」

「서명(西銘)」은 북송(北宋)시대 기(氣)를 중시한 성리학자인 장재(張載, 1020~1077)의 글이다. 그림은 원(元)나라 때의 학자인 정복심(程復心, 1257~1340)의 작품이다. 「서명」은 앞부분에서 이 세상의 근본 이치는 하나인데 그것이 나누어지면서 서로 달라짐을 밝힌 글이다. 이른바, 성리학에서 말하는 '리일분수(理一分殊)'이다. 뒷부분에서는 어버이 섬기는 자세로 하늘을 섬기는 방식에 대해 논의한다.

주자의 설명에 의하면, 생명 있는 모든 존재의 공통점은 하늘을 아버지로 삼고 땅을 어머니로 삼는다. 그러면서도 이치는 하나이다. 사람이나 다른 사물이 생명력을 지니면서 각각의 족속들은 제각기 자기 부모를 부모로 여기고 자기 자식을 자식으로 여긴다. 왜냐하면 사물이 나누어지면서 서로 달라졌기 때문이다. 퇴계는 이를 인(仁)의 실체로 보았다. 성인이 되기 위해서는 이런 이치를 잘 깨달아 실천해야 한다.[5]

謂此圖. 卽繫辭易有太極, 是生兩儀, 兩儀生四象之義 …… 蓋學聖人者, 求端自此 …… 所謂窮神知化, 德之盛者也.

5) 『聖學十圖』「第二西銘圖」: 乾稱父, 坤稱母, 予玆藐焉, 乃混然中處, 故天地之塞

「서명도」는 짧지만 그 내용은 다양한 성격의 사상을 방만하게 싣고 있다.[6] 이는 세계의 근본 이치를 파악하고 인간을 비롯한 사물이 탄생하는 방식을 이해하기 위한 인식론에 해당한다. 「태극도」와 같이 존재 자체의 형상을 제시한 것이 아니라, '리일분수(理一分殊)'라는 세계와 인간의 지식에 관한 내용을 정돈하였다. '리일(理一)'은 모든 존재가 천지자연을 부모로 상정하여 생기는 보편적 이치이고, '분수(分殊)'는 사람은 사람을 낳고 사람 이외의 다른 동물은 다른 동물의 족속을 제각기 낳는다는 의미의 특수한 현상이다. 이런 세계에 대한 인식은 유학의 핵심인 인(仁)이라는 가치 실현을 예비한다. 그것은 제7도인 「인설도」에서 구체적으로 구명된다.

③ 「소학도」

『소학』은 어린이 때부터 익혀야 할 도덕 수양에 관한 내용으로 '「입교(立敎)」, 「명륜(明倫)」, 「경신(敬身)」'을 중심으로 구성되어 있다. 퇴계는 이런 내용을 직접 그림으로 만들고 해설을 붙였다. 즉 「소학도」는 퇴계가 직접 저술한 작품이다. 그 주요 내용은 '인간의 성품은 본래 착하고 성인(聖人)만이 이 성품을 따른다'라는 인식에서 출발한다. 일반 대중은 어리석은 속성으로 인해 욕망에 사로잡혀 있고, 그만큼 인간의 규범을 지키지 않고 위반하기 쉽다. 성인만이 이러한 문제를 근심하여 교육을 고민한다. 학교를 세우고, 스승에게 교육의 구체적 실천을 맡겨, 인간의 본성을 잘 가꾸어 일상생활을 펴나가게 하였다.

어린아이 때부터 구체적으로 배워야 할 사항은 '청소하기', '대인 관계에서 응낙과 대답을 분명하게 하기', '가정에서 효도하기', '사회에서 타인

…… 朱子曰, 西銘, 程子以爲明理一而分殊 …… 龜山楊氏, 西銘, 理一而分殊 …… 右銘, 橫渠張子所作, 初名訂頑, 程子改之爲西銘 …… 充得盡時聖人也.

6) 윤사순, 「退溪의 『聖學十圖』에 대한 연구」, 퇴계학연구원, 『퇴계학보』 106-1, 2000, 42~46쪽.

을 공경으로 대하기', 그리고 모든 행동에서 '규범을 벗어나지 않기' 등이
다. 이러한 실천들이, 인간을 선한 본성으로 되돌아가게 하는 기본적인 배
움이다.

「소학도」는 형이상학과 인식론에 비추어 볼 때, 도덕 행위와 실천을 논
의한 가치론에 해당한다. 특히, 어린 사람[어리석은 인간]들의 도덕이나 윤
리적 실천을 담보하기 위한 지적 장치이다. 퇴계의 강조처럼, 이는 경(敬)
을 무게 중심에 두고, 『대학』을 기다려 성공이 이루어진다. 교육의 단계나
과정상 『소학』과 『대학』은 하나이면서 둘이고 둘이면서 하나이다.7) 따라
서 뒷부분으로 연결되는 「대학도」와 필연적 연관을 맺는 동시에, 제9도인
「경재잠도」의 이론적 배경이 된다.

④ 「대학도」

「대학도」의 본문은 『대학』의 경1장이고, 「입학도설(入學圖說)」을 지은
권근(權近, 1352~1409)의 작품이다. 이를 그대로 제시하면, 대학의 도는
밝은 덕을 밝히는 데 있고, 백성을 새롭게 하는 데 있으며, 지극히 착한 경
지에 머무르는 데 있다. 지극히 착한 경지에 머무르는 것을 알게 된 다음
에 마음이 향하는 바가 가지런해지고, 마음이 향하는 바가 가지런한 다음
에 망령스러운 마음이 없어지고, 망령스러운 마음이 없어진 다음에 마음이
편해지고, 그리고 나서야 사물에 대해 올바른 판단이 내려지게 되고, 사물
을 잘 처리할 수 있게 된다. 모든 사물에는 근원과 그 근원의 결과가 있고,
일에는 결말과 시작이 있으니 먼저하고 나중에 할 것을 알면 도에 가까워
진다. 이것이 『대학』의 대강이다. 이는 '경(敬)' 공부를 할 때, 앞에서 나온

7) 『聖學十圖』「第三小學圖」: 元亨利貞, 天道之常. 仁義禮智, 人性之綱 …… 或,
子方將語人以大學之道, 而又欲其考乎小學之書, 何也. 朱子曰, 學之大小, 固有
不同, 然其爲道則一而已 …… 右小學, 古無圖, 臣謹依本書目錄爲此圖, 以對大
學之圖 …… 故或問得以通論, 而於此兩圖, 可以兼收相備云.

『소학』의 실천성을 바탕으로 그 이치를 구명한 것이다.8)

철학의 영역으로 볼 때, 「대학도」는 『소학』과 짝이 되어 '수기치인(修
己治人)'을 실천하려는 교육과 정치의 과정으로 가치론적 특성을 지닌다.
이는 인간의 삶을 도덕 윤리적 영역에서 소인(小人)과 대인(大人)의 행위
를 긍정적으로 유도한다는 차원에서, 유학이 지향하는 가치의 표준에 해
당한다.

⑤ 「백록동규도」

「백록동규」는 주자(朱子)의 글이고 그림은 퇴계가 직접 그린 것이다.
「백록동규」는 주자가 백록동서원의 학생들에게 제시한 내규(內規)로 일종
의 학칙(學則)에 해당한다. 주자는 옛 성현들이 교육한 방법과 내용 가운데
중요하고 간절한 부분을 특별히 발췌하여 현판에 새겨 걸어 두었다. 이 규
칙은 인간으로서 지켜야 할 윤리에 근원을 두고 이치를 구명하며 열심히
실천하여 '심법(心法)'의 절실하고 요긴한 것을 구해야 한다는 내용을 중
심으로 한다. 그 핵심은 오륜과 『중용』 20장의 '박학(博學), 심문(審問), 신
사(愼思), 명변(明辯), 독행(篤行)'이다 이와 같이 규정한 규범을 학생들은
준수해야 한다. 왜냐하면 성인으로 나가는 배움의 과정에서 지켜야 할 준
칙이기 때문이다.9)

제5도는 1도에서 4도까지의 형이상학과 인식론, 가치론을 종합하고 통

---

8) 『聖學十圖』「第四大學圖」: 大學之道, 在明明德, 在新民, 在止於至善 …… 或
曰, 敬若何以用力耶. 朱子曰, 程子嘗以主一無適言之, 嘗以整齊嚴肅言之 ……
敬者, 一心之主宰, 而萬事之本根也. …… 豈非聖學始終之要也哉 …… 右孔氏
遺書之首章, 國初. 臣權近作此圖 …… 故朱子之說如彼, 而今玆十圖, 皆以敬爲
主焉.

9) 『聖學十圖』「第五白鹿洞規圖」: 熹竊觀古昔聖賢所以敎人爲學之意, 莫非講明義
理 …… 右規, 朱子所以揭示白鹿洞書院學者 …… 臣今謹依規文本目, 作此
圖以便觀省, 蓋唐虞之敎在五品, 三代之學, 皆所以明人倫, 故規之窮理力行. 皆
本於五倫, 且帝王之學, 其規矩禁防之具 …… 故并獻是圖, 以備朝夕瞀御之箴.

합하여 교육으로 융합하는 가치론이다. 그 핵심이 궁리(窮理)와 역행(力行)을 통해 오륜(五倫)을 학습하고 실천하는 작업이다. 그러므로 유학의 궁극목적이 오륜이라는 인륜의 성취에 있음을 보여주는 가치론의 온전한 표명이다.

⑥ 「심통성정도」

「심통성정도」는 앞에서 언급한 장재와 정복심이 합작한 것에 퇴계가 설명을 보태어 만든 작품이다. 합작품인 셈이다. 주요 내용은 '마음[心]'이 '본성[性]'과 '감정[情]'을 통제한다는 내용으로 시작한다. 본성은 마음이 고요하여 움직임이 없는 경지이다. 이는 마음의 본체이기도 하다. 감정은 한마음이 어떤 대상에 느껴져서 통하는 경지이다. 이는 마음이 실제로 쓰이는 것이다. 따라서 성(性)이 발현하여 정(情)이 되는 순간이 한마음의 기미가 여러 측면으로 분화되는 중요한 경계이다. 이 순간에 인간의 선악(善惡)이 갈라진다.

그러므로 배우는 사람은 '경(敬)' 공부에 전념하여 올바른 이치와 욕망의 분별을 확실히 해야 한다. 성이 아직 발현하지 않았을 때는 착한 본성을 보존하고 기르는 공부에 충실하고, 성이 이미 발현했을 때는 반성하고 살펴보는 습성에 익숙해야 한다. 여기서는 마음의 다스림을 어떻게 해야 할 것인지 잘 보여주고 있다.[10]

이는 마음의 구조를 '체(體)-용(用)'의 관점으로 보여준 것이다. 인간의 마음을 존재론적으로 구명했다는 점에서는 형이상학으로 볼 수 있고, 그것을 이해하고 인식하는 앎의 측면에서는 인식론적 요소가 개입되어 있다.

---

10) 『聖學十圖』「第六心統性情圖」: 林隱程氏曰, 所謂心統性情者, 言人稟五行之秀以生, 於其秀而五性具焉, 於其動而七情出焉 …… 張子曰, 心統性情, 斯言當矣. 心統性, 故仁義禮智爲性, 而又有言仁義之心者, 心統情, 故惻隱羞惡辭讓是非爲情 …… 未發而存養之功深, 已發而省察之習熟, 眞積力久而不已焉, 則所謂精一執中之聖學, 存體應用之心法, 皆可不待外求而得之於此矣.

뿐만 아니라 '경(敬)'의 중요성을 강조하며 가치론으로 마무리하려는 윤리적 성향도 보인다.

형이상학적 측면에서 마음은 리(理)와 기(氣)를 겸하고 성(性)과 정(情)을 통괄한다. 인식론적 측면에서 볼 때, 마음은 성이 펼쳐져서 정이 되어 한마음의 기미가 되고 변화의 중추(中樞)가 되며 동시에 선악(善惡)의 분기점으로 이해된다. 가치론의 측면은 '경(敬)'을 강조하여 존양(存養)과 성찰(省察)의 습관을 몸에 익히게 하는 측면에서 드러난다.

⑦ 「인설도」

「인설도」의 그림과 해설은 모두 주자(朱子)가 지은 것이다. '인(仁)'은 천지가 만물을 생성하게 만드는 마음이다. 사람은 인(仁)을 얻어 마음으로 삼는다. 인간은 '인·의·예·지(仁·義·禮·智)'의 사덕(四德)을 지니고 있다. 이 가운데 인(仁)만이 이 사덕의 의미를 모두 포함하고 포괄한다. 그러므로 인은 모두를 포근히 감싸서 원만하게 길러내는 실질적 요인이다. 인의 본체는 무엇인가를 생성하는 어떤 특성이며 사랑의 근원이다. 그래서 부모에게 효도하고 형제에게 우애하는 것은 인을 실천하는 일이며, 다른 사람을 용서하는 것은 인을 베풀어주는 일이고, 사물을 알고 깨닫는 것은 인을 아는 작업이다. 인은 사랑이자 용서이고 화해이자 봉사이며 깨달음이다. 따라서 임금이 되어서는 반드시 이 인(仁)을 보물처럼 소중히 간직하고 실천해야 한다.[11]

인은 일종의 '생명력(生命力)'이자 '열린 마음(open mind)'이다.[12] 자신

11) 『聖學十圖』「第七仁說圖」: 朱子曰, 仁者, 天地生物之心, 而人之所得以爲心 …… 猶言克己復禮爲仁也, 蓋公則仁, 仁則愛, 孝悌其用也, 而恕, 其施也, 知覺, 乃知之事 …… 在天地則塊然生物之心, 在人則溫然愛人利物之心, 包四德而貫四端者也 …… 右仁說, 朱子所述, 幷自作圖, 發明仁道 …… 今欲求古昔帝王傳心體仁之妙, 盍於此盡意焉.
12) 신창호, 『유교 사서의 배움론』, 고양: 온고지신, 2011, 86쪽 참조.

의 활력과 타자를 향한 개방을 본질로 하기에, 삶에 활력을 불어넣고 참된
삶의 담보이자 징표로 작용한다. 그것은 심(心)과 연결되어 인간의 내면적
구조에 의미를 부여하고, 외면적 활동의 영역을 추동한다. 삶의 긍정적 동
기를 부여한다. 이는 인간에게 근원적으로 인의 구조를 알게 한다는 차원
에서는 인식론에 해당하며, 윤리 도덕의 으뜸으로 작용한다는 측면에서는
가치론이 잠재되어 있다. 퇴계는 아주 짧은 언표, 즉, "임금은 인에 머문
다."[13]라는 구절을 통해, 유학의 인식론과 가치론을 「인설도」에 녹여 넣고
있다.

⑧ 「심학도」

「심학도」는 말 그대로 '마음[心] 공부[學]'에 관한 도해이다. 그림과 설
명 모두 정복심이 지은 것이다. 제목 그대로 마음에 관한 이해를 통해 성
인의 경지로 들어가는 방법을 깨닫게 하려는 의도가 있다. 갓난아기의 마
음은 욕망으로 물들기 이전의 양심이고, 세속적인 사람의 마음은 사사로운
욕망에 가려진 마음이다. 도덕적인 인간의 마음은 의리가 충분히 갖추어진
본래의 마음이고, 진실한 마음은 의리를 깨달은 마음이다. 그런데 이 마음
이 우리 몸을 주재한다. '경(敬)' 공부는 마음을 주재한다. 따라서 항상 마
음을 거두어 모으고 사물에 대해 깨닫고 또 깨달아 충분히 익히고 궁구해
야 한다. 그것이 학문이자 참 공부이다.[14] 교육은 이런 과정을 실천하는
삶의 원현상이다.

「심학도」는 마음에 대한 이해와 인식, 그리고 지식이다. 마음은 '허령
(虛靈)', '지각(知覺)', '신명(神明)'이라는 특성을 통해 한 몸을 주재한다.

---

13) 『聖學十圖』「第七仁說圖」: 止於仁.

14) 『聖學十圖』「第八心學圖」: 林隱程氏曰, 赤子心是人欲未汨之良心, 人心卽覺於
欲者, 大人心是義理具足之本心, 道心卽覺於義理者 …… 右林隱程氏掇取聖賢
論心學名言爲是圖 …… 臣竊以爲求放心, 淺言之, 則固爲第一下手著脚處
…… 子見不願, 卽以爲鄕郡博士, 致仕而歸, 其爲人如此. 豈無所見而妄作耶.

이는 마음에 관한 인식론이다. 이런 마음은 '경(敬)'을 통해 주재(主宰) 되면서 가치론을 불러들인다.

⑨ 「경재잠도」

「경재잠」은 주자가 지은 것이고, 그림은 왕백(王栢, 1197~1274)이 그린 것이다. 「경재잠」은 '경(敬)'을 실천하는 조목'을 자세히 기록하였다. 옷을 단정하게 입고 모자를 바르게 써야 하며, 대상을 보는 눈 모습을 존엄하게 해야 한다. 발의 움직임은 반드시 무겁게 하고, 손의 움직임은 반드시 공손하게 해야 한다. 길을 걸을 때 조심하여, 가는 것이 마치 개미집도 피하여 돌아가듯이 해야 한다. 필요 없는 말은 하지 않고, 헛된 생각을 막고, 말과 생각을 성실하고 진실하게 해야 한다. 일을 처리할 때는 오직 그 일을 처리하는 데 마음을 쏟아야 한다. 이는 일상생활에서 보고 생각하는 사이에 몸소 음미하고 깨닫고 살펴서 터득하라는 생활 지침이다. 그래야 '경(敬)' 공부가 이루어지고, 이것이 다름 아닌 성학(聖學)의 처음과 끝이 된다.[15]

「경재잠도」는 일상에서 '경'이 무엇을 열망하는지, 그 지향성을 보여준다. 이는 윤리 도덕의 생활 규범을 일종의 지침으로 제시하는 유교 가치의 하이라이트이다. 가치론의 궁극이 어떤 모습인지 정돈하고 일상의 실천을 예비한다. 물론 삶의 규범이 무엇인지 사전에 알 필요도 있다. 이럴 경우, 인식론이 가치론과 유기적으로 결합되어, 지식과 실천을 연결하고 있음을 보여준다.

---

15) 『聖學十圖』「第九敬齋箴圖」: 正其衣冠, 尊其瞻視, 潛心以居 …… 朱子曰, 周旋中規, 其回轉處欲其圓如中規也 …… 西山眞氏曰, 敬之爲義, 至是無復餘蘊, 有志於聖學者, 宜熟復之. 右箴題下, 朱子自敍曰, 讀張敬夫主一箴, 掇其遺意, 作敬齋箴, 書齋壁以自警云, 又曰, 此是敬之目 …… 則敬爲聖學之始終. 豈不信哉.

⑩ 「숙흥야매잠도」

「숙흥야매잠」의 경우, 잠(箴)은 진백(陳栢)이 지었고, 그림은 퇴계가 그린 것이다. 「숙흥야매잠」은 새벽에 일어나서 밤에 잠들 때까지 어떤 일상생활을 구현해야 하는가에 대한 경계와 조심이다. 일상생활을 하는 동안에 인간의 길은 끊임이 없다. 어디를 가더라도 인간의 숨소리가 있지 않은 곳이 없다. 닭이 우는 새벽녘에 깨어나면 생각이 차츰 일어나기 시작한다. 때로는 지난날의 허물을 반성하고, 때로는 새롭게 얻은 어떤 것들을 추려내어, 차례에 맞게 조리를 세운다. 그리고 묵묵히 알도록 한다.

인간의 길이 무엇인지 인식하여 근본이 서게 되면, 이른 새벽에 일어나 세수하고, 머리를 단정하게 빗고, 의관을 갖추고 조용히 앉아, 자신의 몸가짐을 가다듬는다. 지식을 사물에 비추어 보고 나면, 나는 그저 나일 뿐이다. 그러므로 마음을 고요하게 차분하게 지속하고 사념에서 벗어난다. 책을 읽다가 여가를 이용하여 사이사이에 피로를 풀고 정신을 가다듬어 본성과 감정을 편안하게 한다. 밤이 깊어 잠을 잘 때는 손을 가지런히 하고 발을 모으고 아무런 생각을 하지 말고 심신을 푹 잠들게 한다. 이렇게 일상을 이어가고 하루를 정돈하는 가운데 품성은 온전해지고 성인(聖人)의 경지로 나아가는 것이다. 성학은 다름 아닌 일상에서 삶을 흐트러지지 않게 운영하는 작업과 통한다. 일상생활을 자연의 이치에 맞게 잘 꾸려나가는 것과 같다.[16]

『성학십도』의 마지막인 「숙흥야매잠도」는 일상에서 삶의 충실로 귀결된다. 이는 제9도인 「경재잠도」를 본떠 만든 것으로, 가치론을 일상에서 강화하고 정착시키려는 성향을 보인다.

---

16) 『聖學十圖』「第十夙興夜寐箴圖」: 雞鳴而寤, 思慮漸馳, 盍於其間, 澹以整之 …… 此箴有許多用工時分, 故隨其時分, 而排列爲圖, 夫道之流行於日用之間, 無所適而不在, 故無一席無理之地 …… 此一靜一動, 隨處隨時, 存養省察, 交致其功之法也, 果能如是, 則不遺地頭, 而無毫釐之差, 不失時分, 而無須臾之間, 二者並進, 作聖之要, 其在斯乎.

이러한 『성학십도』를 '천도(天道)와 인도(人道)', '자연과 인간'으로 대별해 보면, '대대(待對)'의 관계로 구성되는 유기체적 연관성을 찾을 수 있다. 제1도~제10도의 순서에 따라 하나의 그림을 전습(傳習) 또는 분석(分析)한 다음 10개의 그림 모두를 융관(融貫) 또는 종합하는 방식이다.

부분적으로 말하면, 하나의 그림에는 그 자체에 '체(體)―용(用)'이 있다. 전체적으로 말하면, 전반부와 후반부는 각각 체(體)와 용(用)이 된다. 제1도 「태극도」는 천도(天道)에 근본하기 때문에 체(體)이고 제2도 「서명도」는 체용(體用)을 겸하여 리일분수(理一分殊)를 밝힌 것이다. 제3도 「소학도」, 제4도 「대학도」, 제5도 「백록동규도」는 체(體)와 용(用)을 겸하여 말하면서도 용(用)을 강조하여 인륜(人倫)과 덕업(德業)을 중시한다. 제6도 「심통성정도」는 심성(心性)에 근본하고 있는 체(體)이고 제7도 「인설도」는 체(體)와 용(用)을 겸해 말하면서도 체(體)를 중시한다. 제8도 「심학도」는 체(體)를 중심으로 논의하였고 제9도 「경재잠도」는 체(體)와 용(用)을 겸해 말했으나 용(用)을 중시하였다. 제10도 「숙흥야매잠도」는 일용(日用)에 힘쓰며 경외(敬畏)를 존숭하는 용(用)을 강조하였다.[17] 위에서 논의한 내용을 표로 정돈하면 다음과 같다.[18]

---

17) 김수일, 「退溪의 聖人論 硏究―성학십도를 중심으로」, 동국대학교 박사논문, 2011, 97쪽.

18) 최재목, 『쉽게 읽는 퇴계의 『성학십도』』, 서울: 예문서원, 2004; 이동건, 「퇴계 『성학십도』의 성학(聖學)과 자기혁신(自己革新)의 방법」, 동북아시아문화학회, 『동북아문화연구』 20, 2009; 고려대 민족문화연구원, 한국사상연구소 편, 『역주와 해설 성학십도』, 서울: 예문서원, 2009 참조.

〈표 1〉『성학십도』의 구조와 내용

도해 구분	논리적 특성		도해별 내용	주요 사상	사유의 흐름
제1도 「태극도」	전반부 (체)	체	우주의 생성 원리 및 천도와 인도의 관계	천도에 근본을 두고 인륜과 덕업의 실천 과정을 논의함	천도 (자연) ↓ 인도 (인간)
제2도 「서명도」		(체) 용	인간과 우주의 관계		
제3도 「소학도」			대인 관계의 기본 덕목과 공부법		
제4도 「대학도」			성인의 인격 완성 과정		
제5도 「백록동규도」			사회적 인간관계와 덕행 실천의 교육법		
제6도 「심통성정도」	후반부 (용)	체	심의 체-용 관계	심성에 근원하여 일상생활에 힘쓰고 경외하는 태도 함양을 논의함	천도 (인간) ↓ 인도 (인간)
제7도 「인설도」		체 (용)	인의 실천과 확충 방법		
제8도 「심학도」		체	심의 구조 및 경과의 관계		
제9도 「경재잠도」		용	인간 생활과 경 공부의 요령		
제10도 「숙흥야매잠도」			일상의 공부법		

3) 『성학십도』의 철학적 분류

　<표 1>에서 정돈한 것처럼, 『성학십도』는 그 내용상, 크게 전반부와 후반부로 나눌 수 있다. 전반부 제1도～제5도는 천도(天道)를 근원으로 하여 인도(人道)가 그것에서 탄생함을 밝히고, 수기치인(修己治人)의 의미와 방법을 제시한다. 후반부인 제6도～제10도는 인간 심성(心性)의 구조와 근원을 구명하고, 인심(人心)을 천도에 맞추어 가는 양식을 설명한다.

　다시 말하면, 전반부에서 제1도 「천명도」와 제2도 「서명도」는 '천도(天道)-인도(人道)'의 대대(待對) 관계로 짝을 나타내었고, 제3도 「소학도」와

제4도 「대학도」는 인간 사회에서 '수기(修己)−치인(治人)'의 길을 짝으로 맞춘 것이다. 이는 결국 제5도 「백록동규도」에서 학교의 교육목표를 나타내는 데서 통일성을 이루며 일단락되었다. 후반부는 이를 인간 세계에서 본격적으로 전개하는데, 제6도 「심통성정도」는 마음의 구조를 논하였고, 제7도 「인설도」와 제8도 「심학도」는 마음의 본질을 구명하였으며, 제9도 「경재잠도」와 제10도 「숙흥야매잠도」에서는 인간의 마음을 천도에 맞추는 공부에 대해 논하였다.

〈표 2〉 『성학십도』의 구조와 철학 범주 분류

도해별	전체 구조 및 내용				철학 범주 분류	비고
제1도 「태극도」	전반부	천도	자연	짝	우주 세계의 본질	형이상학 인식론	가치론
제2도 「서명도」			인간		인간 세계의 인식과 구조	인식론	
제3도 「소학도」		인도	명륜	짝	교육의 과정	가치론	인식론
제4도 「대학도」			정치				
제5도 「백록동규도」	대대		오륜 교육 실천	자연과 인간의 통일	교육의 실제	가치론	
제6도 「심통성정도」	후반부	천도	마음의 체용	짝	마음의 구조	형이상학 인식론	가치론
제7도 「인설도」		(짝)	마음의 공능		마음의 본질	인식론	
제8도 「심학도」		인도	마음과 몸의 주재	짝			
제9도 「경재잠도」			삶의 주재		인생의 공부 (삶의 실천)	가치론	인식론
제10도 「숙흥야매잠도」			일상 공부 실천	몸과 마음의 통일			

이러한 구조는 형이상학, 인식론, 가치론의 차원에서 순차적으로 논리적 맥락을 갖추는 동시에, 자연과 인간의 질서를 중층적으로 결합하여 통일성을 기하려는 시도로 보인다. 이를 형이상학－인식론－가치론의 차원에서 철학적으로 구분해 보면, <표 2>처럼 정돈할 수 있다.

위의 <표 2>에서 정돈한 것처럼, 『성학십도』의 구조는 형식적으로나 내용적 차원에서 매우 논리적이다. 전체 구조를 전반부와 후반부로 나누었다. 그리고 전반부와 후반부의 각 부분은 천도로 대변되는 우주 본질의 존재인 형이상학을 앞부분에 배치하고, 인도의 차원에서 고심하는 인식론과 가치론을 뒷부분에 안배하였다. 이는 천인합일(天人合一)의 세계를 추구하며, 이를 삶에서 지속하려는 유학의 구조를 논리정연함으로 보여준다.

그것은 『성학십도』의 서문에 해당하는 「진성학십도차」에서 퇴계 자신이 밝힌 것처럼, 옛 현인(賢人)·군자(君子)들이 성학(聖學)과 마음을 다스리는 방법이다. 요컨대, 성인이 되기 위해 실천하는 공부는 마음에서 구해야 함을 강조한다.[19]

3. 『성학십도』의 교육철학적 위상

1) 전통교육사상으로서 유학

유학은 학문으로 성립하기 시작한 초기 단계, 즉 원시유학에서 교육에 대한 본질적 규정을 시도하였다. 초기에는 교화(敎化)나 교학상장(敎學相長)의 모습으로 백성을 격몽(擊蒙)하거나 계몽(啓蒙)하는 성격이 강하였다.[20] 이는 형이상학적이거나 인식론적이기보다는 가치론적 차원의 윤리

---

19) 『聖學十圖』「進聖學十圖箚」: 惟有昔之賢人君子, 明聖學而得心法.
20) 『書經』「舜典」: 帝曰, 契, 百姓不親, 五品不遜, 汝作司徒, 敬敷五教, 在寬.;『禮記』「學記」: 發慮憲, 求善良, 足以諛聞, 不足以動衆. 就賢體遠, 足以動衆, 未

도덕적 측면이 많이 투영된 결과였다.

맹자(孟子)에 이르면, 인간의 마음과 품성을 선(善)한 차원으로 인식하면서 인식론적 시선이 확연하게 드러나기 시작한다.[21] 인간 심성에 내재한 선단(善端)의 인식은 도덕적 자각으로 자신을 완성하고 그것의 확장을 통해 건전한 사회를 이룰 수 있다는 사유의 지평을 확대하였다.

한편, 유학의 성선(性善) 전통에서는 벗어나지만, 순자(荀子)의 경우, 선단이나 성선에 대한 강한 회의를 통해, 새로운 인식론과 가치론을 제기한다. 인간의 성품을 욕망(欲望)을 지닌 악(惡)의 경향성으로 보고, 욕망의 조절, 즉 악의 제어를 통한 예치(禮治)를 주장한다.[22] 이때 욕망을 조절하는 강력한 장치가 다름 아닌 교육이다.

맹자와 순자의 인간 이해는 교화(敎化)에 치중한 초기 유학의 교육적 본질을 뛰어넘은 사유이다. 교육사상의 진보가 이루어진 것이다. 다시 말하면, 『서경』과 『예기』「학기」, 『논어』 등에서 공자(孔子)가 적극적으로 의미를 부여했던 교화가 두 가지 차원에서 질적 분화를 진행한다. 하나는 맹자의

足以化民. 君子如欲化民成俗, 其必由學乎. 玉不琢, 不成器, 人不學, 不知道. 是故古之王者, 建國君民, 敎學爲先 …… 雖有佳肴, 弗食不知其旨也. 雖有至道, 弗學不知其善也. 是故學然後, 知不足, 敎然後知困, 知不足然後, 能自反也, 知困然後, 能自强也. 故曰敎學相長也.; 『論語』「子路」: 子適衛, 冉有僕, 子曰, 庶矣哉. 冉有曰, 旣庶矣, 又何加焉. 曰富之. 曰旣富矣, 又何加焉. 曰敎之.

21) 『孟子』「盡心」上: 萬物皆備於我矣.;「公孫丑」上: 惻隱之心, 仁之端也, 羞惡之心, 義之端也, 辭讓之心, 禮之端也, 是非之心, 智之端也. 人之有是四端也, 猶其有四體也, 有是四端而自謂不能者, 自賊者也, 謂其君不能者, 賊其君者也. 凡有四端於我者, 知皆擴而充之矣. 若火之始然, 泉之始達, 苟能充之, 足以保四海, 苟不充之, 不足以事父母.;「滕文公」上: 設爲庠序學校, 以敎之, 庠者, 養也, 校者, 敎也, 序者, 射也. 夏曰校, 殷曰序, 周曰庠, 學則三代共之, 皆所以明人倫也. 人倫, 明於上, 小民, 親於下.

22) 『荀子』「禮論」: 禮起於何也. 曰, 人生而有欲. 欲而不得, 則不能無求. 求而無度量分界, 則不能不爭. 爭則亂, 亂則窮. 先王惡其亂也. 故制禮義以分之, 以養人之欲, 給人之求. 使欲必不窮乎物, 物必不屈於欲. 兩者相持而長. 是禮之所起也.;「勸學」: 人無禮則不生……以善先人者謂之敎

선단론(善端論)을 통해 '선의 확충'으로 드러나고, 다른 하나는 순자의 성
악설(性惡說)을 통해 '악의 제어나 조절'로 표출되었다.

맹자는 도덕적 자각을 통해 선단을 확충하고 지속하여 개인의 완성을
꾀하는 '예방적 차원'의 교육을 열망하였다. 이에 반해 순자는 예치(禮治)
를 통한 사회적 직분(職分)의 실천과 '치료적 차원'의 교육을 강조하였다.
이른바 "인간의 타고난 본성은 비슷하나 교육과 학습의 후천적 요인에 의
해 크게 달라진다!"23)라는 공자의 언표에 대해, 그의 후학인 맹자와 순자
가 강조점을 달리하면서 의미의 전이가 이루어졌다. '성상근(性相近; 타고
난 본성은 비슷하다)'은 맹자 계열의 학통으로 질적 발전을 거듭하였고,
'습상원(習相遠; 후천적 요인인 습관에 의해 달라진다)'은 순자 계열의 학
자들을 통해, 내용의 승화가 진행되었다. 요컨대, '공자-맹자-순자'로 이
어지는 원시유학의 교육은 맹자와 순자에 의해, 개인의 '도덕적 자각'과
'사회적 예치'라는, 개인과 공동체의 교육적 이상으로 분화되면서 그 본질
과 이상을 드러내었다.24)

이러한 원시유학의 교육적 특징은 성리학 체계를 갖추면서, 특히 주자
의 사서학(四書學)에 의해 『대학』과 『중용』의 교육론으로 종합되었다. 『중
용』과 『대학』의 수기론(修己論)을 통해 도덕적 자각을 강조하고, 그것을 바
탕으로 『대학』의 치인론(治人論)으로 예치를 거듭했다.25) 그리고 『소학』-
『대학』이라는 교육의 단계와 내용을 정돈하면서 성리학의 교육을 공고화
하는 계기를 만든다.

퇴계가 활약했던 조선 시대의 유학 전통도 이에 영향을 받으며, 그것을
강화해 나갔다. 『소학』과 『대학』은 어린아이와 어른이 경험해야 하는 몸
다스림의 교육 양식이다. 몸은 모든 인간의 행위를 규제하고 조절한다. 유

---

23) 『論語』「陽貨」: 子曰, 性相近也, 習相遠也.
24) 신창호, 『유교의 교육학 체계』, 서울: 고려대출판부, 2012, 139～153쪽 참조.
25) 『中庸』 1章: 天命之謂性, 率性之謂道, 修道之謂敎.; 『大學』 經1章: 大學之道,
   在明明德, 在新民, 在止於至善.

학의 전통교육은 날마다 이 세계에 던져지는 자기의 몸을 어떻게 조절하
느냐에 일차적인 관심을 두었다. 절대, 고상한 지식이나 현실적 이익을 위
한 기술을 먼저 말하지 않았다.[26] 그 일상의 합리적 운용에 관한 삶의 테
크닉을 고민한 것이 유학의 전통교육이다.

다시 정리하면, 초기 유학에서 주자학에 이르는 유학의 전통교육은 '교
화(敎化)－도덕적 자각(道德的 自覺)－사회적 예치(社會的 禮治)'라는 자
기 수양과 타자 계몽을 본질적 기능으로 제시했다. 이는 개인의 수양이라
는 측면에서 개인 교육을 강조했고, 계몽과 교화라는 측면에서 공동체 교
육을 중시한 것으로 여겨진다.

이런 유학의 교육 전통에 기초하여 퇴계는 주자학[성리학]이라는 거대
한 교육 기획을 적극 수용한다. 그것은 퇴계가『성학십도』의 제3도「소학
도」와 제4도「대학도」에서 설명하고 있듯이,『소학』과『대학』을 관통하는
인간의 삶에 관한 사유이다. 퇴계는『성학십도』를 통해,『소학』－『대학』
이라는 교육의 절대적 가치를 실천하기 위해 고심한다.『소학』－『대학』의
단계론을 교육의 과정으로 수용하는 동시에 심학(心學)과 인학(仁學)을 적
극적으로 개입시켜, 제1도에서 제10도에 이르는 형이상학과 인식론, 가치
론을 유기체 철학의 과정으로 재편집해 내었다.

2) 교육철학사상의 재구성

퇴계의 교육철학을 재인식하고 재구성하기 위해서는『성학십도』가 도
표와 해설로 이루어진 '도해서(圖解書)'라는 점을 심각하게 고려해야 한다.
일정한 사상에 대한 도해화는 그 사상의 중요성을 고려하여 사상의 핵심
을 일목요연하게 드러낸다.[27] 따라서 도해에 제시된 개념이나 용어, 저작

---

26) 신창호,「유학의 교육전통과 현대적 의미－교육단계와 중용적 가치를 중심으로」,
    한국교육사상연구회,『교육사상연구』17, 2005 참조.
27) 윤사순,「退溪의『聖學十圖』에 대한 연구」, 퇴계학연구원,『퇴계학보』106-1,

자의 그림 배치 의도에 대한 해설이나 이해처럼 미시적 측면의 연구도 필요하지만, 그런 연구를 바탕으로 도해의 구성과 체제, 저자의 의도와 지향을 거시적으로 점검하는 일도 매우 중요하다.

『성학십도』는 퇴계가 스스로 규정한 것처럼, 전반부와 후반부로 나뉜다. 전반부(제1도~제5도)의 도해는 천도(天道)에 근본하여 인륜(人倫)을 밝히고 덕업(德業)을 성대하고 아름답게 하려는 의도를 지닌다.[28] 다시 설명하면 도설의 기본은 천도에 근본하고 있으나 그 궁극 목적은 인륜을 밝혀 덕업에 힘쓰게 하는 것이다. 이는 인간의 탄생에서 천지자연과 부모의 보살핌, 아동으로서 할 도리, 어른으로서 할 도리를 학교를 통해 가르치는 작업으로 드러난다. 후반부(제6도~제10도)는 심성(心性)에 근원하여 일상생활에 힘쓰고, 깨달음과 조심성을 더하려는 노력이 담겨 있다.[29] 이는 기본적으로 심성에 근본하고 있으나 요점은 일상생활에서 힘을 써서 경외(敬畏)하는 마음을 높이는 작업이다. 그렇다면, 『성학십도』는 천도(天道), 인륜(人倫), 덕업(德業), 심성(心性), 일용(日用), 경외(敬畏)의 사상을 중점적으로 다루었다고 볼 수 있다. 형이상학에 속하는 천도로부터 경(敬)을 중심으로 한 수양과 그것을 바탕으로 실천되는 윤리 도덕의 가치론에 이르기까지, 철학의 주요 영역을 다루고 있다.

물론, 퇴계가 두 부분으로 대별한 『성학십도』에 대해, 후대의 연구자들이 사고를 확장하여 해설한 것도 있다.[30] 이광호는 이론적 구조로는 두 부분으로 나누되 실천적 학문적 구조로는 세 부분으로 나누어 볼 수 있다고 하였다. 최광만의 경우, 교육적 구조로 파악하려는 시도를 통해 성학의 공

2000, 68쪽.

28) 『聖學十圖』「第五白鹿洞規圖」: 以上五圖, 本於天道, 而功在明人倫懋德業.

29) 『聖學十圖』「第十夙興夜寐箴圖」: 以上五圖, 原於心性, 而要在勉日用崇敬畏.

30) 이광호, 「이퇴계의『성학십도』연구」, 한림대 태동고전연구소, 『태동고전연구』4, 1988; 최광만, 「『성학십도』의 구조 분석」, 교육사학회, 『교육사학연구』12, 2002; 박청미, 「퇴계 이황의 공부와 심미체험」, 부산대학교, 박사논문, 2013, 68~75쪽 참조.

부법 차원에서 조명하기도 하였다. 또한 퇴계 스스로도 밝히고 있듯이, 『성학십도』는 제3도 「소학도」와 제4도 「대학도」를 중심 도설로 설정한다.[31] 이는 유학 전통의 교육 체계나 학문 방법의 구조를 재확인하고 강화하는 작업임에 분명하다.[32] 보다 세밀한 분석도 이루어졌다. 이인철은 '작성인(作聖人)'의 개념을 도입하여, 『성학십도』의 전반부에서 제1도 「태극도」와 제2도 「서명도」를 '존재론적 작성인(存在論的 作聖人)'으로 규정하고 형이상학적인 가능성을 보여주었다. 아울러 제3도 「소학도」와 제4도 「대학도」를 '수양론적 작성인(修養論的 作聖人)'으로 설명하여 가치론적 특성도 드러내었다. 후반부는 작성적(作聖的) 인간관의 실천으로 구분하여 가치론적 특성을 확장하여 논의하기도 하였다.[33]

이처럼 『성학십도』에 대한 다양한 탐구에도 불구하고, 퇴계가 지향하는 교육은 그의 철학을 실천하기 위한 최후의 장치로 이해된다. 교육을 삶의 원현상(原現象)으로 이해할 때, 그것은 삶에 관한 일종의 '궁극적 관심(窮極的 關心, ultimate concern)'이다. 다시 강조하면, 『성학십도』의 전반부는 천도(天道)에 근거하였고, 후반부는 심성(心性)에 근거하였다. 천도는 자연의 길이고 심성은 인간의 길이다. 천도와 심성의 연계는 자연의 길과 인간의 길을 연속적으로 바라보는 천인합일(天人合一) 사상에 기반한다. 자연학의 인간학적 결합은 자연의 질서를 모범으로 하는 인륜과 덕업의 실천이 중요한 관건으로 떠오른다. 그 실행은 실천자의 마음공부에 달려 있다.

---

31) 『聖學十圖』 「第四大學圖」: 右孔氏遺書之首章, 國初, 臣權近作此圖. 章下所引或問通論大小學之義, 說見小學圖下, 然非但二說當通看, 幷與上下八圖, 皆當通此二圖而看.

32) 금장태, 「退溪의 仁思想과 人道情神－『聖學十圖』第7 「仁說圖」에 대한 해석을 중심으로」, 안동대학교, 『퇴계학』 10-1, 1999; 황금중, 「退溪의 工夫論과 『聖學十圖』」, 한국교육사학회, 『한국교육사학』 23-2, 2001; 강봉수, 「퇴계의 『성학십도』에 함의된 도덕교육론」, 한국도덕윤리과교육학회, 『도덕윤리과교육』 19, 2004 참조.

33) 이인철, 「退溪의 作聖的 人間觀과 그 敎育的 含意－『聖學十圖』를 中心으로」, 경북대학교 박사논문, 2009 참조.

이런 점에서 『성학십도』는 전반부에서 후반부로 진행될수록 마음과 그 공부로서 '경(敬)'에 초점이 맞추어진다. 이때 '경(敬)'은 학문의 완성된 형태가 아니라 교육의 완성을 가능하게 만드는 바탕이다.[34]

　이 대목에서 퇴계 교육철학의 구조를 심각하게 성찰할 필요가 있다. 퇴계는 '소학－대학'의 두 계제(階梯)로 구성된 유학 전통교육에 한정되지만은 않는다. 10개의 도해가 보여주듯이 유학의 교육을 질적으로 끌어 올린다. 「소학도」와 「대학도」가 성학(聖學)의 중심이긴 하지만, 그것은 학문이 수양의 무게중심을 잡는 역할에 불과하다. 앞뒤로 놓인 8개의 도해를 새롭게 주목해야 하는 이유가 여기에 있다. 「태극도」에서 제시한 천도가 『성학십도』의 전제라면, 본론은 인륜의 실천이고 마음공부이다.[35] 이는 교육의 대상으로서 근본 존재인 우주 자연의 형이상학을 전제로 자연과 인간에 대한 앎과 지식, 지성을 기획하는 인식론, 인륜의 실천이라는 가치론을 부각하는 작업과 동일한 논리이다.

　앞의 <표 2>에서 정돈한 것처럼, 『성학십도』를 철학적으로 분류하여 교육의 구조로 다시 이해한다면, 다른 인식이 가능하다. 퇴계의 교육철학은 '소학－대학'을 중심으로 하는 교육의 체계인 것은 분명하지만, 그 이상의 의미를 지닌다. 그것은 유학의 전통교육을 형이상학과 인식론, 가치론을 융합하고 회통(會通)하고 통관(通貫)하는 교육 양식을 고려하여 재구성할 수 있다.

　앞에서 간략하게 언급했듯이, 퇴계는 제3도 「소학도」에서 주자가 강조한 '경(敬)'에 주목한다. 이 경은 『소학』과 『대학』 공부의 바탕이다. 『소학』－『대학』은 서로 기다려 완성되는 성격을 지닌다. 이 지점에서 10개의 도해에 대한 통찰이 요구된다.

　퇴계는 『혹문(或問)』의 『소학』『대학』 해설이 두 도표(「소학도」, 「대학도」)에 모두 들어 있지만, 이 해설만으로 공부할 것이 아니라, 위아래의 8

---

34) 윤천근, 『퇴계철학을 어떻게 볼 것인가』, 청주: 온누리, 1987, 171쪽.
35) 안병걸, 「退溪思想體系의 마음공부」, 안동대학교, 『퇴계학』 10-1, 1999, 135～137쪽.

개 도해를 통해 이해할 것을 주장한다. 이는 분명『소학』—『대학』을 유학 전통의 교육 바탕으로 설정하고 있으나 심학(心學)과 인학(仁學)을 중심으로 하는 다른 차원이 있음을 암시한다. 그 이유는 제3도인「소학도」와 제4도인「대학도」를 무게중심에 두고, 위부분에 배치한 제1도「태극도」와 제2도「서명도」, 아래 부분에 배치한 제5도「백록동규도」~제10도「숙흥야매잠도」에 이르기까지의 역할을 분명히 한 데서 확인된다.

퇴계는 진지하게 강조한다. "제3도「소학도」와 제4도「대학도」를 중심으로 볼 때, 위의 두 도해는 우주의 본질인 형이상학적 단서를 구하여 확충하고 자연의 질서를 본받아 인간의 길을 다하는 극치이다. 때문에『소학』과『대학』의 표준이자 본원이 된다. 아래의 여섯 가지 도해는 선(善)을 밝히고, 몸을 자연스럽게 하여 덕을 높이고 사업을 펼칠 수 있도록 최선을 다하는 영역이다. 그런 만큼『소학』『대학』의 터전이자 공효가 된다. 여기에서 '경(敬)'은 유학의 전반적인 수양과 공부, 학문과 교육에 두루 통하는 핵심으로 자리한다."36)

퇴계 교육철학에서 핵심은「소학도」「대학도」를 기준으로 위아래 여덟 개 도해의 역할과 배치 문제이다. 퇴계는「소학도」「대학도」를 표준으로 하는 유학, 즉 인식론과 가치론 중심의 전통교육을 심학(心學)과 인학(仁學)을 도입하여 형이상학적으로 재구조화하며, 교육의 차원을 한 단계 끌어 올렸다. 이는 조선 유학의 전통교육을 주자학의 그것과 다르게 새롭게 체계화한 선구적 사건이다.37) 여기에서 퇴계의 교육철학은 구조적으로 재조명될 필요가 있다. 이를 표로 정리하면 <표 3>과 같다.

---

36) 『聖學十圖』「第四大學圖」: 蓋上二圖, 是求端擴充體天盡道極致之處, 爲小學大學之標準本原. 下六圖, 是明善誠身崇德廣業用力之處, 爲小學大學之田地事功. 而敬者, 又徹上徹下, 著工收效, 皆當從事而勿失者也. 故朱子之說如彼, 而今玆十圖, 皆以敬爲主焉.

37) 退溪의『聖學十圖』이후, 栗谷의『學校模範』,『擊蒙要訣』,『聖學輯要』등 儒學의 전통교육 체계가 구체적인 교육과정이자 敎科書로서 적극적으로 선보이기 시작했다.

〈표 3〉『성학십도』의 교육철학 구조

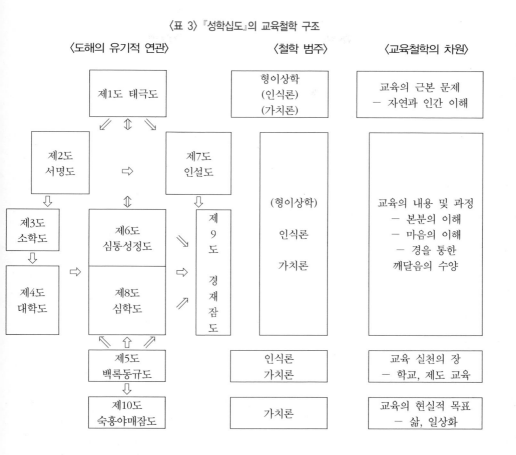

4. 닫는 글

이상에서 논의한 『성학십도』를 교육의 차원에서 정돈하면, 퇴계의 교육 철학과 당시의 위상을 그려볼 수 있다. 퇴계는 성리학에 충실한 지적 거장 이다. 해동 주자(海東 朱子)라는 별칭이 일러주듯이, 주자학을 온몸으로 받 아들인 조선의 지성이자 교육철학자이다. 엄밀하게 말하면, 퇴계는 주자가 집대성한 유교의 교육 양식인 『소학』-『대학』의 시스템을 초극(超克)하려는 의도가 있었던 것은 아니다. 오히려 그것을 적극적으로 계승하고 지속하고 강화하려는 학문을 펼쳐왔다.

중요한 것은 『성학십도』라는 저술에서, 교육을 기획하면서 도해를 배치한 의도이다. 가치론의 특성을 강하게 지닌 「소학도」 「대학도」를 무게중심에 두고, 형이상학과 인식론의 기저인 「태극도」, 「서명도」, 「심통성정도」, 「인설도」, 「심학도」, 「경재잠도」 등을 강력하게 끌어들인다. 당시 유교의 전통교육이 '소학—대학'으로 형이하학적인 낮은 단계에서 이루어지던 것을 형이상학적인 높은 단계로 질적 승화를 꾀한 것이다. 이는 형이하학적 차원의, 일정한 규정을 지닌 학교교육의 측면에서 보면, 획기적인 발상이다. 아니, 획기적이라기보다는, 원시유학과 다른 성리학의 관점에서 성리학의 교육철학사상을 충실하게 복원한 것일 수도 있다. 왜냐하면 성리학이 윤리 도덕을 중심으로 수양에 충실한 원시유학의 특징보다는 우주론과 심성론을 중심으로 수양에 충실하려는 학문 전통과도 연관되기 때문이다.

『성학십도』를 통해 본 퇴계의 교육철학은 당시까지 진행되어온 유학의 교육시스템을 해체했다고 이해된다. '소학—대학' 계제 중심의 간략한 주자학적 교육관을 심학과 인학, 경(敬)의 강조를 통해 성리학적 세계관에 충실하게 재구축하였다. 그것은 가치론 중심의 전통교육관을 가치론에서 인식론, 형이상학에 이르기까지 인간과 자연을 융섭(融攝)·통합(統合)하는 교육철학사상으로 승화한 것으로 판단된다. 이런 점에서 퇴계의 『성학십도』는 퇴계 교육철학사상의 정수를 보여준다. 조선 성리학의 역사에서 이론적으로 체계를 갖춘 최초의 교육철학사상 저술로 자리매김할 수 있지 않을까 생각한다.

요컨대 『성학십도』를 통해 본 퇴계의 교육철학은, 성리학 전통을 교육적으로 충실하게 구축한 학문체계이자, 조선 성리학을 가치론과 인식론, 형이상학의 차원에서 종합한 사상의 근원이라고 생각한다.

3장 깨달음의 각성 교육

- 퇴계 이황의 내면 지향 학문 -

1. 여는 글

앞의 2장에서 살펴본 것처럼, 흔히, 퇴계 교육철학의 핵심을 '경(敬)'이라고 한다. 퇴계는 유학 공부의 본질을 경(敬)에 두었고, 자신의 삶 또한 그것을 바탕으로 전개했다. 이러한 퇴계의 사유를 공부와 삶의 측면에서 재해석하면 어떤 양상으로 드러날까? 특히, 퇴계 사상의 핵심 개념이자 공부 방법론인 경(敬)은 인간의 삶에서, 교육의 차원에서 어떻게 조명될 수 있을까?

'경(敬)'은 '성(誠)'과 더불어 성리학(性理學)의 시작과 결말이다. 이른바 알파와 오메가이다. 성(誠)은 '진실함 자체'를 의미하며, 우주적 진실을 함장하고 있는 개념이다. 경(敬)은 우주적 진실 앞에 인간은 어떻게 살아야 하는지, 그 실천 행위를 포괄하는 용어이다. 유학은 이러한 '성'과 '경'의 인식과 실천을 통해 우주론과 인성론, 그리고 수양론에 이르기까지 철학사상의 체계를 구조화하였다. '성(誠)'은 우주의 본질로서 인간 수양의 근거가 되고, 인간은 이 근거를 바탕으로 '경(敬)' 공부를 실천하며 자기실현과 완성을 도모한다.

엄밀하게 말하면, 조선의 유학자들은 보편적으로 '성'과 '경'을 통해 삶을 영위하고, 공부를 심화해 나갔다. 퇴계도 동일하다. 그러나 그의 사유에서 '경'은 다른 성리학자들에 비해 매우 실천적 경향을 띤다. 뿐만 아니라 퇴계가 강조한 경은 조선 유학 패러다임의 중핵으로 자리매김되면서, 퇴계 자신의 색깔을 분명하게 만드는 마스코트가 된다. 왜냐하면 퇴계는 인간다

움을 지향하는 '전인(全人; whole human)' 함양의 차원에서, '경'을 공부 양
식의 전형으로 부각시켰기 때문이다. 퇴계는 인생의 말년, 50세 이후에는
상당한 시간에 걸쳐 고향에서 저술 활동과 후학 양성을 통해, '경'의 공부
법을 실천한다. 스스로의 삶을 '경'의 실천에 힘쓰며 제자들의 삶 또한 그
러한 방향으로 유도했다. 퇴계 철학이 '경(敬)' 한 글자로 상징되는 이유도
여기에 있다.

여기에서는 유학에서 제시하는 '경(敬)'의 의미를 검토하고, 퇴계가 강조
하는 '경'의 의미맥락을 성찰한 후, 그것이 교육에서 어떤 의미를 갖는지
고찰한다. 이는 '인간다움'이라는 유학적 삶의 실현과 건전한 사회 형성의
바탕이라는 점에서, 경(敬) 공부의 교육철학적 가치를 일러 줄 것이다.

2. '경(敬)'에 관한 인식

유학은 근원적으로 인간의 현실적 삶을 고려하는 생활(生活) 철학이자
윤리(倫理)의 체계이다. 그 중심에 수양(修養)이 자리한다. 수양은 수련(修
練) 또는 단련(鍛鍊)과 통하는 말이다. 현대적 의미로 전환하면 학습(學習)
이기도 하고 교육(敎育)이기도 하며 포괄적으로는 공부(工夫)에 해당한다.
무엇보다도 삶의 기예(技藝)를 고민하는 교육적 속성을 지닌다. 그러기에
삶의 문제가 어떠해야 합리적인지 끊임없이 고민하며, 그 해결방식을 모색
한다. 그것은 윤리 의식으로 드러나며, 금수(禽獸)와 다른 삶을 지향하도록
제도적 장치를 마련한다. 즉, 삶의 질서와 의미를 부여하고 목적의식을 불
어 넣으며, 건전한 인간 세계를 꿈꾼다. 그 현실과 이상의 절정은 주지하다
시피 『예기(禮記)』에 나오는 소강(小康)과 대동(大同) 사회이다.

삶의 철학을 가능하게 만드는 윤리 질서의 요체는 '부자유친(父子有親),
군신유의(君臣有義), 부부유별(夫婦有別), 장유유서(長幼有序), 붕우유신(朋

友有信)'이라는 오륜(五倫)이다. 오륜은 인간관계의 수직·수평적 질서이자 쌍무 관계의 인륜(人倫)으로서 유학의 학습과 교육에서 실천해야 하는 핵심 내용으로 자리하고 있다. 유학은 그런 인륜을 밝힐 목적으로 '명인륜(明人倫)'을 전면에 내세우고, 맹자(孟子) 이래 교육의 전통을 만들었다. 유학의 교육은 『맹자』에서 구체적으로 명시된다. 그것은 '인륜(人倫)을 밝히는 작업'인데, 맹자는 다음과 같이 언급했다.

> 상서학교(庠·序·學·校)와 같은 교육기관을 설치하여 백성을 가르쳤다. 상(庠)은 봉양한다는 뜻이고, 교(校)는 가르친다는 뜻이며, 서(序)는 활쏘기를 익힌다는 뜻이다. 하(夏)나라에서는 교(校)라 하였고, 은(殷)나라에서는 서(序)라 하였고, 주(周)나라에서는 상(庠)이라 하였다. 학(學)은 하·은·주(夏殷周) 세 나라가 공통으로 쓴 명칭으로 모두 인륜(人倫)을 밝히는 교육기관이었다. 이를 통해 인륜이 위에서 다스리는 자가 밝으면 아래에서 백성이 친해질 것이다.[1]

여기에서 상·서·학·교(庠·序·學·校)는 중국 삼대(三代) 때의 교육기관이다. 맹자가 언급한 것처럼, 중국 고대의 교육기관, 즉 학교를 설치한 건학 이념이나 교육적 지향은 공통으로 '인륜을 밝히는 작업'이었다. 이때 인륜(人倫)은 인간 삶의 질서 체계를 지탱하는 오륜(五倫)을 말한다. 경(敬)은 이러한 오륜을 구체적으로 실천하는 수양의 방법이다. 그러기에 경(敬)은 유학의 윤리 실천을 바로미터로 하는 삶의 자세로 이해할 수 있다.

유학자들은 인생의 긴 여정을 이어나가는 학문과 교육의 과정에서 '경(敬)'을 공부의 좌우명으로 삼았다. 경(敬)을 삶의 양식으로 드러낸 것은 유학의 초기 집대성자인 공자의 언급에서 구체적으로 발견된다. 제자 자로(子路)가 '교육받은 사람(educated man)'의 전형인 군자(君子)에 대해 물었다. 군자(君子)는 유학이 추구하는 교육적 인간상이다. 성인(聖人)이 이상

---

1) 『孟子』「滕文公」上

적 인간상이라면 군자는 현실적으로 도달할 수 있는 건전한 인격자이다. 교육받은 인간이자 사람다움을 구현한 존재로 교양을 갖춘 지도적 인물로 규정할 수 있다. 자로의 물음에 공자는 간략하게 그들이 지녀야 할 삶의 태도를 지적한다. 먼저 경(敬)으로 몸을 닦고, 다음으로 몸을 닦아서 다른 사람들을 편안하게 하며, 궁극적으로는 내 몸을 올바르게 잘 닦아 모든 사람이 편안하게 살 수 있도록 하는 작업,2) 그것이 인생의 올바른 길이다.

공자의 언급으로 보면, '경(敬)'은 교육받은 사람이 실천해야 하는 삶의 제일 요건이다. 이는 유학에서 '경'이 차지하는 위상을 가늠하게 한다. 삶은 '경'으로부터, '경' 공부를 살아가는 양식의 근원으로 자각한 상황에서 시작되어야 한다! 공자는 수기(修己)의 과정에서 경(敬)을 통해 나를 닦고 기르는 일을 최우선시했다. 경(敬)을 토대로 개인을 완성한 후, 다른 사람에게 덕(德)을 펼치고, 나아가 모든 인류가 행복할 수 있는 확충 논리를 전개한다. 이는 유학의 기본 이념인 수기치인(修己治人)이다. 자기충실을 통한 타자배려라는 충서(忠恕)의 맥락과 통한다. 중요한 것은 경(敬)을 삶의 핵심 요건으로 설정하고 이행하는 작업이다. 경(敬)이 무엇이기에, 식물의 씨앗인 종자(種子)나 동물의 생식세포인 정자(精子)처럼, 인간의 삶에서 근원적 의미로 작용하는가?

유학의 여러 경전은 그런 '경(敬) 공부'의 중요성을 곳곳에서 해명한다.3) 『주역(周易)』의 경우, 경(敬)을 의(義)와 짝하며, 허물없는 삶의 세계로 인도하는 요체임을 강조한다. "경(敬)을 통해 '안－내면(內面)'을 꼿꼿하게 하고 의(義)를 통해 '밖－외면(外面)'을 방정하게 하며, '경'을 고려하고 삼가면 패망하지 않으며, '경'을 통해 삶을 영위하면 허물이 없다"4)라고 '경

---

2) 『論語』「憲問」: 子路問君子, 子曰修己以敬. 曰如斯而已乎. 曰修己以安人. 曰如斯而已乎. 曰修己以安百姓. 堯舜, 其猶病諸.
3) 신창호, 『敬이란 무엇인가』, 서울: 글항아리, 2018 참조.
4) 『周易』「坤卦」<文言>: 敬以直內, 義以方外.;「需卦」<象>: 敬愼不敗也.;「離卦」<爻辭>: 敬之無咎.

공부'의 중요성을 설파한다. 삶에서 인간의 마음가짐과 행동거지는 경(敬)
에 의해, 그 성공과 실패 여부가 좌우된다. 경(敬)은 내면을 바르게 하는
일로, 바른 마음의 유지와 관계된다. 그것은 자기 마음에서 일어나는 사사
로운 욕심의 침해를 막기 위해, 경 공부로 항상 마음을 경각(警覺) 상태에
있게 하고, 부단한 자기성찰로 자신을 확고하게 지키는 것을 의미한다.[5)]
때문에 마음이 바르면 삶은 이륜(彝倫)을 지속하는 동시에, 자연스럽게 좋
은 일들이 다가올 것으로 예측된다.

그런데 '경(敬)'은 늘 '공(恭)'과 함께 짝을 이룬다. 일상생활에서도 '공
경(恭敬)'이란 말을 즐겨 쓰지 않는가! '공(恭)'은 겉으로 펼쳐 나오는 행위
표출의 발산(發散) 차원이고, '경(敬)'은 마음에 간직하는 수렴(收斂) 차원
이다.[6)] 즉 경은 인간 내면에 함장(涵藏)되어 있는 마음의 자세이자 중추
(中樞)이다. 공(恭)은 이런 마음이 행위로 펼쳐져서 용모 상에서 겸손(謙遜)
으로 드러난다. 성리학을 종합하고 있는 문헌인 『성리대전(性理大全)』은
공(恭)과 경(敬)의 관계를 다음과 같이 설명한다.

신체가 엄정하고 용모가 단정한 것은 공(恭)을 상징적으로 보여준다.
공(恭)은 경(敬)이 밖으로 드러난 것이고 경은 공이 마음에 보존되어 있
는 것이다. 따라서 경과 공은 두 가지로 나누어 볼 문제가 아니다. 이는
비유컨대 사물의 형체와 그 그림자의 관계와 같다. 공은 용모를 핵심으
로 하고 경은 일을 근본으로 한다. 어떤 일이 있는데, 그것을 마음에 두
고 그 마음을 바꾸지 않는 것이 경이다. 공은 밖으로 나타나고 경은 마
음 가운데 자리하기 때문에, 몸을 정성껏 하는 일에 견주어 보면, 공이
보다 긴요하다. 일을 실행하는 데 견주어 보면, 경이 보다 간절하다.[7)]

---

5) 이상은,『퇴계의 생애와 학문』, 서울: 예문서원, 1999, 112쪽.
6)『性理大全』卷37: 恭在外工夫, 猶淺. 敬在內工夫, 大段細密.
7)『性理大全』卷37: 身體嚴整, 容貌端裝, 此是恭底薏. 但恭是敬之見於外者, 敬是
    恭之存於中者, 敬與恭, 不是二物. 如形影. 恭主容, 敬主事. 有事著心做, 不易其
    心, 而爲之是敬. 恭形於外, 敬主於中, 自誠身而言, 則恭較緊, 自行事而言, 則敬

이런 차원에서 공(恭)과 경(敬)은 어느 하나도 소홀히 할 수 없는 수양(修養) 방식의 기본이다. 하지만 『논어』에서 공자가 언급한 것처럼, '수기이경(修己以敬)'의 차원에서 볼 때, 경(敬)이 보다 근원적이다. 이는 유학이 내면적 성찰(內面的 省察)을 중시하는 차원과 연관된다. 그러기에 공자는 나라 다스리는 도리를 말할 때 "일을 맡으면 공경하게 하고 모든 사람에게 믿음을 주라"[8]고 하였고, "거처할 때 공손히 하고 일을 집행할 때 공경하며 사람을 대할 때 마음을 다해야 한다"[9]고 했다. 그런 자세는 중궁(仲弓)이 "경(敬)을 삶의 본질로 하여 간략함을 행한다"[10]라고 했을 때, 그 말을 적극적으로 수긍하는 태도로 나타난다. 이는 인간의 일삼음, 일상의 거처가 공경하게 될 때, 건전한 삶이 구성될 수 있음을 강조한 것이다. 그런 차원에서 공경은 일상생활에서 삶의 표준이 된다.

『맹자』에서도 예외는 아니다. "어려운 일을 임금에게 간책(奸策)하는 것을 공(恭)이라 하고, 착한 것을 말하여 사악한 마음을 막는 것을 경(敬)이라 한다."[11] 높은 사람에게 간책하는 상황은 매우 조심스럽고 신중한 모습이다. 또한 착한 일을 말하여 나쁜 짓을 막는 일은 진실한 마음에서 우러나오는 중요한 사안이다. 공경은 그런 모습으로 드러난다. 이런 의식을 토대로 맹자는 "남을 공경하는 자는 남이 항상 공경해 준다"[12]라고 하여 인간 상호 간의 행위 지침을 일러 주기도 하고, "공경은 폐백을 받들기 전에 이미 있는 것"[13]이라고 하여, 어떤 외부적인 물질이나 형식 이전에 주어져 있는 내재적 가치임을 언급하기도 했다.

또한 『대학』에서도 수신(修身)을 "두려워하고 공경하는 것"[14]이라고 하

爲切.
8) 『論語』「學而」: 敬事而信.
9) 『論語』「子路」: 居處恭, 執事敬, 與人忠.
10) 『論語』「雍也」: 居敬而行簡.
11) 『孟子』「離婁」上: 責難於君, 謂之恭. 陳善閉邪, 謂之敬.
12) 『孟子』「離婁」下: 敬人者, 人恒敬之.
13) 『孟子』「盡心」上: 恭敬者, 幣之未將者也.

3장 깨달음의 각성 교육 77

여, 제가(齊家)의 전제 조건으로 제시했다. 자신의 몸을 다른 사물과의 관계 속에서 두려움의 상황에 두고 공경스런 태도를 갖추는 일은 한 발짝 물러서서 자신을 돌아볼 수 있는 계기가 된다. 여기에서 성찰적 상황이 발생한다. 『중용』에서도 "가지런하고 씩씩하고 적절하며 바르게 되는"[15] 인격을 갖추어 예로 들어갈 수 있음을 말했다.

이러한 경(敬)의 의미 규정에 대해 성리학자들도 다양한 용어로 표현한다. 흔히 경에 관한 요약, 즉 '4개 조설'이라 불리는 내용은 다음과 같다.

> 첫째, 주일무적(主一無適); 마음을 한곳으로 모아 흩어지지 않게 하는 일
> 둘째, 정제엄숙(整齊嚴肅); 몸가짐을 가지런히 하고 태도를 삼가고 공경함
> 셋째, 상성성법(常惺惺法); 늘 마음이 깨어 있게 하는 법
> 넷째, 기심수렴 불용일물(其心收斂 不容一物); 마음을 수렴하여 다른 사물을 허용하지 않는 것[16]

이들 개념의 내용이나 핵심 요체는 서로 비슷하다. 주자는 이런 경(敬)을 유학에서 가장 중요한 공부로 인식했다. 그러므로 "처음부터 끝까지 잠시라도 중단해서는 안 된다!"[17]고 여겼다. 경(敬)은 주자학 이론에 막강한 영향을 미친 정자(程子)에 의해 새롭게 조명되기 시작하였다. 정자는 경(敬)을 '마음의 문제'와 직결시켰다. '경'은 마음을 스스로 주재하게 만드는 것이다. 따라서 마음의 수렴(收斂)을 중심으로 '성찰(省察)'하고 '함양(涵養)'하는 공부이다.

---

14) 『大學』 傳8章: 之其所畏敬而辟焉.
15) 『中庸』 31章: 齋莊中正, 足以有敬也.
16) 『大學或問』: 程子於此, 嘗以主一無適言之矣. 嘗以整齊嚴肅言之矣. 謝氏之說, 則又有所謂常惺惺法者焉. 尹氏之說, 則又有所謂其心收斂不容一物者焉.
17) 『朱子語類』 卷12; 『性理大全』 卷46

경은 사람을 붙들어 주는 핵심이다. 사람이 제멋대로 하고 게으르게
행동할 경우, 공경한 행동을 하면 바로 이 마음을 붙들어 일으킬 수 있
다. 항상 그렇게 할 수만 있다면, 약간 제멋대로 하고 분수에 지나치는
뜻이 있다고 할지라도, 물러나서 마음의 명령을 듣게 될 것이다.[18]

이처럼 경은 인간을 인간답게 설 수 있도록 조화와 균형을 유지시켜 주
는 삶의 태도이다. 때문에 늘 안으로 허황된 생각이 없게 하고 밖으로는
망령된 행동이 없게 해야 한다. 허황되고 망령된 생각과 행동을 근본적으
로 없애기 위해서는 '마음의 밭'을 갈고 기르는 노력이 선차적으로 요구된
다. 갈고 기르는 노력은 교육과 학습의 상황이다. 마음의 밭을 갈아 흐트러
지지 않게 하는 것은 함양(涵養)에 속한다. 함양은 인격(人格)과 성격(性格)
을 스스로 기르는 자기학습이다. 사물이 펼쳐지기 이전에 사물의 실천 방
향을 예측하고 불행을 미리 막는 예방적 차원의 자기교육이다. 특히, 진실
한 마음인 성(誠)으로 부여받은 선(善)에 흠뻑 젖어 들어 그것을 기른다.
때문에 경(敬)은 유학에서 수양의 요체가 된다.

앞에서 언급한 것처럼, 경(敬)은 성(誠)을 실천하고 선(善)을 지속해 가
는 수양의 양식이다. '경'의 실천은 세상의 모든 사물에 대해 두려움을 느
낄 때 증폭된다. 인간의 자기성찰과 주의(注意)는 편안함에 젖어 있을 때보
다 두려움에 잠길 때, 그 고려의 강도가 높아진다. 다시 말하면, 인간이 존
재에 대해 두려워하는 감정을 가질 때, 제멋대로 행동할 수 없는 마음 상
태가 조성된다. 때문에 맹자는 '구방심(求放心)'을 학문의 길로 강조했고,
조심(操心)하는 사유를 제시하며 마음의 긴장을 권고했다. 그것은 주자를
비롯한 성리학자들에게 "경은 두려움에 가깝다."[19]라는 인식을 하게 만들
었다.

퇴계가 『성학십도(聖學十圖)』에서도 인용하였지만, 주자의 표현은 의미

---

18) 『性理大全』 卷46
19) 같은 책, 같은 곳

심장하다. 장식(張栻, 1133~1180)의 「주일잠(主一箴)」을 읽고 지었다는 「경재잠(敬齋箴)」은 다음과 같이 삶의 자세를 일러주고 있다.

의관을 단정히 하고 우러러 살피는 몸가짐을 존엄하게 지녀야 한다. 마음을 가라 앉혀 깊이 생각하며 생활하고 진실한 존재를 대하듯이 조심해야 한다. 걸음걸이는 중후해야 하고 손놀림은 공손해야 한다. 길을 갈 때는 땅을 가려서 밟고 개미집이라도 돌아서 가야 한다. 집 밖에 나가서는 손님 같이 하고, 일을 맡아서 할 때는 제사를 모시는 듯이 한다. 조심하고 조심하여 조금이라도 소홀히 해서는 안 된다. 입을 다물고 있기를 주둥이 막은 병같이 하고, 사특한 생각 막기를 성을 쌓아 막는 것 같이 한다. 성실하고 한결 같이 하여 조금이라도 경솔해서는 안 된다. 동쪽으로 간다고 하고 서쪽으로 가지 말고, 남쪽으로 간다고 하고 북쪽으로 가지 말아야 한다. 일을 하는 데 그 일에 정성을 다하고, 다른 일에 마음을 두어서는 안 된다. 두 가지 일을 가지고 두 가지 마음을 가지지 말 것이며, 세 가지 일을 가지고 세 가지 마음을 가지지 말아야 한다. 오직 마음을 한결 같이 하여 모든 만물의 변화를 감찰하여야 한다. 이와 같은 마음으로 일을 처리하는 것을 '공경을 지닌다[持敬]'라고 한다. 그러면 움직임과 고요함이 서로 어기지 아니하고 겉과 속이 바르게 된다. 잠깐이라도 경(敬)을 놓치면 사사로운 욕심이 여기저기서 일어나는 실마리가 된다. 불을 붙이지 않아도 뜨거워지고 얼리지 않아도 차가워진다. 또한 털끝만큼이라도 경에 어긋남이 있으면 하늘과 땅의 처지가 바뀌는 것과 같이 된다.[20]

이렇게 볼 때, '경' 공부는 일상생활의 모든 차원에서 조심하는 태도이다. 삶의 전반적인 일처리 측면에서 진정성을 갖고 노력할 것을 강조한다. 그러기에 경(敬)을 '진지성(眞摯性; seriousness)'이라고도 한다. 이는 마음을 다잡고 긴장의 끈을 놓지 않는 일종의 '주의(注意)'와 통한다.[21] 다르게 표

20) 『聖學十圖』「敬齋箴圖」
21) 김성태, 『敬과 注意』, 서울: 고려대출판부, 1989 참조.

현하면, 정신 집중이나 몰입의 차원이다. 주자는 경(敬)을 '마음이 한군데로 통일되어 헤매지 않는다'는 의미로, 앞에서 제시한 유명한 '주일무적(主一無適)'으로 정의했다. 이러한 경(敬)의 의미를 전목(錢穆)은 '외경(畏敬), 마음 수렴(收斂), 한 가지 일에 전념(專念) 내지 몰입함, 반드시 일을 따라 점검하는 행위, 항상 마음이 밝게 깨어 있는 상태, 몸가짐을 단정히 하고 태도를 엄숙하게 만드는 작업'으로 정리하였다.22)

엄밀히 말하면, 유교는 성(誠)과 경(敬)을 두 축으로 공부 방법을 제시하지만, 그 실천적 경향으로 볼 때, '경(敬)공부' 하나를 통해, 이 둘을 통일하는 공부의 양상을 보여준다. 공부의 구체적 실천 행위로서 경(敬)은 인간의 마음에 내재적 가치로 배어 있기 때문이다. 이 '경(敬)'공부는 유학자들의 교육철학으로 생활 자체를 담보하는 사상의 중심이었다. 인생에서 한 순간도 쉼 없이 전개되어야 하는 행동의 요체였다. 그러기에 '경(敬)'에 거주하는 '거경(居敬)'은 유학 공부의 기초가 된다. 유학에서 교육과 학습은 바로 '거경'을 통해 경(敬)을 생활 속에서 전개하는 작업이었다. 그러므로 유학 교육은 '경의 실천'에 집중한다. 퇴계가 경(敬)을 내세우는 이유도 여기에 있다.

3. '경(敬)공부'의 특징

퇴계는 『성학십도』를 통해, "열 가지 그림을 꿰뚫고 있는 내용의 핵심을 경(敬)"이라고 설명한다.23) 이는 『성학십도』가 경(敬)사상의 체계임을 일러 준다.24) 특히, 그림의 후반부인 「심학도」(第八「心學圖」), 「경재잠도」(第九「敬齋箴圖」), 숙흥야매잠도(第十「夙興夜寐箴圖」)에서는 마음공부를

---

22) 錢穆, 『朱子新學案』 第2冊, 臺北: 三民書局, 1971, 298~335쪽.
23) 『聖學十圖』「大學圖」
24) 蔡茂松, 『退溪·栗谷哲學의 比較 硏究』, 서울: 성균관대출판부, 1985, 117쪽.

위한 노력과 '경(敬)'의 실천 단계에 필요한 구체적 절목을 제시한다.25) 이
는 「태극도」(第一「太極圖」)에서 「인설도」(第七「仁說圖」)에 이르기까지 유
학의 원리와 이론적 설명에 뒤이어, 인간의 삶에서 수양이 얼마나 중요한
지를 구체적으로 보여준다.

유학의 궁극적 지향은 우주 자연의 '본질론'이나 인간 사회의 '인성론'
등 이론적 구성에 있다기보다 그것을 바탕으로 이루어지는 '수양론'의 구
현, 이른바 '정치'와 '교육'의 실천에 있다. 그것은 '수기치인(修己治人)'이
라는 정교(政敎)의 양식으로 표출된다. 수기는 치인의 근본이자 전제조건
이다. 수기의 궁극목적은 치인의 완성이다. 치인은 수기의 효과이자 달성
해야 할 목표이다. 특히, 「경재잠도」에서는 "경(敬)을 성학(聖學)의 처음과
끝이 된다"26)라고 하였다. 이는 퇴계의 학문이 유학의 교육철학사상 전통
을 철저하게 계승하고 있음을 밝힌 근거이다.

앞에서 언급한 것처럼, 경(敬)은 내면의 성찰, 마음공부의 차원에서 인식
되었다. 그것은 퇴계에게서 마음공부의 중요성을 부각하여, 심학(心學)의
차원을 강조하게 만들었다. 주지하다시피, 유학의 심학(心學)27)은 『서경
(書經)』의 '16자 심법(心法)', 즉 '인심유위(人心惟危), 도심유미(道心惟微),
유정유일(惟精惟一), 윤집궐중(允執厥中)'에 근거를 두고 있다. 인심(人心)
과 도심(道心)의 사이 세계에서 정(精)과 일(一)의 전통 유학 공부법을 구
현하려는 것이 심학의 구체적 목표이다. 통일된 마음가짐, 오직 한 가지로
몰입하는 집중은, 마음을 자주(自主)적이고 자유(自由)로우며 자각(自覺)하
는 상태에 있게 한다. 나아가, 모든 사물과 행위에 반응하고 상황에 따라

---

25) 최재목, 『쉽게 읽는 퇴계의 성학십도』, 서울: 예문서원, 2004, 145쪽.
26) 『聖學十圖』「敬齋箴圖」
27) 여기에서의 心學은 흔히 心學의 상징으로 이해되는 '陸象山과 王陽明의 마음에
    관한 학문'인 '陸王心學'으로 誤認해서는 안 된다. 儒學의 心學의 次元은 그것을
    포함하여 훨씬 복잡하고 넓은 범주에서 논의되며, 理學이나 聖學, 道學, 程朱學
    을 아우르는 性理學의 心學을 말한다.

응대(應對)하면서 올바름을 지키고 사악한 부분을 막아낸다.

퇴계의 고민은 이러한 마음가짐을 지니기가 쉽지 않다는 데 있었다.[28] 물론 퇴계의 제자들이 볼 때, 퇴계는 외면과 내면이 단정하였다. 안과 밖이 한결 같았다. 자신의 행동 하나하나가 일에 영향을 미치도록 하여 털끝만큼도 의심이 가지 않도록 공부에 열중했다. 그러나 이와 같이 한결 같은 마음을 지키는 작업을 한 가지 일이나 한 가지 물건에만 마음을 쏟고 다른 일에 소홀히 하는, 단순한 집착과는 구별해야 한다. 특정한 사물에 마음이 얽매이게 되면 오히려 마음을 빼앗기게 되고, 스스로 각성할 틈이 사라진다. 그것이 맹자가 말한 '방심(放心)'의 상황이다.

퇴계는 이러한 유학의 교육 전통을 계승하면서도 더욱 발전시켜나가며, 다음과 같은 실천적 차원의 '경(敬)공부'를 강조한다. 첫째, 단정한 몸가짐을 통한 경을 실천한다. 둘째, 깨어있는 자세로 자주적 의식의 각성을 이행한다. 셋째, 도덕적 자아를 구현한다.

1) 단정한 몸가짐의 실천

퇴계는 학문하는 사람들이 공통적으로 부딪치는 오류가 바로 마음의 왜곡된 집착(執着)에 있다고 보았다. 공부의 주체는 우리 자신의 마음이다! 이를 위해 퇴계가 첫 번째로 착수할 문제는, 경(敬)의 4가지 조목 가운데 '일상에서 자세를 가다듬고 마음을 엄숙하게 가지는 정제엄숙(整齊嚴肅)'의 실천이었다. 퇴계는 말한다.

> 경(敬)에 관한 학설이 많으나 정자(程子), 사상채(謝上蔡), 윤화정(尹和靖), 주자(朱子), 이 네 사람의 이론이 핵심을 찌르고 있다. 학자로서 어떤 사람은 늘 깨어있는 마음공부를 하려고 하고, 어떤 사람은 한 가지 사물도 마음에 담아두지 않으려는 공부를 하려고 하지만, 무엇을 찾

---

28) 『退溪全書』「言行錄」 참조.

는 데만 급급하여 마음을 이리저리 맞추는 데만 신경쓰다 보면, 맹자가
지적한 이삭을 뽑는 식의 병통이 생기지 않을 사람이 없을 것이다. 그
리고 조장하지 않고자 하여 마음을 조금도 쓰지 않으며 농사를 버려두
고 김을 매지 않는 병통에 이르지 않는 사람 또한 드물 것이다. 처음
공부하는 사람에게는 정제엄숙(整齊嚴肅)의 공부만한 것이 없다. 무엇
을 억지로 찾으려 하지도 않고, 이리저리 맞추려 하지도 않고, 자나 컴
퍼스와 같이 정해진 기준에 근거하여 남이 보지 않는 곳에서도 경계하
고 삼가서 마음을 함부로 날뛰게 하지 않게 하라. 그렇게 오래 동안 공
부하다 보면 저절로 늘 깨어있는 마음을 지닐 수 있고 한 가지 사물도
마음에 담아두지 않게 되어, 조금도 조장하려는 마음과 같은 병통이 없
게 될 것이다.[29]

앞에서 언급한 것처럼, 퇴계 이전에 경(敬)에 관한 네 가지 주요한 정의
가 있었다. 그것은 '주일무적(主一無適)'과 '상성성법(常惺惺法)', 그리고
'기심수렴 불용일물(其心收斂 不容一物)'과 '정제엄숙(整齊嚴肅)'이다. 이
가운데 앞의 세 조목은 경(敬)의 내면적 차원을 의미하고, 네 번째 조목인
정제엄숙(整齊嚴肅)은 외면적 차원을 뜻한다.[30] 퇴계는 경의 핵심 요소인
'단 하나를 붙들 뿐 다른 곳으로 가지 말라'는 '주일무적(主一無適)'이나,
'늘 깨어있기'를 요청하는 '상성성법(常惺惺法)', 그리고 '심신(心身)'의 단
속과 수렴'을 뜻하는 '기심수렴 불용일물(其心收斂 不容一物)' 등 경(敬)의
내면적 차원을 앞세우지 않았다.

대신, '자세를 가다듬고 마음을 엄숙하게 가지라!'는 외면적 예의와 몸
가짐을 강조하였다. 그것은 실제 행동의 지침이자 공부의 중추로 예의와
몸가짐을 통해 내면이 안정되고 통일된 중심을 갖게 하는 작업이다.[31] 이

---

29) 『退溪全書』「言行錄」 참조.
30) 신귀현, 『퇴계 이황, 예 잇고 뒤를 열어 고금을 꿰뚫으셨소』, 서울: 예문서원, 2001,
    106쪽.
31) 한형조, 「퇴계의 『성학십도』, 주자학의 설계도」 『조선유학의 거장들』, 서울: 문학
    동네, 2008 참조.

부분에서 퇴계 교육철학사상의 특성이 드러난다. 퇴계는 성(誠)과 경(敬)을 공부의 두 축으로 두는 성리학자들의 견해를 부정하는 것은 결코 아니다. 그것을 적극적으로 존중하고 이어 받는다. 하지만 그들이 두 가지 축을 이론적으로 강조하는 차원을 융합하여 '경을 강조'하는 자기 색깔을 드러낸다. 퇴계는 경(敬)을 인식할 때, '주일무적(主一無適)'이나 '상성성법(常惺惺法)', '마음의 수렴(收斂)'과 같이 쉽게 다가오지 않는 형이상학적 개념보다 실제 행위로 나타날 수 있는 실천에 무게중심을 두었다.

그리고 스스로에게는 물론 제자들에게 간절히 호소한다. '정제(整齊)'·'엄숙(嚴肅)'하자! 위엄을 지니면서도 조심하자! 용모를 바르게 하자! 모든 생각을 바로 잡고 가지런히 하자! 의관을 바로 하고 보는 것을 공경히 하자! 이런 예의 바른 자세로 삶에 몰입할 때, 마음은 올바르게 될 것이다. 따라서 퇴계는 내면에서 실제로 펼쳐져 실천되는 마음공부를 제쳐두고, 겉으로만 드러난 이론에 치우친 공부를 경계한다.

> 진정으로 알고 실천하는 것을 자신의 일로 삼지 않고, 몇 가지 지식으로 선후를 분별하는 것만을 위주로 하면, 이는 잘못된 공부법이다. 많은 사람들이 지금 심(心)이 통하느니 성(性)이 통하느니 하면서 자신의 학설을 제기하고 있다. 이는 마음을 잡고 보존하고 함양(涵養)하는 공부에 비한다면, 상대적으로 긴요한 것이 아니다. 어찌 고생스럽게 선후를 나누며 이렇듯 한가로운 논쟁을 해야만 하는가? 내 생각에 이와 같은 미묘한 생각은 내려두고, 경(敬)으로 내면을 바르게 하는 일을 일상 공부의 제일 원리로 삼는다면, 실제적인 공부가 될 수 있다. 아울러 노력하기를 오래하여 거듭 익히고 밝게 알아서 한 근원의 묘리로 모이게 한다면, 심성(心性)이 움직이고 고요하다는 이론도 특별한 논의 없이도 홀로 마음으로 깨닫게 될 것이다.[32]

퇴계는 왜 지식적 개념을 다루는 이론보다 마음을 잡고 보존하며 내면

---

32) 『退溪全書』「答金而精」

을 바르게 하는 실천적 작업을 강조하는가? 인간은 천리(天理)와 인욕(人慾)의 사이세계에서 끊임없이 갈등하고 투쟁하는 존재이다. 그러기에 인간으로서 도덕적 완성을 기하려면 자기의 마음에 일어나는 일에 대하여 항상 세심한 주의를 기울여 성찰(省察)하고, 인욕(人慾)의 침입이나 유혹(誘惑)을 배제하여 자기의 본성(本性)에 갖추어져 있는 천리(天理)가 실현되도록 해야 한다.[33] 왜냐하면 인간은 욕망으로부터 자유롭지 못하기에, 욕망을 억제하고 마음에 일어나는 사려(思慮)를 제거하고 막기 위해서는 수양이 요청되기 때문이다.[34] 그 실천적 방법의 핵심이 바로 경(敬)공부이다.

2) 자주적인 의식의 각성

외면적으로 바른 예의와 단정한 몸가짐을 통해 마음을 붙잡았다면, 인간은 이미 '교육받은 사람'의 경지에 이르렀다고 판단할 수도 있다. 그러나 그렇지 못한 경우에는 어떻게 해야 하는가? 퇴계는 그런 상황에 대비라도 하듯이, '의식(意識)의 각성(覺醒)'을 강조한다. 그것은 앞에서 언급한 '늘 깨어 있는 마음', 이른바, '상성성법(常惺惺法)'의 강조이다. 상성성법은 밤하늘에 반짝이는 별처럼 의식을 또렷하게 지속하는 깨어있는 마음 상태이다. 퇴계는 자신은 물론 제자들에게 끊임없이 마음을 붙잡아 두라! 정신을 집중하라!고 요구한다. 제자 정자중(鄭子中)에게 부탁하는 말은 정말 간절하다. "경(敬)은 한곳에 몰입하여 다른 쪽으로 마음을 쓰지 않는 공부법이다. 마음을 집중하여 항상 경각심을 가지면서 사사로운 욕심이 생기지 않도록 자기성찰을 게을리 하지 않고 자기를 지키는 방법이다"[35] 그러한 경(敬)의 자세만이 공부의 특효약이다.

---

33) 이상은, 앞의 책, 112쪽.
34) 이명수, 「퇴계 이황의 심학에 있어 '敬'과 욕망의 문제」『유교사상연구』제28집, 한국유교학회, 2007, 5~28쪽 참조.
35) 『自省錄』「答鄭子中」; 신창호, 『함양과 체찰』, 서울: 미다스북스, 2010, 166쪽.

늘 경계하고 삼가면서 두려운 마음을 유지하여 깨어나 있기를 요청하는 경(敬) 공부는, 달리 표현하면, '양심(良心)의 자각(自覺)'이다. 경(敬)은 존엄한 것에 대한 존경(尊敬)이자 외경(畏敬)이며, 그와 동시에 자신의 마음을 삼가는 작업이다. 그러므로 언제나 인간의 본래성을 불러일으킨다.36) 양심의 깨침에 따라 양심의 소리를 내지른다. 이는 지식을 통한 형이상학의 외현(外現)이 아니라, 형이하학이 내면(內面)으로 파고들어 영혼에 힘을 불어 넣는 열망을 담고 있다.

물론, 상성성법은 리기론(理氣論)의 형이상학에 근거하여 행위의 실천 양식으로 전이되었다. 퇴계는 「천명도설(天命圖說)」에서 마음이 '텅 비고 신령스러우며 어둡지 않은 것(虛靈不昧)'을 '의식의 각성 상태'라고 설명하였다. '허(虛)'자 아래에 '리(理)'라고 쓰고, '령(靈)'자 아래에 '기(氣)'라고 주석을 달고 있는데,37) 이는 의식의 각성이 우주론적 리기(理氣)의 호흡(呼吸)인 동시에 그 수렴(收斂)과 확산(擴散)임을 일러준다. 이때 각성은 늘 자신이 주인이 되는 자주적 속성을 지닌다.38) 그런 깨달음의 끝은 퇴계 자신의 호(號)를 비롯하여 「묘갈(墓碣)」에서도 드러나듯이, '퇴도만은(退陶晚隱)'이라는 겸손과 삶의 깨달음이 상징적으로 말해준다.

마음으로 깨닫기 위한 퇴계의 수양 태도는, 진정으로 마음을 주고받은 편지 글을 묶는 데서 확인할 수 있다. 『주자서절요(朱子書節要)』와 『자성록(自省錄)』의 편찬이 그것이다. 퇴계는 두 저술의 서문에서 다음과 같이 고백한다.

> 나는 병을 핑계로 관직을 그만두고 고향으로 돌아왔습니다. 그리고 거의 매일 문을 닫고 조용히 주자의 책을 읽었습니다. 책을 읽으면 읽을수록 말은 맛이 있고 뜻은 깊이가 있음을 느꼈습니다. 특히 서찰(書

---

36) 아베 요시오, 김석근 옮김, 『퇴계와 일본 유학』, 서울: 전통과 현대, 1998, 33~34쪽.
37) 『天命圖說』
38) 정순목, 『퇴계의 교육철학』, 서울: 지식산업사, 1986, 186쪽 참조.

札)을 읽으면서 느끼는 것이 많았습니다. 글의 내용을 보면, 사람의 재
능이 높고 낮음에 따라, 학문이 깊고 얕음에 따라 그 장단점에 맞추어
적절한 처방을 해 주었습니다. 사물에 부딪쳐서는 저울질하듯이 헤아
려, 때로는 낮추고 때로는 높이며 때로는 머물게 하고 때로는 나아가게
합니다. 이처럼 심술(心術)의 은미(隱微)함을 고려하여 마음공부를 하
니, 털끝만큼의 사악함도 용서하지 않게 되고, 의리를 캐어낼 때는 조그
마한 차이점도 밝혀낼 수 있게 되었습니다.[39)]

옛 사람들이 말을 함부로 하지 않는 것은 자신의 실천이 그것을 따르
지 못함을 부끄러워하였기 때문입니다. 그간 벗들과 편지를 주고받으며
학문을 논의하면서 부득이하게 말을 하지 않을 수 없었습니다만, 지금
보니 부끄럽기 짝이 없습니다. 하물며 말한 뒤에 저쪽에서는 잊지 아니
하였지만 나는 잊어버린 것이 있고, 나는 잊어버리지 않았지만 저쪽에
서 잊어버린 것도 있었습니다. 이렇게 되면 이는 부끄러운 일일 뿐 아
니라 기탄없는 것에 가까우니 매우 두려운 일입니다. 그동안 옛 상자를
들추어 보존되어 있는 편지를 다시 베껴 책상 위에 두고 때때로 열람하
면서 마음공부의 자료로 삼으려고 합니다.[40)]

이 서문은 공통적으로 마음공부의 문제를 논의한다. 그것은 경(敬) 공부
로 삶을 추스르려는 의지의 표명이다. 이렇게 겸손한 자세로, 퇴계는 자신
의 의식을 일깨우며, 마음공부를 실천해 나갔다. 그런 공부는 학문적 깨달
음이나 삶의 깨우침을 중심에 둔, '각성된 상태'에 자신을 놓는다. 의식의
각성을 생명으로 하는 경(敬)을 주축으로, 사람다움을 실현하기 위한 일종
의 몸부림이다. 이런 차원에서 퇴계는 경(敬)을 공부의 핵심 방법으로 부각
시켰다.

---

39) 『朱子書節要』「序」
40) 『自省錄』序

3) 도덕적 자아의 구현

공부는 인간의 삶 속에서 다양하게 펼쳐진다. 교육이나 학습, 사물을 처리하는 과정에서 전문성 확보는 물론, 행동을 통해 심층적으로 확장되기도 한다. 앞에서 살펴본 것처럼, 퇴계의 경우, '정제엄숙(整齊嚴肅)'의 몸가짐과 의식의 각성에 의거하는 경(敬)공부를 인간 실현의 지도 이념이자 교육철학으로 삼았다. 그것은 유학교육에서 수양의 중심 개념이자 실천 양식으로 설정되었다.

그렇다면, 이러한 경(敬)은 왜하는가? 아니, 왜 해야만 하는가? 이에 대한 퇴계의 대답은 아주 간단하다. 인간의 '도덕적 자아구현'이라는 당위(當爲)로 귀결한다. 유학은 맹자의 '선단론(善端論)'[41] 전통을 이어받으면서 착한 본성의 확충(擴充)을 통한 도덕적 자아구현을 목표로 해왔다. 퇴계의 '경(敬)'은 이런 목표 달성의 바탕이 된다. 따라서 '경 공부'는 수양의 완성을 가능하게 해주는 하나의 지침으로서, 도덕적 자아구현을 위한 몰입(沒入)을 요청한다. 물론, 경에 대한 이해는 '지행호진(知行互進)'의 인식론적 방법이나 '존양성찰(存養省察)'의 가치론적 탐구로도 가능하다. 그러나 퇴계에게 수양은 단순히 존재론·인식론·가치론 등의 철학 범주로 나누어 설명할 수 있는 사안이 아니다.

퇴계의 교육철학은 진지(眞知)[42]와 역행(力行)이 서로 나아가며, 거경궁

---

41) 맹자의 인성론(人性論)은 일반적으로 성선설(性善說)로 이해된다. 그러나 사단설(四端說)에서 강조되듯이, 성선설은 엄밀하게 말하면 선단설(善端說)로 보아야 한다. 맹자는 인간이면 누구나 갖추고 있는 선(善)한 마음이 단초(端初)의 양식으로 자리한다고 보고, 그것을 확충(擴充)하는 논리를 제시한다. 즉 선단(善端)으로 존재하는, '착할 가능성'을 지니고 있는 마음의 단서를 넓히고 채워서 온전한 선(善)의 덩어리인 건전한 인격자로 만드는 것이 수양의 목표이다.

42) 진지(眞知)의 경우, 주경(主敬)의 공부에 의하여 우주만물의 소당연지칙(所當然之則)과 소이연지고(所以然之故)로서의 리(理)를 궁구하고 활연관통(豁然貫通)하여 참으로 체용일원 현미무간(體用一源 顯微無間)이라는 것을 알아서 위태(危殆)로운 인심(人心)과 미묘(微妙)한 도심(道心)을 섞지 않고 정일(精一)하여 집중

3장 깨달음의 각성 교육 89

리(居敬窮理)와 존양성찰(存養省察)이 합일(合一)하는 곳에 자리한다. 때문에 경은 이러한 모든 방법을 한데 묶는 통일(統一) 또는 중심(中心) 개념으로 이해된다. 특히, 퇴계는 스스로 마음에서 우러나오는 도덕적 인격의 구현을 배움의 근본이념으로 설정하고, 그것을 경(敬)에서 찾으려고 하였다.[43)

> 사람에게서 배움의 태도는 다음과 같이 되어야 한다. 일이 있고 없고 뜻이 있고 없고를 막론하고 오로지 경(敬)을 핵심으로 하여 움직일 때나 고요할 때나 그것을 잃지 않아야 한다. 그렇게 되면, 생각이 생겨나기 전에는 마음의 본체는 텅 비어 있으면서도 밝고, 마음의 본질은 아주 순수해진다. 생각이 생겨난 후에는 의리가 밝게 드러나고 물욕이 멀어져 분란을 일으킬 위험성이 점차 줄어든다. 그러한 순간들이 오래토록 쌓이고 쌓여야 배움의 목적을 달성할 수 있다.[44)

배움의 바탕은 오직 경(敬)에 달려 있다. 퇴계에 의하면, 경(敬)은 모든 사물에 대하여 그 이치와 까닭, 존재 이유를 깊이 밝히고, 온전하게 이해하여 몸에 배게 하며, 세월이 오래되어 공력이 깊어지면 하루아침에 녹아들어 확 뚫리게 하여 삶을 건전하게 이끌어가는 바탕이다.[45) 그러기에 경(敬)은 "한 몸을 주재하는 모든 일의 근본이다"[46)라고 하였다.

그것은 심성(心性)의 본체 차원, 다시 말하면, 심성이 움직이기 이전의 상태에서는 심체(心體)가 텅 비고 밝음과 심성(心性)의 통일(統一)을 보장한다. 즉 심성(心性)의 순수성을 유지하여 주고 그 내면적 천리(天理)의 명철성(明哲性)을 담보한다. 아울러 그 내면적 천리가 마음 작용의 주체로서 자리를 확보하게 만든다. 심성의 작용 차원, 즉 심성이 움직이는 동안의 상

(執中)할 수 있을 때 이루어진다. 강희복, 「退·栗의 修養論에 관한 淺見」『율곡사상연구』 제12집, 2006. 8, 91쪽 참조.
43) 정순목, 앞의 책, 193쪽 참조.
44) 『退溪全書』「答金惇叙」
45) 『退溪全書』「戊辰六條疏」
46) 『聖學十圖』「大學圖」

태에서는 의리(義理)를 밝히고 물욕(物慾)을 멀리하는 일을 담당한다. 내면적 이치가 밝게 드러나고 그 이치의 구현이 욕심에 의해 영향을 받지 않게 하여 마음 작용의 순수성과 명철성을 유지하여 그 내면적 이치가 실제적으로 현실 속에서 구현될 수 있도록 해 준다.47) 이처럼 도덕적 자아의 구현은 경(敬) 공부를 통한 마음의 운용에서 실현된다.

마음의 운용은 일상의 동정(動靜) 가운데 진행된다. 동정의 사이세계에서 경(敬)은 도덕적 자아를 구현하기 위해, 어느 한쪽의 과잉이나 부족함이 없게 양쪽 사이에서 중용(中庸)의 자세를 취한다. 그런 차원에서 경(敬)은 평범한 일상생활, 그 동정(動靜)의 사이세계에서, 동(動) 가운데 정(靜)이 있고 정(靜) 가운데 동(動)이 있는, 일동일정(一動一靜)하는 저 자연을 지나침도 모자람도 없이 본받고자 하는 중용의 생활 자세이다.48)

퇴계는 '경(敬)공부'를 통해 유교의 심학 전통인 선한 도덕성을 갖춘 인간에게 그것을 구현하게 만든다. 그러기에 경(敬)의 생활태도는 단정한 몸가짐과 자세를 통한 예의의 실천과 늘 깨어 있는 마음의 자각을 통해, 학문의 방법인 동시에 수양의 기본 바탕인 실천적 힘으로 자리한다. 요컨대, 경(敬)은 도덕적 자아구현의 핵심 방법을 지시하는 교육철학으로 자리매김된다.

4. 닫는 글

퇴계 이외의 성리학자들도 경(敬)을 공부의 핵심으로 강조한다. 중요한 문제는 송대(宋代)의 도학자(道學者)들이나 퇴계 이전 조선의 유학자들이 '리(理)'개념을 발견하거나 중시하면서 학문을 추구했고, '성(誠)'과 '경

---

47) 윤천근,『퇴계철학을 어떻게 볼 것인가』, 청주: 온누리, 1987, 170~172쪽 참조.
48) 최진덕,「퇴계 성리학의 자연도덕주의적 해석」,『퇴계의 사상과 그 현대적 의미』, 성남: 한국정신문화연구원, 1997, 217쪽.

(敬)'을 두 축으로 제시하며 이론적 논의를 거듭했다면, 퇴계는 '경(敬)의 실천성'을 무엇보다도 두드러지게 강조하고 있다는 점이다. 그것이 퇴계를 퇴계답게 만드는 원천이다. 그 결과, 퇴계의 교육철학사상은 경(敬)의 실천으로 녹아들면서 고요한 가운데 크게 울린다.

지금까지 살펴본 것처럼, 퇴계는 경(敬)의 역할을 심학(心學), 즉 마음공부의 차원에서 이해했다. 특히, 의복과 용모를 가지런히 하여 단정한 몸가짐을 갖고 행동과 태도를 엄숙히 하며 예절을 지키는, 정제엄숙(整齊嚴肅)의 자세와 의식의 각성을 통해, 경(敬)을 최고의 실천 덕목으로 자리매김한다. 이런 점에서 퇴계의 철학은 '경(敬)의 실천교육학'이다.

퇴계는 이전 성리학자들의 '경(敬)'에 대한 견해를 충실히 수용하였다. 동시에 그가 강조한 만큼 '경(敬)'에 새로운 의미를 부여하였다. 공자의 언급처럼, 유학자로서 충실한 '술이부작(述而不作)'의 태도를 보이면서, '경(敬)'의 중요성을 새삼 발견하였다. 요컨대, 퇴계 이전에 제각기 논의되던 '경(敬)'에 관한 설명은, 퇴계에 이르러 보다 구체적으로 융합·복합의 과정을 거치며 정돈되었다. 그것이 퇴계의 '경(敬)공부'가 높이 평가 받는 이유이기도 하다. 다시 정돈하면, 퇴계가 강조한 '경(敬)공부'의 특징은 세 가지로 요약된다. 첫째는 단정한 몸가짐을 실천하는 일이고, 둘째는 자주적 의식의 각성이며, 셋째는 도덕적 자아의 구현이다.

첫 번째 특징에서는 '정제엄숙(整齊嚴肅)'의 실천성이 강조된다. 그것은 어떠한 삶을 지향할 것인지를 암시해 준다. 삶은 이론이나 지식에 의한 인지적 차원의 공부에 머물 수 없다. 실제 삶을 지탱하기 위한 처신의 기초는 윤리적 기준에 의거하여 경계하고 삼가며 마음을 차분하게 가라앉히는 일이다. 퇴계는 그 하이라이트가 삶의 자세를 가다듬고 마음을 엄숙하게 가지는 일이라고 보았다.

두 번째 특징에서는 의식의 각성을 통한 마음의 일깨움이 요청된다. 삶을 추동하는 에너지는 마음의 일깨움으로부터 시작된다. 또렷하게 살아 긴장의 끈을 놓치지 않고 있는 영혼은 삶에 생명력을 불어 넣는다. 퇴계는 인간으로서 삶의 합목적성을 금수(禽獸)처럼 되지 않는 맑은 마음에 두었기에, '경(敬)공부'는 늘 깨어 있는 마음을 준비하는 대사업이었다.

세 번째 특징에서는 '정제엄숙'과 의식의 각성을 통해 자연스럽게 도덕적 자아의 구현을 유도한다. 유학은 사람을 사람답게 성숙시켜가기 위한 정치·교육적 장치이다. 그것은 인간이 도덕·윤리적 존재임을 전제로 한다. 따라서 선단론(善端論)에 기초한 인간의 마음을 도덕적 차원으로 끌어 올리는 것이 중요하다. 이 과정에서 퇴계는 '경(敬)공부'를 개입시켰다.

퇴계의 '경(敬)공부'는 인욕(人慾)의 무한 확장을 꾀하는 경쟁사회의 시선으로 보면, 먼 나라의 공론(空論)처럼 들리기 쉽다. 그러나 인간을 지탱하는 본질의 차원을 논의하려면, 반드시 되새김질해야 하는 공부의 양식이다. 몸가짐을 어떻게 하느냐, 어떤 의식으로 세상에 나아가느냐의 문제는, 나를 세상에 던지는 순간, 자리매김을 당하는 기준으로 작용한다.

끝없이 미끄러져 가는 욕망의 세계에서, 내 마음에서 싸우고 있는 천리와 인욕의 사이에서, 나는 어떤 선택을 할 것인가? 퇴계의 '경(敬)공부'가 던지는 교육철학은 시끌벅적한 도회지의 중심부에서 내면을 들여다볼 수 있는 고요한 휴식의 공간을 제공한다. 이는 수양의 시작이자 교육의 첫 단추이다.

4장 내면과 외면의 조화교육

- 남명 조식의 『학기유편』 -

1. 여는 글

조선 중기 유학에서 남명 조식(南冥 曺植, 1501~1572)의 위치는 독특하다. 주지하다시피, 조선의 성리학자 대부분은 유학의 '수기치인(修己治人)' 이론에 충실하여, 명목상 자신을 수양한 후 국가 운영의 주체 세력인 관료로 진출했다. 하지만 남명은 다른 길을 선택한다. 주변의 기대에 떠밀리다시피 과거에 응시하긴 했지만, 평생에 걸쳐 관직에 몸담지 않았다. '학자 관료'가 아니라 순수한 야인(野人)이자 학인으로서, 이른바 '처사(處士)'로 남았다. 『서경(書經)』「대우모(大禹謨)」에서 우(禹)임금이 묘족(苗族) 정벌을 앞두고 훈시한, "군자는 초야에 있고 소인은 높은 자리에 있다"[1]라는 언급을 실천이라도 하듯, 남명은 혼란한 현실에서 소인(小人)의 길로 나가지 않았다.[2]

이런 삶의 태도는 학문 사상적 측면에서 남명을 이해하고 정의내리는

---

1) 『書經』「大禹謨」: 君子在野, 小人在位.
2) 남명은 20세(1520년, 中宗 15년) 때 어머니의 強勸으로 科擧에 應試하여 生員進士試와 文科 初試에 합격했다. 그러나 다음 해의 生員進士試에 응시하지 않았고 文科 會試에는 낙방했다. 25세 때 친구들과 산사에서 『性理大全』을 읽었는데, 許魯齋의 "出則有爲, 處則有守"라는 글을 보고 큰 깨달음이 있었다고 한다. 그 후 聖人의 학문을 하되, 지엽적인 것은 버리고 六經과 周敦頤, 張載, 二程, 朱子의 학문을 열심히 공부하여 몸소 실천하는 것을 삶의 핵심으로 일삼았다. 특히, 敬義의 실천을 중시했는데, '敬'·'義' 두 글자를 하늘에 해와 달이 있는 것과 같이 보았다. 이성무, 「퇴계 이황과 남명 조식」, 『학술원논문집―인문·사회과학편』, 대한민국 학술원, 2008, 171~172쪽 참조.

데 깊이 고려할 사항이다. 남명은 주자학을 존숭하고 문신을 우대하던 학문 분위기 속에서 이에 구애받지 않았고, 당시로서는 이단시되던 불교(佛敎), 노장(老莊), 양명학(陽明學)은 물론이고 병서(兵書)까지도 수용하는 입장을 저서 곳곳에서 드러낸다. 이는 당대의 풍조를 비판하고 극복하는 동시에 새로운 학문 풍토를 조성하려는 개방적 의식을 표출한 것으로 이해할 수 있다. 특히, 성리학자들이 천도론(天道論)과 심성론(心性論)에 과도한 관심을 갖는 측면을 경계했기에, 남명의 학문은 엄밀한 의미에서 성리학적 경학(經學)을 넘어서 있다. 남명은 유학의 본원에 충실하여 그 실천 정신을 제대로 계승하려 했고, 지나치게 형이상학으로 흘러 현실 대처 능력을 상실해가던 당시의 학문에 대해 현실성을 지닐 수 있도록 고민했다. 이런 점에서 남명학은 '실천윤리학' 또는 '경세학'의 특징을 강하게 지닌다.3)

남명은 다른 성리학자에 비해 많은 분량의 문집을 남기지는 않았지만, 학문적으로 엄격한 특징을 보인다. 조선유학사에서 남명과 동시대를 살았던 퇴계(退溪)는 '경(敬)'에 집중했고, 율곡(栗谷)은 '성(誠)'을 중심으로 사상을 펼쳐 나간 것으로 일반적으로 정돈하고 있지만, 남명은 경(敬)과 성(誠), 그리고 의(義)를 내외(內外)의 관점에서 강조하는 유학에 충실했다. 의(義)를 강조하며 유학을 실천 학문으로 부각했다는 점에서, 남명의 철학사상은 대부분의 연구자가 '실천중심'의 교육철학사상으로 정돈해 냈다.4)

---

3) 한국사상연구회, 『조선유학의 학파들』, 서울: 예문서원, 1997, 172~199쪽.

4) 한상규의 「조식의 교육사상 연구」(중앙대학교 박사논문, 1990)를 비롯하여 채휘균의 「남명학파의 교육사상」(영남대학교 박사논문, 1999), 사재명의 「남명 조식 교육사상의 계승」(경상대학교 박사논문, 1999)에서 알차게 진행된 남명의 교육사상 연구 이후, 2000년대에 이루어진 대부분의 연구 작업은 남명의 교육사상을 '경의(敬義)'를 중심으로 하는 '실천교육'으로 명명하는 경향이 짙다. 이는 정우락이 남명의 문학 연구 분석에서 지적한 것과 유사하게, 기존의 연구 결과를 제대로 검토하지 않고 인용하여 논의를 전개하다 보니, "동어 반복과 제자리 맴돌기"를 거듭하여 거의 공통적인 결론을 도출하고 있는 양상이다. 정우락, 「『남명학논총』을 통해 본 남명학과 문학연구의 과제 분석」, 『남명학연구논총』 13, 2004 참조.

그런데 조금만 진지하게 성찰해 보라. 과연 실천을 중심에 두지 않는 유학이 존재하는가? 이런 점에서 기존 연구의 분석·검토를 바탕으로 남명의 학문에 대한 해석의 지평 확장이 요청된다.

남명의 학문 사상과 교육철학에 대해서는, 어떤 수식어를 붙이더라도, 간과하지 말아야 할 부분이 있다. 그의 학문은 『성리대전』을 읽은 후 깨달음에서도 엿볼 수 있듯이, 유학(특히 성리학)의 범주를 넘어서지 않는다는 점이다. 때문에 남명의 학문은 철저하게 성리학에 터해 점검해야 한다. 기존에 남명의 사상을 다룬 상당수의 연구가 남명이 주장한 독특한 이론이나 특정하게 강조한 부분을 구명한 것처럼 보인다.[5] 하지만 그 실제는 성리학의 본질을 재확인하고, 성리학의 근본에서 벗어나거나 한쪽으로 치우친 사유를 정상으로 되돌려놓으려는 남명의 의지 발현으로 이해하는 것이 정확하다. 그렇지 않은 여러 연구는 남명의 학문을 현대적 의미로 재해석해 낸 것으로 보아야 한다.

여기에서는 기존의 연구를 바탕으로 남명의 학문을 재검토하고 성리학의 본령에 맞게 자리매김해본다. 특히, 경(敬)과 성(誠), 그리고 의(義)의 의미와 맥락, 학문의 방법론을 재확인하고, 남명이 그것을 보다 강화하고 제자리에 위치시키려는 노력을 교육철학적으로 검토한다. 이는 종국적으로 유학의 궁극적 이상인 『대학』의 평천하(平天下)를 모색하는 과정이라는 사실로 귀결된다. 남명의 교육철학사상을 이해하기 전에 초기 유학에서 성리학에 이르는 유학교육의 대강을 고찰하여 정돈하고, 거기에서 왜 '경(敬) -성(誠)-의(義)'의 구조가 강조되는지, 유학의 본령에 따라 남명의 의도를 점검한다. 그리고 그 학문의 과정이 개인의 내면적 안정에 터하여 사회

---

5) 남명학 관련 연구는 1,000편이 넘는 논저가 발표되어 있는 데서 확인할 수 있듯이 양적으로 엄청나게 증가했다. 하지만 문제점으로 노출된 것은 남명 개인의 인격과 생애, 그리고 학문에 대한 찬양 일변도, 특정 영역에의 연구 집중, 연구 결론의 공통성 등으로 드러났다. 송준식, 「남명학 연구성과의 회고와 전망(4)-교육연구」, 『남명학연구』 35, 2012 참조.

적으로 확장되면서 궁극적으로 평천하를 지향하고 있음을 밝히려고 한다.

2. '경(敬)-의(義)'의 조화

앞에서 간략하게 언급했지만, 남명의 교육을 흔히 '실천' 중심의 교육으로 이해하는 경우가 많다. 그것은 남명 이외의 여러 학자들이 실천 중심적이지 않고 이론 중심적이라는 암묵적 전제에서 강조된 표현이다. '실천' 중심이라는 말을 남명의 학문이나 사상, 교육의 특성을 드러내기 위한 언표로 채택할 수는 있겠지만, 그런 강조의 표현이 오히려 남명의 학문을 오독(誤讀)하게 만들 수도 있다.[6]

남명의 교육철학사상은 그의 문집인 『남명집(南冥集)』은 물론, 수제자 내암 정인홍(來菴 鄭仁弘, 1535~1623)이 편집한 남명의 독서기인 『학기유편(學記類編)』에서 충분히 가늠할 수 있다. 『근사록(近思錄)』의 체제에 맞추어 편집한 『학기유편』을 보면 남명은 철저하게 성리학에 심취해 있다. 기존의 여러 연구에서 남명의 교육을 '실천' 중심이라고 표현한 것은 이론만을 따지는 공리공담(空理空談)이 아니라는 점을 강조하기 위한 장치겠지만, 남명은 철저하게 성리학으로 무장한 학자이다. 『학기유편』에서 정돈한 주자를 비롯한 선현들의 학문 이론 발췌에서 「용마도(龍馬圖)」, 「심통성정도(心統性情

---

6) 南冥을 실천 중심의 유학자로만 보고 다른 학자들을 이론 중심의 학자로만 볼 수 없는 이유는 거의 같은 시기를 살았던 退溪와 비교해 보아도 확인할 수 있다. 퇴계는 다양한 벼슬을 지내며 학자 官僚로 처신했고 陶山書堂[陶山書院]을 중심으로 교육활동을 전개했다. 반면, 남명은 野人 학자로서 山海亭·雷龍舍·雞伏堂·山天齋[德川書院]을 중심으로 교육 활동을 했다. 두 학자 모두 性理學을 근본으로 학문과 정치, 인생, 교육을 실천해 나갔다. 이 가운데 어떤 학자는 이론 중심적이고 어떤 학자는 실천 중심적이라고 했을 때, 오해의 소지가 있다. 성리학자들의 경우, 강조점에 따라 학문의 전개 양상이 조금씩 달라질 뿐, 기본적으로 孔子-孟子 이후에 진보를 거듭한 儒學에 기초하여 실천을 지향한다.

圖)」,「소학대학도(小學大學圖)」,「경도(敬圖)」,「성도(誠圖)」,「심위엄사도
(心爲嚴師圖)」 등 여러 그림은 퇴계의 『성학십도(聖學十圖)』처럼 성리학 이
론의 진수를 담고 있다. 이런 점에서 남명 자신과 후학들이 언급한 '경의(敬
義)' 사상, 특히 '의(義)'의 철학을 강조한 데만 매몰되어, 남명이 추구한 진정
한 유학교육관을 오독(誤讀)해서는 곤란하다.

　그렇다면, 경의(敬義)가 어느 정도, 어떤 차원에서 남명의 학문이나 교육
의 중심에 놓이는지, 그 근거를 확인할 필요가 있다. 사람은 짐승과 다르게
목적의식과 가치를 생명으로 한다. 그 핵심이 앞에서 살펴보았던 『서경』
과 공자·맹자를 거치면서 형성되는 윤리 도덕, 이른바 오륜(五倫)이라는
관계의 질서이다. '경(敬)'은 그 중심에 자리하는 마음 자세이자 삶의 태도
요, 교육의 양식이다. 유학자들이 '경(敬)'의 태도를 자기 학문의 좌우명으
로 삼은 것도 그런 이유 때문이다. 남명은 그것에 충실했다.[7]

　유학에서 '경(敬)'의 맥락은 공자의 인간 지향에서 구체적으로 발견할
수 있다. 앞에서도 누차 강조했듯이, '경'에 대한 언급은, 자로가 군자(君
子)에 대해 묻자 공자가 말하는 대목에서 확인된다. 공자는 세 가지를 제

---

7) 남명은 『周易』「坤卦」<文言>의 "敬以直內, 義以方外"를 그의 「佩劍銘」에 "內明者
敬, 外斷者義'로 표현했다. 이는 다양한 해석의 여지가 있지만 그 기본은 敬과 義를
강조하며 자신의 의지를 드러낸 학문의 태도 표출이다. 그리고 「송파자에게 보임」이
라는 편지에서 "敬을 聖學의 시작이 되고 끝이 되는 것이다. 초학자로부터 성현에
이르기까지 모두 敬을 主로 하여 道에 나아가는 방편으로 삼는다. 학문을 하면서
경을 주로 하는 공부가 부족하면 학문을 하는 것이 거짓이 된다(敬者, 聖學之成始成
終者. 自初學以至聖賢, 皆以主敬爲進道之方. 學而欠主敬工夫, 則爲學僞矣)"라
고 했다(『南冥集』卷2, 「示松坡子」). 남명과 동시대인 퇴계는 『聖學十圖』에서 「第
八心學圖」「第九敬齋箴圖」「第十夙興夜寐箴圖」의 핵심가치를 '敬'에 두었는데,
이는 「第一太極圖」~「第七仁說圖」까지의 이론에 뒤이어, 敬을 통한 마음 수양이
중요함을 강조한 것이다. 그러기에 퇴계는 「敬齋箴圖」에서 "敬은 聖學의 처음과
끝이 된다(敬爲聖學之始終)"고 했다. 율곡의 경우에도 『聖學輯要』「收斂章」에서
"敬은 聖學의 처음과 끝이다(敬者聖學之始終也)"라고 하여, 유학의 핵심이 경에
있음을 강조했다.

시한다. 먼저, 경(敬)으로 몸을 닦고, 다음에 몸을 닦아 사람들을 편안하게
하며, 마지막으로 몸을 올바르게 잘 닦아 백성을 편안하게 살 수 있도록
하는 사람이 군자에 해당한다.8) 공자는 수기(修己), 즉 수양의 문제에서 경
(敬)을 지목했다. 자신의 '몸'을 잘 닦아서 정돈하라는 인간의 완성을 꾀했
다. 그것은 사람다운 인격체를 형성하는 근본이자 일차적 문제였고, 사람
들을 편안하게 만드는, 인간에 대한 배려였다. 모든 사람에게 그런 배려가
확장되게 할 때, 교육받은 교양인으로서 군자(君子)의 경지에 이른다. 유학
의 학문과 교육철학의 사상적 논리가 그러하다.

'경(敬)'의 근원적 출처는『주역(周易)』이다.『학기유편』의 '도의 통체를
논의함[論道之統體]'의 과정에서 남명이 역(易)이나 천도(天道)를 이어 심
성(心性)과 인설(仁說)을 자세하게 파악하려는 노력은, 그 무엇보다도 '경'
의 문제를 고심하기 위한 것으로 이해된다. 성리학의 구조상 그것은 필연
적일 수밖에 없다. 내암(來菴)이『근사록』의 체제에 따라 스승 남명의 평
소 학문 활동을 정돈했다면 더욱 그러하다.

'경(敬)'을 인식할 때 유의할 점이 있다. '경(敬)'은 '의(義)'와 더불어 인
간의 내면과 외면을 동시에 아우르는데,『주역』에서 그것은 몇 가지 형태
로 드러난다. 첫째, "경(敬)으로 안을 곧게 하고 의(義)로 밖을 방정하게 한
다." 둘째, "경(敬)을 중심으로 삼가면 패망하지 않는다." 셋째, "경(敬)을
중심으로 행동하면 허물이 없다."9) 이러한 표현은 인간의 마음가짐과 행
동거지를 묘사하는데, 일관된 의미로서의 경(敬)은 내면인 마음을 바르게
하는 작업이다. 이를 '정직(正直)'으로 보기도 한다. 마음이 바르면 삶이 순
조롭고 다가올 일이 밝을 것으로 예측된다.

---

8)『論語集註』「憲問」: 子路問君子, 子曰修己以敬. 曰如斯而已乎. 曰修己以安人.
   曰如斯而已乎. 曰修己以安百姓. 堯舜, 其猶病諸.『學記類編』「存養」에는 '修己
   以敬'만을 적시했다.
9)『周易』「坤卦」<文言>: 敬以直內, 義以方外.;「需卦」<象>: 敬愼不敗也.;「離卦」
   <爻辭>: 敬之無咎.

　3장에서 퇴계의 경(敬)의 논의할 때 언급했지만, 여기에서 다시 반복하여 강조한다. 성리학에서 '경(敬)'은 '공(恭)'을 수반하는 형태로 일상에 적용된다. 왜냐하면 겉으로 펼쳐지는 것이 '공(恭)'이고 내면의 마음에 보존되는 것이 '경(敬)'10)이기 때문이다. 이런 점에서 '경'은 인간의 내면에 자리하는 마음 자세이자 중추이다. '공'은 이런 마음이 행위로 펼쳐져 용모에서 겸손(謙遜)11)으로 드러나고 의(義)로 향하는 길을 터준다.

　　신체가 엄정하고 용모가 단정함은 공(恭)의 뜻이다. 공(恭)은 경(敬)이 밖으로 나타나는 것이고, 경(敬)은 공(恭)이 마음에 보존되어 있는 것이므로 경과 공은 두 물건이 아니다. 이는 마치 형체와 그림자와 같다. 공은 용모를 근본으로 하고 경을 일을 근본으로 한다. 어떤 일이 있어 마음에 두고 그 마음을 바꾸지 않고 행하는 것이 경이다. 공은 밖에 나타나고 경은 마음 가운데 자리 하므로 몸을 정성스럽게 하는 것으로 말하면 공이 비교적 긴요하고, 일을 행하는 것으로 말하면 경이 간절함이 된다.12)

　이런 점에서 공(恭)과 경(敬)은 인간의 내·외면을 포괄하는 수양의 기본이다. 그러나 유학은 공자가 '수기이경(修己以敬)'을 강조한 것처럼, 경(敬)을 근본에 둔다.13) 이는 내면적 성찰을 중시한다는 의미이다. 그러기에 공자는 나라 다스리는 도리를 말할 때 "일을 맡아서는 그 일을 마음에 새기

10) 『學記類編』「存養」: 程子曰, 發於外者謂之恭, 有諸中者謂之敬(『性理大全』 卷 37). 이하 『學記類編』에 제시된 原文 出處는 이와 동일하게 뒷부분에서 (　)로 표기한다.
11) 『國語』「魯語」下 註: 恭爲謙.
12) 『性理大全』 卷37: 身體嚴整, 容貌端裝, 此是恭底意. 但恭是敬之見於外者, 敬是恭之存於中者, 敬與恭, 不是二物. 如形影. 恭主容, 敬主事. 有事著心做, 不易其心, 而爲之是敬. 恭形於外, 敬主於中, 自誠身而言, 則恭較緊, 自行事而言, 則敬爲切.
13) 『學記類編』「存養」: 恭在外工夫, 猶淺. 敬在內工夫, 大段細密(『性理大全』 卷 37).

면서 공경을 충분히 고려하여 백성에게 믿음을 주라"14)고 했다. 또한 "일상에서 거처할 때 공손하고, 일을 집행할 때 본분에 충실하게 하며, 사람을 대할 때 충실하라"15)고도 했다. 그리고 제자 중궁(仲弓)이 "경을 잡고 살면서 간략함을 행한다"16)라고 했을 때, 이를 적극 수긍했다. 이러한 공자의 태도는 일상생활에서 '공경'을 핵심가치로 인식한 것으로 이해된다.

맹자도 마찬가지이다. "어려운 일을 임금에게 충고하며 요구하는 것을 공(恭)이라 하고, 착한 일을 말하여 사악한 마음을 막는 것을 경(敬)이라 한다"17)라고 했다. 높은 사람에게 충고하며 요구하는 상황은 매우 조심스럽고 신중한 모습을 연출한다. 착한 일을 말하여 사악함을 막는 것은 진실한 마음에서 우러나온다. 그런 난제(難題)가 공경의 모습이다. 또한 "다른 사람을 마음으로 공경하는 사람은 사람들이 항상 공경해 준다"18)라고 하여, 마음과 마음이 연결되는, 불교식으로 표현하면 '이심전심(以心傳心)'에 비유할 수 있는 인간 상호간의 신뢰 체계임을 일러 주기도 한다. 뿐만 아니라 "공경은 폐백을 받들기 전에 이미 존재하는 것이다"19)라고 하여, 외부의 물질이나 형식으로 부여되기 이전에 내면에 갖춰져 있는 내재적 가치이기도 하다.

주자학의 알파와 오메가인 『대학』과 『중용』에서도 이와 동일한 논리가 전개된다. 『대학』에서는 수신(修身)을 "두려워하고 공경하는 것"20)이라 하여, '경(敬)'을 제가(齊家)의 전제 조건으로 제시했다. 『중용』에서는 "가지런하고 씩씩하고 적절하며 바르게 되는"21) 인격을 갖추어야 충분히 '경

---

14) 『論語集註』「學而」: 敬事而信.
15) 『論語集註』「子路」: 居處恭, 執事敬, 與人忠.
16) 『論語集註』「雍也」: 居敬而行簡.
17) 『孟子集註』「離婁」上: 責難於君, 謂之恭. 陳善閉邪, 謂之敬.
18) 『孟子集註』「離婁」下: 敬人者, 人恒敬之.
19) 『孟子集註』「盡心」上: 恭敬者, 幣之未將者也.
20) 『大學章句』傳8章: 之其所畏敬而辟焉.
21) 『中庸章句』31章: 齋莊中正, 足以有敬也.

(敬)'의 경지로 들어갈 수 있다고 했다. 이러한 '경(敬)'에 대해 성리학자들도 다양한 용어로 표현한다. "마음을 한 곳으로 모아 흩어지지 않게 하는 것"이라거나 "몸가짐을 가지런히 하고 태도를 삼가고 공경하는 것", 또는 "늘 마음이 깨어 있게 하는 법"이라거나 "마음을 수렴하여 다른 사물을 허용하지 않는 것" 등으로 표현하지만[22] 그 요체는 비슷하다.

주자는 이러한 '경(敬)'공부를 유학에서 가장 중요한 교육의 양식으로 인식했다. 때문에 '처음부터 끝까지 잠시라도 중단해서는 안 된다'라고 강조했다.[23] 유학에서 학문[교육]은 주자의 말처럼, 이 '경(敬)'자 하나에 집중되어 있다고 해도 과언이 아니다. 수양의 제일 근거이자 근본으로서 '경'은 인간의 마음에 내재적 가치로 배어 있어야 한다. 그러기에 '경(敬)공부'는 유학자에게 생명과도 같았고 인생에서 한 순간이라도 쉼 없이 전개되어야 하는 삶 자체였다. 그것이 이른바 '거경(居敬)'이다. 유학의 교육은 '거경'을 일상생활에서 전개하기 위한 바탕을 마련하고 그것을 실천하는 작업이었다. 이런 자세는 남명 자신이 새긴 「명(銘)」과 「무진봉사(戊辰奉事)」에서 열망이자 소신으로 드러난다.

---

22) 『大學或問』: 程子於此, 嘗以主一無適言之矣. 嘗以整齊嚴肅言之矣. 謝氏之說, 則又有所謂常惺惺法者焉. 尹氏之說, 則又有所謂其心收斂不容一物者焉. 이는 『學記類編』「敬圖」에 그대로 반영되어 있다. 錢穆은 이런 敬을 여섯 가지 의미로 정리했다. 첫째는 畏敬과 유사한 형태이고, 둘째는 마음을 收斂함으로써 내면에 어떤 것도 남아 있지 못하게 하는 것이며, 셋째는 한 가지 일에 專念하는 것이고, 넷째는 반드시 일을 따라 점검하는 것이며, 다섯째 항상 마음이 밝게 깨어 있는 상태이고, 여섯째는 몸가짐을 단정히 하고 태도를 엄숙하게 하는 일이다(錢穆, 『朱子新學案』(제2册), 臺北: 三民書局, 1971, 298〜335쪽); Wing-Tsit Chan은 "seriousness(眞摯性)"으로 영역하였다(Wing-Tsit Chan, *A Source Book of Chinese Philosophy*, Princeton; Princeton Univ. Press, 1963). 이는 마음을 다잡고 긴장의 끈을 놓지 않는 注意에 해당한다. 김성태, 『敬과 注意』, 서울: 고려대출판부, 1989 참조.

23) 『學記類編』「存養」: 敬字工夫, 乃聖門第一義, 徹頭徹尾, 不可頃刻間斷(『朱子語類』卷12, 『性理大全』卷46).

사악함을 막아 착한 마음을 보존하며, 말을 다듬어 자신을 세우라. 알찬 삶을 구하여 한결같은 추구하려면, 경(敬)을 바탕으로 하여 들어가라.24)

속에 마음을 보존하여 혼자 있을 때 삼가는 것은 하늘의 덕이고, 밖으로 살펴 그 행동에 힘쓰는 것은 왕의 도리입니다. 이치를 궁구하고 몸을 닦으며 속에 본심을 보존하고 밖으로 자신의 행동을 살피는 큰 공부는 경을 위주로 해야 합니다. 이른바 경이라는 것은 정제하고 엄숙하여 항상 마음을 깨우쳐 어둡지 않게 하는 것입니다. 한 마음의 주인이 되어 모든 일에 응하는 것은 안을 곧게 밖은 방정하게 하는 일입니다. 공자가 '경으로 몸을 닦는다'라고 한 말이 이것입니다, 그러므로 경을 주로 하지 않으면 마음을 보존할 수 없고, 마음을 보존하지 못하면 세상의 이치를 캐 물어 탐구할 수 없으며, 이치를 캐 물어 탐구하지 못하면 사물의 변화를 다스릴 수 없습니다.25)

이러한 남명의 열정은 학문의 과정에서 성실과 더불어 그대로 드러난다. 『학기유편』의 「학문을 하는 요체(爲學之要)」는 「소학대학도」를 제시하고 이어서 「경도」·「성도」를 나란히 배치했다. 그 '소학-대학-경·성'으로 이어지는 교육의 과정은 연속적으로 가지런하게 정돈된 유학교육의 양식을 잘 보여 준다. 남명은 주자의 '소학-대학의 연속체'를 교육의 요체로 그대로 이어받았다. 그리고 『성리대전』을 비롯한 『이정전서(二程全書)』, 『대학』26)의 이론을 교육의 목적과 내용, 방법으로 적극 받아들인다. 그 논

---

24) 『南冥集』卷1,「銘」: 閑邪存, 修辭立, 求精一, 由敬入.
25) 『南冥集』卷2,「戊辰奉事」: 在心於內, 而謹其獨者, 天德也. 省察於外, 而力其行者, 王道也. 其所以爲窮修存省之極功, 則必以敬爲主. 所謂敬者, 整齊嚴肅, 惺惺不昧. 主一心而應萬事, 所以直內而方外. 孔子所謂修己以敬者, 是也. 故非主敬, 無以存此心, 非存心, 無以窮天下之理, 非窮理, 無以制事物之變.
26) 남명이 『대학』을 강조한 흔적은 다음과 같은 편지에서 두드러진다. 『南冥集』卷2,「答仁伯書」: "『대학』으로 공부를 하면서 틈틈이 『성리대전』을 한두 해 탐구하라. 항상 『대학』이라는 한 집에만 출입하게 되면 연나라나 초나라에 가더라도 본가로 돌아와 머물게 된다. 성인이 되고 현인이 되는 것도 모두 이 집에서 벗어나

리의 시작은 주자의 다음과 같은 언급을 모체로 한다.

이론이 먼저이고 실천이 나중인 것은 의심할 여지가 없다. 그러나 여기에 얕고 깊으며 작고 큰 차이가 있다. 소학(小學)은 흐트러진 마음을 거둬들이는 공부이다. 예악·사어·서수(禮樂·射御·書數)로 덕성을 기르는데, 이는 지식 가운데 얕은 사안이며 실천 가운데 작은 일이다. 대학은 의리를 살피는 공부이다. 성의(誠意)·정심(正心)·수신(修身)의 여러 가지 일을 이루어 가는데, 이는 이론 가운데 깊은 사안이며 실천 가운데 큰일이다. 소학의 성취를 통해 대학 공부로 나아가려고 할 때, 깊이 함양하여 실천하는 바탕이 없으면, 어찌 복잡한 일에 뒤얽힌 어지러운 마음을 가지고 여유 있게 사물의 이치를 연구하여 참된 지식을 얻을 수 있겠는가?27)

이 언표를 만난 이후, 남명은 무엇을 '학문하는 요체'로 삼았는가? 그 첫 단추를 눈여겨 볼 필요가 있다. 결코 '경(敬)·의(義)'만을 앞세운 실천이 아니다! '지(知)가 먼저이고 행(行)이 나중'이라는 의심할 여지가 없는 주자의 공부법이다. '지(知)'는 이론으로 이해할 수 있고 '행(行)'은 실천으로 대비할 수 있다. 주자와 여조겸(呂祖謙)이 『근사록』의 「도체(道體)」에서 인간 본성의 근본과 도의 본체·체통, 학문의 강령을 논의했듯이, 남명도 『학기유편』에서 그것을 아주 길게 언급한 것으로 보아 매우 중요하게 여겼던 것이 분명하다. 그리고 본격적 교육철학인 「학문을 하는 요체」에 들어서면

지 않는다. 주자가 평생 힘을 얻은 것도 모두 이 책에 있었다(於今直把大學看, 傍探性理大全一二年. 常常出入, 大學一家, 雖使之燕之楚, 畢竟歸宿本家, 作聖作賢, 都不出此家內矣).";『南冥集』卷2,「示松坡子」: "『대학』은 여러 경전의 강령이므로 반드시 『대학』을 읽어 훤히 꿰뚫어 알게 되면 다른 글을 보기가 쉬워진다(大學, 群經之綱統, 須讀大學, 融會貫通, 則看他書便易)."
27)『學記類編』「爲學之要」: 朱子曰, 知先行後無疑. 然有淺深小大. 小學是收放心. 禮樂射御, 養其德性, 知之淺, 行之小. 大學是察義理, 誠正修, 措諸事業, 知之深, 行之大. 欲因小學之成, 以進大學之始, 非涵養踐履之有素, 豈能居然以雜亂紛糾之心, 格物以致其知哉(『性理大全』卷48).

서, 앎[지식; 이론]의 중요성을 다시 펼친다. 그 첫 대목이 '소학'과 '대학' 공부이다. 『학기유편』의 「소학·대학도」는 소학과 대학의 공부 양상을 아래와 같이 분류·정돈한다.

小學	大學
收放心	察義理
灑掃應對進退 禮樂射御書數	窮理正心 修己治人
養其德性 涵養本源	措諸事業 進德修業
知之淺 行之小	知之深 行之大

〈小學大學圖〉 1

'소학―대학'의 교육과정을 이해한 후, '경(敬)'은 '대학' 공부를 하는 가운데로 깊숙하게 개입한다. 동시에 중용(中庸)의 '성(誠)'을 간절히 요청하여 공부의 내면으로 융합한다. 그 과정은 『대학』의 8조목에서 '수신(修身)' 이전의 '격물(格物)―치지(致知)―성의(誠意)―정심(正心)'에 긴밀하게 녹아든다.

　　주가가 말했다. "학문의 실제는 실천에 있다. 이론적으로 알기만 하고 실천하지 못한다면 진정으로 배우지 않은 것과 같다. 그러나 실천하려고 했지만 이치를 제대로 이해하지 못한다면 실천한 것이 또 제대로 열매를 맺을 수 없다. 그러므로 대학의 공부는 뜻을 성실하게 하고 마음을 바르게 하는 것을 근본으로 한다. 그러나 반드시 사물의 이치를 궁구하는 작업과 앎에 이르는 일을 우선으로 한다." "뜻이 성실해지면 마음이 펼쳐지는 것이 이미 온전해 진 것인데 무엇 때문에 다시 마음을 바르게 합니까?" "마음 씀씀이는 본래 텅 빈 마음으로부터 나와야 한다. 마음을 비우면 마음 바탕이 치우침이 없고 씀씀이 또한 온전해 진다." "이는 비유하면 한 줄기의 대나무와 같은데, 대나무가 한 줄기라 하더라도 그 사이에 여러 마디가 있는 것과 같다." "마음 씀씀이가 바르더라도 또 그 바탕을 바르게 하지 않으면 안 되는데, 이것이 뜻이 성실해지고 난 후에 마음이 바르게 된다는 말이다."28)

이 과정에서 경(敬)은 '명명덕(明明德)−신민(新民)−지어지선(止於至善)'
의 3강령을 바탕으로, '격물(格物)−치지(致知)−성의(誠意)−정심(正心)'에
서 '수신(修身)−제가(齊家)−치국(治國)−평천하(平天下)'로 나아가는 8조
목을 구현하는 힘이 된다. 그런 '경(敬)'의 바탕이자 전제로서 표리 관계를
이루는 것이 '성(誠)'이다. '성(誠)'은 성리학에서 다음과 같이 설명된다.

성(誠)이라는 글자를 자연의 질서 차원에서 논의하면, 오직 하늘의
명령이 조화롭게 운행되어 그치지 않는 것이다. 자연의 질서는 옛날부
터 지금까지 조금도 일그러짐 없이 흘러왔다. 그러기에 더운 여름이 가
면 추운 겨울이 오고, 해가 지면 달이 뜨고, 봄이 되면 싹이 나고 여름
이 되면 무성하게 자라며 가을이 되면 열매가 맺고 겨울이 되면 만물이
움츠리고 있다가 다음 해 봄을 준비한다. 원형이정(元亨利貞)이 종시
(終始)로 순환함이 늘 이와 같다. 이는 진실한 이치가 그것을 주재하는
사안이다. 하늘은 하루 낮 하루 밤을 움직여 일주하고, 또 한 도수를 지
나간다. 해와 달, 별자리의 운행이 예나 지금이나 변함없이 성실하니,
하늘의 이치가 이와 같다. 과일 또한 단 것은 늘 단맛이고, 쓴 것은 늘
쓴맛이며, 푸른 것은 늘 푸른빛을 띠고, 흰 것은 늘 흰 빛을 띠며, 붉은
것은 늘 붉은 빛을 띠고, 보랏빛은 늘 보랏빛을 띠며, 둥근 것은 늘 둥
근 모양이고, 비뚤은 것은 늘 비뚤한 모양이다. 하나의 꽃과 잎사귀가
무늬 결을 서로 같이하여 늘 그렇게 변함이 없으므로, 사람의 힘으로
안배해서 될 일이 아니다. 모두 자연의 진실한 도리로 저절로 그러한
것일 뿐이다.29)

---

28) 『學記類編』「爲學之要」: 朱子曰, 爲學之實, 固在踐履. 徒知而不行, 誠與不學同.
然欲行而未明於理, 則所踐履者, 又不知其果何事. 故大學之道, 雖以誠正爲本,
而必以格致爲先. 意誠, 則心之所發, 已實 何暇於正心乎. 但心之用, 本自虛中
發出. 虛其心, 則本體不偏, 妙用亦實. 譬如一竿竹, 雖一竿, 其間, 又有許多節.
心之用, 雖正, 而又不可不正其體, 此意誠而心正(『性理大全』卷44; 『大學』傳5
章 註).

천도(天道)의 움직임인 자연의 질서 체계는 '진실 그 자체'로서 이치대로 운행한다. 일그러짐 없이 존재하고 운행한다. 그것이 성(誠)이다. 이 성은 하늘을 본받으려는 인간에게도 그대로 간직되었다.[30] 인간도 우주의 형상을 이어받은 소우주이므로, 우주적 진실은 내면으로 파고든다. 이것이 『중용』에서 이른바 천명(天命)으로서의 성(性)이다.[31] 여기에서 성은 인간의 도덕적 품성이 된다.[32] 그리하여 성(誠)은 『중용』의 "천명지위성(天命之謂性)－솔성지위도(率性之謂道)－수도지위교(修道之謂教)"의 머릿장을 기초로 지(智)·인(仁)·용(勇)과 비은(費隱), 천도(天道)와 인도(人道)의 합일을 통해 참됨을 모색한다. 그것은 「소학대학도」의 아랫부분에 차례대로 위치한다.

---

29) 『性理大全』卷37: 誠字, 本就天道論, 維天之命, 於穆不已, 只是一箇誠. 天道流行, 自古及今, 無一毫之妄, 署往則寒來, 日往則月來, 春生了便夏長, 秋殺了便冬藏. 元亨利貞, 終始循環, 萬古常如此. 皆是眞實道理, 爲之主宰, 如天行一日一夜, 一周而又過一度, 與日月星辰之運行躔度, 萬古不差, 皆是誠實道理如此. 又就果木觀之, 甜者萬古甜, 苦者萬古苦, 靑者萬古常靑, 白者萬古常白, 紅者萬古常紅, 紫者萬古常紫, 圓者萬古常圓, 缺者萬古常缺, 一花一葉文縷相等, 對萬古常然, 無一毫差錯, 便待人力, 十分安排選造來, 終不相似, 都是眞實道理, 自然百然.

30) 인간은 자연 질서의 명령인 필연적인 법칙을 지킴과 동시에 사회 질서인 행위 규범을 당위 법칙으로 지켜야 하는 운명을 지녔다. 이때 禮－義－廉－恥라는 誠을 인식하고 敬공부로 나아가게 하는 윤리적이자 도의적인 요청을 하게 된다. 김충렬, 『유가윤리강의』, 서울: 예문서원, 1994, 97~109쪽.

31) 『中庸章句』1章: 天命之謂性.

32) 蕭兵, 『中庸的文化省察』, 武漢: 湖北人民出版社, 1997, 991쪽.

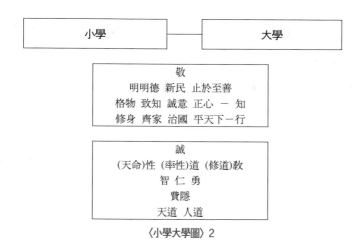

〈小學大學圖〉2

경(敬)과 성(誠)의 융합은 이제 『학기유편』의 「성도(誠圖)」에서 하나로
녹아든다. 그리고 신뢰[信]에 근거하여 필연적으로 의리[義]33)로 나아간다.
그 교육은 '경(敬)과 성(誠)'의 관계 설정과 의미 부여를 통해 뿌리 내린다.

정자가 말하였다. "하나를 위주로 하는 것을 경(敬)이라고 하는데, 여
기에서 하나는 성실[誠]을 말한다. 성실하면 경(敬)하지 않음이 없다. 성
실하지 못했다면 경(敬)을 한 후에 성실하게 된다." 주자가 말하였다.
"성(誠)이라는 글자는 도리의 측면에서는 실제로 있는 이치이고 사람의
입장에서는 실제로 그렇게 하려는 마음이다. 그것을 유지하고 주재하는
것은 오직 경(敬)이라는 글자에 달렸다." 장남헌이 말하였다. "성(誠)은

---

33) 義라는 글자의 원뜻은 희생물로 바치는 羊을 신의 뜻에 맞도록 톱 모양의 칼[我]
로 법도에 따라 올바르게 자르는 것을 가리킨다. 여기에서 '올바르다[正], 마땅하
다[宜]'라는 의미가 생겨났다. 이때 宜는 도마[俎] 위에 고기를 올려놓은 형상을
나타내는데 의미와 발음 모두 義와 통용된다. 義는 五倫과 五常의 하나로 사람이
당연히 행해야만 하는 도리로 여겨진다. 따라서 그 내용에 따라 忠義, 恩義, 信義,
道義, 節義, 義俠 등과 같이 다른 덕목과 함께 사용된다. 溝口雄三·丸山松幸·池
田知久, 김석근·김용천·박규태 옮김, 『中國思想文化事典』, 서울: 민족문화문고,
2003, 213~223쪽 〈義〉 참조.

하늘의 도리이고 경(敬)은 인간이 하는 일의 근본이다. 경(敬)의 도리를
이루면 성(誠)이자 하늘이 된다." 진북계가 말하였다. "성실은 자연스럽
게 그러한 것이고, 신뢰는 인위적으로 힘쓰는 일이다. 성실은 자연의 이
치이고 신뢰는 인간의 마음이다. 성실은 자연의 도리이고 신뢰는 인간
의 도리이다. 성실은 자연이 인간에게 부여한 명령을 말하고 신뢰는 자
연으로부터 부여받은 인간의 본성을 말한다. 성실은 도리를 말하고 신
뢰는 덕성을 말한다." 단서에 말하였다. "경(敬)이 게으름을 이기면 길
하고 게으름이 경(敬)을 이기면 멸망한다. 의(義)가 욕망을 이기면 순조
롭게 되고 욕망이 의(義)를 이기면 흉해진다."[34]

자연의 도리인 성(誠)은 그것을 본받아 나가는 인사의 근본인 경(敬)과
짝하여 신뢰[信] 가운데 인간의 일에 힘써 나간다. 그것은 자연스럽게 의
(義)로 연결되는 구조를 지닐 수밖에 없다. 왜냐하면 "경건한 마음가짐을
지니는 것은 의로움을 정밀하게 만드는 근거"[35]이기 때문이다. '경(敬)과
의(義)'의 관계는 비유하면, "경(敬)은 거울이고 의(義)는 이 거울을 통하여
비추는 일이다."[36] 의(義)는 경(敬)으로 파고들어 경(敬)의 일부가 되어 있
으면서 겉으로 표출되는 일종의 에너지이자 활력이다.

경(敬)과 의(義), 이 두 가지는 상황에 따라 적용하고 오랫동안 스스
로 노력하는 가운데 힘을 얻는다. 의리와 관계되는 일 가운데 힘써 분
별해야 하며 미리 분별하기 어렵다고 예측하여 근심해서는 안 된다. 유
학을 공부하는 학자들에게 이 일은 평생의 사업이다. 호운봉이 말하였

---

34) 『學記類編』「爲學之要」: 程子曰, 主一者謂之敬, 一者謂之誠. 誠則無不敬, 未至
　於誠, 則敬然後誠. 朱子曰, 誠字, 在道則爲實有之理, 在仁則爲實然之心. 其維
　持主宰, 專在敬字. 南軒張氏曰, 誠字, 天之道, 敬字, 人事之本. 敬道之成, 則誠
　而天矣. 北溪陳氏曰, 誠是自然, 信是用力, 誠是理, 信是心. 誠是天道, 信是人
　道. 誠以命言, 信以性言. 誠以道言, 信以德言. 丹書曰, 敬勝怠者吉, 怠勝敬者
　滅. 義勝欲者從, 欲勝義者凶(『性理大全』 卷37, 卷47).
35) 『學記類編』「爲學之要」: 五峯胡氏曰, 居敬, 所以精義也.
36) 『學記類編』「爲學之要」: 朱子曰, 敬比如鏡, 義便是能照底.

다. "홀로 있을 때 삼가는 것은 경으로 마음을 곧게 하는 일이고, 법도에 근거하여 헤아리는 것은 의로 세상의 일을 정당하게 처리하는 작업이다."[37)]

경(敬)과 의(義)는 상황과 지속의 정도에 따라 힘을 확보한다. 그것은 평생을 지속해야 하는 유학의 과업이다. 경(敬)은 홀로 있을 때 삼가는 '신독(愼獨)' 또는 '근독(謹獨)'이다. '신(愼)'이나 '근(謹)'은 삼가는 만큼 경계하고 정중하고 공경하면서 '내면의 곧음'으로 자리매김 한다. 의(義)는 자나 컴퍼스로 재어보듯이 인간의 일을 헤아리는 '혈구(絜矩)'의 길로 이해된다.

신독(愼獨)은 『대학』에서 매우 강조되는 교육적 덕목이다.[38)] 격물(格物)·치지(致知)가 앎을 중심으로 하는 인식의 확장이라면, 성의(誠意)·정심(正心)은 마음의 조절과 성찰, 함양을 통한 인격의 확립과 체득이다. 그 핵심적 실천 방식이 신독(愼獨)이다. 이는 스스로 속이거나 스스로 유쾌하고 만족함과 직결되는 마음의 일이다. 때문에 다른 사람은 알 수가 없고 자기만이 알 수 있는 영역이다. 자기의지나 내면의 은미한 곳을 삼가거나 살피는 일이므로, 그것은 다른 사람에게 드러나 있는 곳이건 혼자 거처하는 곳이건, 보이는 곳이건 보이지 않는 곳이건, 크게 구애받지 않는다.

중요한 문제는, '뜻이 과연 진실한 마음에서 나왔는가?' '남들이 듣지도 보지도 못하는 곳에서 진실한 마음을 보존할 수 있는가?' 이런 물음에 대한 진지한 성찰과 자기공부이다. 때문에 신독(愼獨)은 예로부터 미덕의 극치로 여겨져 왔고, 성의(誠意)의 실천양식을 표현하는 핵심 용어가 되었으며, 말과 행위가 부합되는 자각적·도덕적·수양의 방식으로 대표된다. 그것

---

37) 『學記類編』「爲學之要」: 以敬義二字, 隨處加工, 久久自當得力. 義理之間, 只得着力分別, 不當預以難辨爲憂. 聖門只此便是終身事業. 雲峯胡氏曰, 謹獨是敬以直內, 絜矩是義以方外(『朱子語類』卷69; 『大學章句』傳10章).

38) 『大學章句』傳6章: 小人間居, 爲不善, 無所不至, 見君子而后, 厭然揜其不善, 而著其善, 人之視己, 如見其肺肝, 然則何益矣. 此謂, 誠於中, 形於外, 故君子必愼其獨也.

敬 持 天 愼	敬	絜 義 講 此
義 守 德 獨	以	矩 以 學 八
偕 工 王	直	方 工 個
立 夫 道	內	外 夫 字
學 者 事		一 生 用 之 不 窮

〈誠圖〉(下段)

은 자기공부의 근저(根底)로 스스로를 조절하고 주도하는 진지한 학습의 자세이다.[39]

한편, 혈구(絜矩)로 상징되는 의(義)는 세상을 헤아리며 구체적으로 실천되는 평천하(平天下)의 길을 모색한다. 그 구체적 양식이 『학기유편』의 「성도(誠圖)」에 내재해 있다.

3. 교육의 궁극적 지향─평천하

'경(敬)·의(義)'의 철학사상에서, 경(敬)은 『대학』의 신독(愼獨)으로 귀결되고, 의(義)는 혈구(絜矩)로 확장되었다. 그것은 남명이 전형적인 성리학의 공부 방식에 의한 교육철학을 전개하고 있음을 의미한다. 그렇다면 그런 공부는 왜 필요했던가? 성리학은 기본적으로 '수기치인(修己治人)' 또는 '내성외왕(內聖外王)'이나 '성기성물(成己成物)'을 꾀하는 학문 구조를 지니고 있다. 따라서 '수기·내성·성기'라는 개인의 수양을 근본으로 하여 '치인·외왕·성물'을 궁극적 지향점으로 설정한다. 따라서 교육의 최종 목표는 개인의 수양에 그치는 것이 아니라 그것을 바탕으로 사회적 완성을 꾀한다. 그 과정이 『대학』의 8조목인 격물·치지에서 수신·제가·치국·평천하로 나아가는 교육의 여정이다. 그 종착지는 평천하(平天下)이다.

평천하는 사유의 방식에 따라 표현을 달리 할 수 있겠지만, 간단하면 말

---

39) 신창호, 『『대학』, 교육의 지도자 교육철학』, 서울: 교육과학사, 2010 참조.

하면, 사람이 사는 공동체가 고르게 된, 평화로운 세상을 의미한다. 유학에
서 정치를 하거나 학문을 하는 궁극적 이유는 세상을 바르게 이끌어가려
는 인간 의지의 발현이다. 그 종착지가 평천하이다. 이런 점에서『대학』의
궁극 목표는 공동체의 이상향인 지극히 좋은 곳, 바른 세상에서 어울리며
살아가려는 염원을 담고 있다. 이 최고의 이상향을 유학에서는 '대동(大
同)'사회라고 한다.40) 문제는 대동사회가 현실적으로 불가능할 수 있다는
우려이다. 대동은 정말 이상향이다. 인간 사회의 현실에서 존재하기 어렵
다. 그러다보니 유학은 대동사회에 대한 차선책을 고려한다. 그것은 조금
편안한 세상인 '소강(小康)'사회이다.41) 유학은 어쩌면 실현 가능한 소강사
회를 설정하고 구체적으로 건설하는데 적극적이었을 수 있다. 이는 유학의
현실적 특색이기도 하다.

내가 보기에, '경·의(敬·義)'의 교육을 펼치는 과정에서, 남명이『대학』
을 매우 중시한 것으로 판단된다. 남명의 철학사상의 논리에 의하면,『대
학』8조목의 격물·치지(格物·致知)에서 성의·정심(誠意·正心)에 이르는
수신(修身)의 과정은 성(誠)을 근거로 하는 경(敬)공부였다. 그 핵심에 신독
(愼獨)이 자리하고 있다. 이는 군주(君主)나 성학(聖學)을 공부하는 학자 개
인의 인격 확립을 위한 교육의 실천양식이다. 수신(修身) 이후의 제가·치
국·평천하(齊家·治國·平天下)라는 치인(治人)은 수신을 바탕으로 그것을
응용하는 차원이다. 이는 경(敬)을 바탕으로 하는 의(義)공부였다. 그 핵심

---

40)『禮記』「禮運」: 大道之行也, 天下爲公. 選賢與能, 講信修睦, 故人不獨親其親,
  不獨子其子, 使老有所終, 壯有所用, 幼有所長, 矜寡孤獨廢疾者, 皆有所養. 男
  有分, 女有歸. 貨惡其棄於地也, 不必藏於己, 力惡其不出於身也, 不必爲己. 是
  故謀閉而不興, 盜竊亂賊而不作, 故外戶而不閉, 是謂大同.

41)『禮記』「禮運」: 今大道旣隱, 天下爲家, 各親其親, 各子其子, 貨力爲己, 大人世
  及以爲禮. 城郭溝池以爲固, 禮義以爲紀, 以正君臣, 以篤父子, 以睦兄弟, 以和
  夫婦, 以設制度, 以立田里, 以賢勇知, 以功爲己. 故謀用是作, 而兵由此起, 禹湯
  文武成王周公, 由此其選也. 此六君子者, 未有不謹於禮者也. 以著其義, 以考其
  信, 著有過, 刑仁講讓, 示民有常. 如有不由此者, 在勢者去, 衆以爲殃, 是謂小康.

이 혈구(絜矩)의 길이다. 군주나 성학을 공부하는 학자의 '개인교육'을 바탕으로 사회 공동체적 정치 이상과 '공동체교육'을 실현하는 길이다.

수신(修身) 이후에는 사물을 응접하고 사람을 대접하는 인간관계의 차원이 된다. 이는 성(誠)·경(敬)으로 바로 잡아야 하는 마음, 이른바 '직내(直內)'를 중심으로 논의하던 수신(修身)의 과정과는 다르다. 자신의 수양을 넘어, 나 이외의 다른 사람은 물론, 여러 사물과의 관계 문제를 요청한다. 세상에 대한 관심과 배려, 이해를 통해 공동체의 건전한 실현을 고민하게 만든다. 그것이 의(義)를 통해 이른바 '방외(方外)'를 중심으로 하는 치인(治人)의 길이다. 치인(治人)은 유학의 공동체교육을 위한 철학적 기초가 된다.

제가(齊家)에서 평천하(平天下)에 이르기까지, 공동체의 지속과 사회화(社會化)는 군주의 자질과 백성의 반응이 관건이다. 제가(齊家)와 치국(治國)을 담보로 『대학』에서 구현하려는 최대의 공동체는 평천하이다. 평천하를 실현하는 원리가 다름 아닌 『대학』의 혈구(絜矩)이고, 혈구는 의(義)를 담보로 세상을 고르게 만드는 작업이다. 그 길은 다음과 같은 실천을 소망한다.

> 윗사람에게 싫었던 것으로 아랫사람을 부리지 말고, 아랫사람에게 싫었던 것으로 윗사람을 섬기지 말며, 앞사람에게 싫었던 것으로 뒷사람에게 먼저 하지 말고, 뒷사람에게 싫었던 것으로 앞사람을 따르지 말며, 오른쪽 사람에게 싫었던 것으로 왼쪽 사람을 사귀지 말고, 왼쪽 사람에게 싫었던 것으로 오른쪽 사람을 사귀지 말아야 한다. 이것을 '혈구(絜矩)'의 길이라고 한다.[42]

---

42) 『大學章句』 傳10章: 所惡於上, 毋以使下, 所惡於下, 毋以事上, 所惡於前, 毋以先後, 所惡於後, 毋以從前, 所惡於右, 毋以交於左, 所惡於左, 毋以交於右. 此之謂絜矩之道也.

혈구(絜矩)의 길은 자기를 중심으로 상하전후좌우(上下前後左右)의 존재에 대해, 길고 짧고 넓고 좁고 크고 작고 할 것 없이 하나같이 방정하게하는 작업이다. 이런 헤아림을 통해 상하사방이 고르고 가지런해져서 남거나 부족한 곳이 없게 만드는 일, 그것이 방외(方外)이고, 정의(正義)이다.

혈구(絜矩)의 길 가운데 큰 것은 '재물을 어떻게 쓰느냐'이다. 평천하에서 혈구(絜矩)를 쓰는 주체는 군주이다. 군주는 이미 '경이직내(敬以直內)'를 통해 덕망(德望)을 축적했다. 덕망(德望)이 있으면 사람이 모여들고 사람이 모여 들면 땅을 이용하게 마련이다. 땅으로 농사를 지으면 재물을 생산해 내고 재물을 생산하면 반드시 쓰임이 있게 된다. 덕망(德望)의 확보는이미 언급한 격물치지와 성의정심, 남명의 표현을 빌리면 '내명(內明)'의수신을 통해 이루어졌다. '직내(直內)'가 구현되었다. 혈구(絜矩)의 근본은이 덕망(德望)을 삼가고 조절하는 과정에 있다. 그것이 헤아림이다. 덕망(德望)이 있게 되면 세상 사람들에게 감동을 주어 사람들이 모이게 되고,사람이 모이면 덕 있는 군주의 땅은 사람이 모인만큼 넓어진다. 그리고 땅이 있으면 땅을 맡겨서 공물을 받게 될 것이니 그것이 바로 재물이 된다.그 재물은 이제 나라를 운용하는 경비(經費)의 원천이 되어, '쓰임'이 있게된다. 때문에 혈구(絜矩)의 실천 양식에서 "덕망(德望)은 근본이고 재물(財物)은 말단이다."[43)]

이때 재물은 세상을 평화롭게 하는 주요 관건이 된다. "재물을 긁어모으면 백성이 흩어지고 재물을 고르게 흩트려 나누면 백성이 모인다."[44)] 근본인 덕망(德望)을 소홀히 하고 재물을 모으기에 집착한다면 재물은 저절로모이게 마련이다. 군주가 백성을 헤아리는 혈구(絜矩)의 길을 실행하지 못하고 백성의 재물을 취함에 절제하지 못할 경우, 재물은 모인다. 반대로 군주가 혈구의 길을 실천하여 백성에게서 취함을 절제한다면 백성이 모인

---

43) 『大學章句』 傳10章: 德者, 本也, 財者, 末也.
44) 『大學章句』 傳10章」: 財聚則民散, 財散則民聚.

다.45) 아울러 재물을 생산해내는 방식도 평천하를 위해 대단히 중요하다. 재물을 생산하는 데 큰 방도가 있다. 생산하는 사람이 많고 먹는 사람이 적으며, 생산하는 사람은 빨리하고 쓰는 사람은 천천히 하면 재물은 항상 풍족할 것이다.46)

이런 실천의 양식은 국가 경제에서 생산과 소비, 노동, 수요와 공급 등 다양한 부분을 요약한 것처럼 느껴진다. 나라에 노는 사람이 없으면 일하는 사람이 많게 되고, 관리가 자리만을 꿰차고 앉아 있는 사람이 없으면 소비만 하는 사람이 적게 되며, 생산할 시기를 빼앗지 않으면 생산이 많아질 것이고, 수입을 헤아려 지출한다면 쓰임새가 느려질 것은 분명하다.47) 이러한 공동체의 유지와 지속, 구성원에 대한 관심과 이해, 배려는 유학의 최고 덕목인 인의(仁義)로 착함을 일으킬 때, 가장 적절하다. 그래야만이 혈구(絜矩)의 양식을 최고조로 발휘할 수 있다. 그것이 평천하의 생활양식이고, 의이방외(義以方外)의 발현인 정의의 실천이다.

4. 닫는 글

남명은 그의 학문, 즉 교육철학사상의 큰 그림을 『대학』의 구조를 바탕으로 그려냈다. 『대학』은 주자학에서 학문의 기초이자 근본이다. 3강령을 원리로 두고, 8조목으로 실천을 모색한다. '격물(格物)·치지(致知)·성의(誠意)·정심(正心)—수신(修身)—제가(齊家)·치국(治國)·평천하(平天下)'의 교육과정은 '경(敬)—성(誠)—의(義)'의 구도에서 진행된다. 내면과 외면으로

---

45) 『大學章句』 傳10章: 外本內末故財聚, 爭民施奪故民散, 反是則有德而有人矣.

46) 『大學章句』 傳10章: 生財有大道, 生之者衆, 食之者寡, 爲之者疾, 用之者舒, 則 財恒足矣.

47) 『大學章句』 傳10章: 國無遊民, 則生者衆矣. 朝無幸位, 則食者寡矣. 不奪農時, 則爲之疾矣. 量入爲出, 則用之舒矣.

구분하여 설명되면서도 교육의 연속체를 이룬다. 내면과 외면은 '직내(直內)—방외(方外)'의 구도에서 '신독(愼獨)—혈구(絜矩)'의 핵심가치를 안고 마음의 수양에서 평천하를 염원한다.

남명에게서 '경(敬)—의(義)'는 '내명(內明)'에서 '외단(外斷)'으로 나아가는 도식으로 압축되어 검(劍)으로 만들어 차고 다닐 정도로 자신의 좌우명이 되었다. 인간은 수양을 통해 도덕적 자아를 세상의 중심에 드러낸다. 내면적으로는 자신에게서 일어나는 사리사욕(私利私慾)을 극복해야 하고, 외면적으로는 세상의 유혹과 자극으로부터 발생하는 악을 물리쳐야 한다. 그 가운데 제 각기 부여받은 직분에 따라 맡은 임무를 충실히 이행한다. 그렇게 함으로써 인류의 공동 이상인 지선에 이를 수 있다. 그것이 평천하이다.

남명의 평천하로 가는 교육철학사상은 간단하지만 의미심장하다. 자신의 마음과 의지가 나의 모든 관능(官能)과 지체(肢體)를 주재하고 제어하여, 세상을 향해 나아가 평화를 쟁취하는 일과 상통한다. 여기에서 가장 중요한 것은 마음을 바로잡는 일이다. 조심(操心)하는 사업이자 구방심(求放心)이다. 이는 자아를 만들고 지키는 공부와도 같다. 이 공부의 요체가 경(敬)이고, 그것을 밖으로 펼쳐내는 것이 의(義)이다. 더불어 사는 모든 존재와 원만한 관계를 이루고 세상의 일처리를 합당하게 하는 작업이, 다름 아닌 평천하를 향한 정의(正義)의 길이다.

5장 일반교육의 체계화

— 율곡 이이의 『격몽요결』과 『학교모범』 —

1. 여는 글

조선 시대의 유학자들은 철학자인 동시에 정치가이자 교육자였다. 우주론(宇宙論)과 인간론(人間論), 수양론(修養論) 등 유학의 여러 차원을 사유하는 사상가인 동시에 그것을 현실 정치에 적용하고, 교육으로 실천하려는 지적 거장들이었다. 그 가운데 율곡 이이(栗谷 李珥, 1536~1584)는 어떤 학자보다도 교육에 관심을 갖고 체계적인 교육이론을 저술하고 실천한 교육철학사상가였다.

율곡의 교육론은 『성학집요(聖學輯要)』를 비롯하여 『격몽요결(擊蒙要訣)』, 『학교모범(學校模範)』, 「은병정사학규(隱屛精舍學規)」 등 여러 저작에 구체적으로 드러나 있다. 주지하다시피, 『성학집요』의 경우, 선조에게 올린 저술로 군주(君主)의 교육, 이른바 제왕학(帝王學) 이론서이다. 그에 비해 『격몽요결』과 『학교모범』은 당시 교육받을 만한 위치에 있던 사람들인 양반 계층이나 사대부(士大夫)들을 위한 교육이론서라고 볼 수 있다. 그것은 유학이 지향하는 일상에의 충실, 수기치인(修己治人)의 길 등을 핵심 내용으로 하는 교육의 원리와 지침을 담고 있다.

『격몽요결』은 율곡의 나이 42세 때인 1577년에 저술되었다. 율곡이 부제학(副提學)을 그만두고 황해도 해주의 석담(石潭)에 거주할 때 지은 책이다.[1] 책 제목이 상징하고 있듯이 '격몽요결(擊蒙要訣)'은 '어리석음을 몰

---

1) 『擊蒙要訣』「序」: 余定居海山之陽, …… 故略書一冊子, 粗敍立心飭躬奉親接物之方, 名曰擊蒙要訣.; 이하 '學'과 연관되는 學問이나 學文, 敎學이나 學習과 같은 용어나 개념들은 가능한 한 '교육'이나 '배움', '교육철학', '교육사상' 등으로

아내는 비결'이다. 격몽(擊蒙)은 '어리석음을 깨우치거나 몰아낸다'는 의미로, 『주역(周易)』의 '몽(蒙)'괘에서 유래했다. 몽괘는 '산 아래에 샘물이 솟아나오는 장면을 형상한 것'으로 '어린이' 또는 '어리석은 사람'이 삶의 진보를 위해 스스로 나서야 하는 형국을 상징한다. 어리석은 사람이 우매함에서 벗어나 발전해야 하는 상황에 비유된다. 따라서 격몽은 어리석은 사람이 자발적으로 가르침을 받아 성숙해 가야 하는 교육의 양상을 담고 있다.

이에 비해 『학교모범』은 『격몽요결』을 저술한 후 5년 뒤인 율곡 이이의 나이 47세 때 지은 책이다. 이때 율곡은 대사헌이라는 높은 관직에 재직하고 있으면서 국왕인 선조에게 이 책을 저술하여 올렸다. 따라서 개인 자격으로 학생들의 교육을 위해 지은 『격몽요결』과는 그 성격을 달리한다. 다시 말하면, 국가 교육기관인 성균관(成均館)이나 사학(四學), 향교(鄕校)에서 실시되던 교육의 상황을 성찰하고, 그 이론적 대안으로 교육의 지침을 구체적으로 마련하기 위한 성격이 강하다. 현대적 시각으로 본다면, 『학교모범』은 국·공립 학교의 교육목적과 내용, 방법, 학교 운영 등 일종의 공교육(公敎育)의 지침을 제공한 것으로 생각할 수 있다.

여기서는 조선 시대 유학교육의 일반적 성격을 잘 드러내 주고 있는 『격몽요결』과 『학교모범』의 구조와 성격을 밝혀, 조선 교육의 특징을 도출해 본다. 사학 교육 차원의 교육원리와 지침으로서의 특성을 지닌 『격몽요결』과 국공립 교육 차원의 교육원리와 지침을 정돈한 것으로 이해할 수 있는 『학교모범』을 비교 분석하면서 교육철학사상을 고찰한다. 이에 『격몽요결』과 『학교모범』의 내용에 대한 분석과 검토는 개략적으로 점검하는 수준에서 제시하고, 교육철학 또는 사상으로서의 저술 동기와 구성상의 특징을 중심으로 구명한다.

바꾸어 사용한다.

2. 경계와 성찰의 개인교양—『격몽요결』

『격몽요결』은 율곡이 '동몽(童蒙)' 교육을 위해 지은 책으로 인식하기
쉽다. 그러나 『격몽요결』의 서문을 자세히 검토해 보면, 그것은 초학자(初
學者)의 교육이나 타자에 대한 계몽(啓蒙) 및 교화(敎化)의 차원을 넘어서
있다. 율곡은 『격몽요결』의 저술 경위를 통해, 그 이유를 몇 가지 차원으
로 드러낸다.

> 한 두 학도가 서로 좇아와 배움에 대해 물었으나 내가 스승이 될 수
> 없는 것이 부끄러웠다. 문제는 그들과 같은 초학자가 무엇을 어떻게 배
> 워야 하는지 그 방향을 모르고, 또 배움에 대한 견고한 뜻도 없이 붕
> 뜬 마음으로 배우기만 바라는 것이 걱정되었다. 그러다가는 서로 간에
> 도움이 없을 뿐만 아니라 도리어 남의 비방을 살 수도 있었다. 이런 것
> 이 염려되어 마음을 정해 세우고, 몸가짐을 단속하며, 부모를 모시고 사
> 람이나 물건을 맞이하는 방법 등을 담아 대략적으로 서술하고 『격몽요
> 결』이라는 이름을 붙였다. 학도가 이것을 보고 마음을 깨끗이 하고 기
> 초를 세워 즉시 공부하도록 하고, 나 또한 오래도록 구태에 얽매였던
> 사안을 근심해 왔는데, 이를 계기로 스스로 경계하고 반성하려 한다.[2]

율곡이 『격몽요결』을 지은 의도는 상당히 중층적(中層的)인 교육철학을
함축한다. 초학자를 위한 고려와 자기에 대한 배려, 이 두 가지가 동시에
저술의 동기로 작용하고 있다. 그것은 『격몽요결』이 초학자를 위한 교육
이론서이면서도 자기성찰을 위한 수양서의 성격을 지닌다는 의미이다.
초학자들은 당시 주류 학문인 성리학[주자학]에 입문하는 학도(學徒)를

---

2) 『擊蒙要訣』「序」: 有一二學徒, 相從問學. 余愧無以爲師. 而且恐初學不知向方,
   且無堅固之志, 而泛泛請益, 則彼此無補, 反貽人譏, 故略書一冊子, 粗敍立心飭
   躬奉親接物之方, 名曰擊蒙要訣. 欲使學徒觀此, 洗心立脚, 當日下功, 而余亦久
   患因循, 欲以自警省焉.

의미한다. 그렇다고 이들이 글공부를 처음 시작하는, 이제 겨우 문자를 깨우친 정도의 어리거나 우매한 학동은 아니다. 성리학을 중심으로 학문을 본격적으로 시작하려는 성동(成童), 현대적 의미로 말하면 고등교육에 진입하기 위해 고심하는 청소년 수준의 학생으로 이해할 수 있다. 『격몽요결』은 기본적으로 율곡을 찾아온 초학자를 위한 교육이론서에 무게 중심이 있다. 그러면서도 관직을 사퇴한 율곡의 입장에서 볼 때, 순환 반복되는 관료의 일상과 자신의 존재를 잊고 살아온 구태의연한 모습을 학문적으로 반추하려는 율곡의 자기성찰이 담겨 있다. 즉 율곡은 『격몽요결』을 저술하면서 유학의 교육단계와 과정을 체계화하기 위한 노력은 물론, 자신을 새롭게 일깨우고 성찰하려는 수양의 계기로 삼았던 것이다. 이런 점에서 율곡이 『격몽요결』을 지은 동기와 목적이 의미심장하다.[3]

『격몽요결』은 서문을 비롯하여 본문에서 모두 10개의 항목을 다루고 있다. 서문에서는 교육의 의의와 중요성을 다루었고, 본문에서는 교육의 단계와 내용을 10개로 구조화하여 설명하였다. 율곡은 서문에서 교육의 의의와 중요성을 간단명료하게 제시한다.[4] 그것은 첫째, 사람이 세상에 태어나 '교육을 하지 않으면 바른 사람이 될 수 없다'는 선언이고, 둘째, 교육은 일상생활에서 일삼음의 마땅함을 확보하는 작업이며, 셋째, 교육의 길은 책을 읽고 이치를 연구하며 자신의 본분에 맞는 일을 실천하는 사업이다.

---

3) 『擊蒙要訣』은 栗谷 이후 조선시대 교육에 큰 영향을 미쳤다. 明齋 尹拯(1629~1711)의 경우, "『擊蒙要訣』은 배우는 자들에게 가장 요긴한 책이다. 현명한 사람이나 어리석은 사람, 노인이나 젊은이 할 것 없이 모두에게 유익한 책으로 배우는 자들이 가장 먼저 읽어야 할 책이다"라고 평가했다. 順菴 安鼎福(1712~1791)이나 茶山 丁若鏞(1762~1836)의 경우에도 『擊蒙要訣』의 직·간접적 영향을 받아 자기 저술의 토대로 삼았다. 김경호, 「조선후기 율곡교육사상의 전승과 변용-『격몽요결』을 중심으로」, 율곡학회, 『율곡사상연구』 22, 2011 참조.

4) 『擊蒙要訣』「序」: 人生斯世, 非學問, 無以爲人. 所謂學問者, 亦非異常別件物事也. 只是爲父當慈 …… 皆於日用動靜之間, 隨事各得其當而已. …… 故必須讀書窮理, 以明當行之路.

그것은 한 마디로 말하면, 일상생활의 올바른 운용과 실천을 추구하는 생활 교육철학에 다름 아니다. 이어 본문에서는 교육의 내용을 10개의 영역으로 나누어 해명한다.

첫째, 입지(立志)이다.5) 입지는 '뜻을 세우는 일'이다. 뜻을 세우는 일은 교육의 관건이다. 교육을 본격적으로 시작하려는 초학자에게, 미래에 어떤 사람이 될 것인지, 뜻을 세우는 일은 매우 중요하다. 그런데 교육의 전제조건이 되는 인간의 본성 파악에서 율곡은 의미심장한 견해를 제시한다. 사람의 본성은 '일반인(一般人)이나 성인(聖人)이나 모두 동일하다!'는 선언이다. 그것은 본성의 차원에서 볼 때, '인간은 평등하다'라는 교육가능성을 적극적으로 옹호한 발언이다. 대신, 율곡은 인간은 제각기 기질(氣質)의 차이가 있음을 강조한다. 따라서 기질을 바로 잡으면 누구나 요·순(堯·舜) 임금과 같은 훌륭한 사람, 이른바 성인(聖人)이 될 수 있다는 것이다. 엄밀히 말하면, 이런 인식은 율곡의 고유한 학설이라기보다는 성리학자들이 인간을 바라보는 기본 입장으로 볼 수 있다.

교육은 인간의 변화가능성을 전제로 한다. 율곡은 '격몽(擊蒙)'의 첫 단추를 기질의 변화라는 '교기질(矯氣質)'에서 찾았다. 인간은 천리(天理)를 본성으로 하는 존재이다. 그렇다고 하늘로부터 주어진 덕성인 명덕(明德), 그 성선(性善)이 가만히 있어도 저절로 드러나는 것은 결코 아니다. 유위적(有爲的) 기(氣)를 분석하고 살펴서, 기(氣)의 본연을 회복할 수 있도록 노력하는 과정을 거쳐야 한다.6) 이런 점에서 율곡은 '격몽'의 초기 단계인 '입지'에서, 사람마다 기질이 다르다는 점을 중시하고, 그것의 변화가능성

---

5) 『擊蒙要訣』「立志」: 初學, 先須立志, 必以聖人自期. …… 蓋衆人與聖人, 其本性則一也. 雖氣質不能無淸濁粹駁之異, 而苟能眞知實, 去其舊染, 而復其性初 …… 人皆可以爲堯舜 …… 惟有心志, 則可以變愚爲, 變不肖爲賢 …… 人存此志, 堅固不退, 則庶幾乎道矣 …… 所貴乎立志者, 卽下工夫 …….

6) 장숙필, 「율곡의 사단칠정론」, 민족과 사상연구회 편, 『四端七情論』, 서울: 서광사, 1992, 105쪽.

을 타진했다.

율곡은『성학집요』에서 기질의 차이에 따라 교정하는 학문 방법을 제시
하기도 하였다. 그 방법은 자기를 이기는 일인 '극기(克己)'와 애쓰고 노력
하는 '면강(勉强)'이고, 그 목적은 굳세고 부드러운 인간의 기품인 '강유(剛
柔)'를 통해, 악(惡)을 선(善)으로 이끌어 내는 데 있었다. 이는 율곡이 주돈
이(周敦頤)의 견해를 취하여 인간의 성격을 기(氣)가 센 사람과 기가 부드
러운 사람의 두 부류로 나누고, 장·단점을 분석하여 단점을 고쳐 나가려는
교육양식이다.[7] 이러한 율곡의 '교기질(矯氣質)'이론은 결국 어리석음을
명석함으로, 악함을 착하게 만들 수 있다는 믿음에 기초하여, 인간을 변화
하려는 '인간개조'이론이다.[8] 때문에 교육을 본격적으로 시작하는 사람은
성인이 되기 위한 뜻을 세운 후, 그것을 지켜나가기 위한 강한 의지를 갖
고 교육에 온 힘을 쏟아야 한다는 것이 율곡의 논리이다.

이어서 등장하는 '혁구습(革舊習)'에서 '처세(處世)'에 이르기까지는 '입
지(立志)'를 실천하는 구체적인 교육방법이다. 그것은 유학의 수기치인(修
己治人)의 관점에서 보면, 일종의 교육단계일 수도 있고, 교육의 차원을 개
인에서 보다 큰 규모의 공동체로 나아가며 확장하는 구조로 인식된다.

두 번째에 안배한 '혁구습(革舊習)'은 교육의 기본자세인 동시에 배움의
태도를 가늠할 수 있는 열쇠이다.[9] 그것은 실제로 교육을 추동하는 일종
의 전제 원리이다. 왜냐하면 교육에 뜻을 두고 입지를 했음에도 불구하고
진보가 없는 것은 '구습(舊習)'에 얽매여 헤어나지 못하기 때문이다. 따라
서 '구습(舊習)'은 교육의 실천 과정에서 우선적으로 척결해야 할 대상이

---

7)『通書』: 剛善, 爲義, 爲直, 爲斷, 爲嚴毅, 爲幹固, 惡, 爲猛, 爲隘, 爲强梁. 柔善,
   爲慈, 爲順, 爲巽, 惡, 爲懦弱, 爲無斷, 爲邪佞.
8) 신창호,『修己, 유가교육철학의 핵심』, 서울: 원미사, 2005, 144쪽.
9)『擊蒙要訣』「革舊習」: 人雖有志於, 而不能勇往直前 …… 惰其心志 …… 常思
   動作 …… 喜同惡異 ……好以文辭 …… 工於筆札 …… 好聚閑人 …… 歆羨
   富貴 …… 嗜慾無節 …… 此習使人志不堅固, 行不篤實 …… 使此心無一點舊
   染之汚, 然後可以論進學之工夫矣.

다. 율곡은 '사람다운 사람'인 성인(聖人)으로 나아가는 공부의 과정에서 가장 큰 방해물은 삶을 왜곡시키는 '낡은 습관들'이라고 했다. 때문에 마음을 어지럽히고 일상의 건전한 삶을 해치는 나쁜 습관들은 단호하게 떨쳐 버려야 한다. 마음을 깨끗이 한 후에 배움의 길로 접어들어야 일상을 순탄하게 만드는 동시에 성숙한 삶을 승화할 수 있다. 이때 삶을 왜곡시키는 낡은 습관은 여덟 가지로 제시된다. 욕망을 절제하지 못하는 데서 생기는 다양한 습속(習俗)과 유학이 추구하는 내용과 어긋나는 교육 양식 등이 여기에 포함된다.

셋째, '지신(持身)'이다.[10] 지신은 '몸가짐'이다. 뜻을 세우고 낡은 습관을 버린 다음, 자신을 가다듬는 실제적 작업이다. 이때 몸가짐은 예의에 맞게 지속해야 한다. 교육과 배움에 임하는 사람은 정성스럽게 일상의 길을 실천해 나가야 하고 세속의 자질구레한 일로 자신을 어지럽혀서는 안 된다. 몸가짐을 실천하는 방법은 유학의 전통에서 아홉 가지 용모 다스리는 법인 '구용(九容)'으로 정돈되고, 교육의 양식은 아홉 가지 생각인 '구사(九思)'를 교훈으로 삼는다. 나아가 예의(禮儀)가 아닌 네 가지의 비례(非禮)를 배척하고, 음식과 의복, 거처 등과 같은 삶의 일상성에 주의할 것을 당부한다. 이는 일상생활에서 자신의 마음이 천리(天理)에 합치하도록, 자신의 개인적 욕망을 극복하기 위한 극기(克己) 공부의 강조이다. 그것은 외부로 드러나는 지식 습득보다, 실제로 모든 삶의 현장에서 자신의 몸을 삼가는 작업이다.[11]

---

10) 『擊蒙要訣』「持身」: 學者必誠心向道, 不以世俗雜事亂其志, 然後爲學有基址 …… 收斂身心, 莫切於九容, 進學益智, 莫切於九思 …… 非禮勿視, 非禮勿聽, 非禮勿言, 非禮勿動四者, 修身之要也 …… 爲學在於日用行事之間 …… 克己工夫, 最切於日用…… 居敬以立其本, 窮理以明乎善, 力行以踐其實三者, 終身事業也 …… 思無邪, 毋不敬, 只此二句, 一生受用不盡, 當揭諸壁上, 須臾不可忘也 ……

11) 문태순, 「격몽요결의 학문론 연구」, 안암교육학회, 『한국교육학연구』 10-2, 2004, 95쪽.

넷째, 독서(讀書)이다.12) 독서는 교육에서 '간접경험(間接經驗)'을 부여
하기 위한 주요한 장치이다. 교육에 임할 자세가 갖추어진 후에는 이치를
궁리하여 나아갈 길을 밝혀야 한다. 그것을 위한 훌륭한 수단이 다름 아닌
독서이다. 왜냐하면 성현들의 가르침이 다양한 경전에 담겨있기 때문이다.
따라서 예로부터 교육에서 가장 많이 쓰이는 방법이 독서이다. 율곡은 독
서의 단계를 『소학』에서 시작하라고 일러준다. 그 다음이 『대학』과 『대학
혹문』, 『논어』, 『맹자』, 『중용』 등의 사서(四書)이고, 그 이후에 『시경』을
비롯하여 오경(五經)을 차례대로 읽어 나간다. 『소학』과 '사서오경' 읽기가
끝난 후, 성리학으로 자신을 갈고 닦았던 송대(宋代) 학자들의 고민을 읽어
낸다. 『근사록』을 비롯하여 『주자어류』, 송대 여러 학자들의 저술에 이르
기까지 깊고 넓은 독서가 권장된다. 그것은 주자가 제기한 독서의 양식과
동일한 구조이다. 하지만, 주자 당시에는 유행하지 않았으나, 주자의 주도
하에 편집된 『소학』을 맨 앞에 두었다는 점이 특이하다. 이는 주자학을 강
화하는 성격을 지닌다. 나아가 율곡은 독서의 방법적 원리를 일러 주는데,
글의 뜻과 이치를 정밀하게 깨닫고 마음에 젖어드는 글 읽기를 강조했다.
   다섯째는 사친(事親)이다.13) 사친은 '부모를 모시는 일'이다. 그것은 유
학의 핵심 이론인 효(孝)의 중요성을 일깨우는 작업이다. 유학은 부모의 은
혜를 깊이 깨닫고 부모의 뜻을 따르며 효도를 다하는 것을 사람의 도리 가

---

12) 『擊蒙要訣』「讀書」: 學者常存此心, 不被事物所勝, 而必須窮理明善, 然後當行
    之道, 曉然在前, 可以進步, 故入道莫先於窮理, 窮理莫先乎讀書 …… 凡讀書
    者, 必端拱危坐, 敬對方冊, 專心致志, 精思涵泳 …… 先讀小學 …… 大學及或
    問 …… 論語 …… 孟子 …… 中庸 …… 詩經 …… 禮經 …… 書經 …… 易
    經 …… 春秋 …… 五書五經, 循環熟讀, 理會不已, 使義理日明, 而宋之先正所
    著之書, 如近思錄, 家禮, 心經, 二程全書, 朱子大全, 語類及他性理之說 ……
    使義理常常浸灌吾心, 無時間斷, 而餘力亦讀史書, 通古今, 達事變, 以長識見,
    …… 凡讀書, 必熟讀一冊, 盡曉義趣, 貫通無疑, 然後乃改讀他書, 不可貪多務
    得, 忙迫涉獵也.
13) 『擊蒙要訣』「事親」: 凡人莫不知親之當孝 …… 人家父子間, 多是愛逾於敬, 必
    須痛洗舊習, 極其尊敬.

운데 으뜸으로 설정한다. '부모 모시기'에서 첫 번째로 중요한 것은 부모의 뜻을 잘 따르는 일이다. 그리고 생활에 불편함이 없도록 정성껏 봉양하는 일이다. 그것은 일상생활에서 잠시라도 부모님을 잊지 않은 '효의 실천'으로 나타나야 한다. 몸가짐을 삼가고 언행을 법도에 맞게 하는 것으로 부모를 드러낼 수 있어야 한다.

여섯째와 일곱째는 '상제(喪制)'와 '제례(祭禮)'이다.[14] 이는 부모를 비롯하여 선조들에 대한, 사후(死後)에 진행되는 '효도 행위'이다. 율곡은 주자의 후학답게, 상·제례에 해당하는 모든 예(禮)를 한결같이 『주자가례(朱子家禮)』에 따를 것을 권고한다. 그러고도 의심이 나거나 잘 모를 때는 '예'를 아는 선생이나 어른에게 물어서 행하도록 인도한다. 그 궁극목적은 슬픔과 공경, 정성을 다하여 부모와 선조를 모시는 것이다.

여덟째는 거가(居家)이다.[15] 거가는 '집안에 거처할 때의 행동양식'을 말한다. 거가의 방법 또한 유학의 예법에 따른다. 한 집안에서 처자와 식구들을 거느리는 작업은 간단하지 않다. 여기에서 집안은 현대적 의미의 가정과는 상당히 다르다. 그것은 형제자매, 자식, 조카, 숙부모, 일꾼 등을 포함하는 대가족(大家族) 내지 친족(親族)을 뜻한다.[16] 따라서 집안에서의 살림은 절약해야 하고, 사치나 호화로운 생활은 금해야 한다. 뿐만 아니라 형제 사이에는 우애 있게 지내야 하고, 부부 사이에는 예의와 공경을 잃지 않아야 한다. 나아가 집안의 어른은 자녀교육에 힘을 쏟아야 하고, 하인이나 일꾼들에 대해서도 그 직분에 적절하게 대우하고 다스려야 한다.

아홉째는 접인(接人)이다.[17] 접인은 말 그대로 '사람과 사귀고 교제하는

---

14) 『擊蒙要訣』「喪制」: 喪制當一依朱文公家禮, 若有疑晦處, 則質問于先生長者識 禮處, 必盡其禮可也.;「祭禮」: 祭祀, 當依家禮 …… 主於盡愛敬之誠而已 ……
15) 『擊蒙要訣』「居家」: 凡居家, 當謹守禮法, 以率妻子及家衆, 分之以職, 授之以事, 而責其成功, 制財用之節, 量入而爲出 …… 治家當以禮, 辨別內外 ……
16) 신창호, 『『대학』, 유교의 지도자 교육철학』, 서울: 교육과학사, 2010, 155쪽.
17) 『擊蒙要訣』「接人」: 凡接人, 當務和敬 …… 同聲相應, 同氣相求 …… 人有毁 謗我者, 則必反而自省 …… 常以溫恭慈愛惠人濟物爲.

일'이다. 인간 사회에서 만남 가운데 이루어지는 관계의 형성이다. 율곡은
강조한다. '사람을 대할 때는 온화하고 공경해야 하며 스스로를 높이거나
남을 업신여겨서는 안 된다!' 사람을 사귈 때는 착한 사람을 선택하여 교
제하면서 상호 영향력을 미치고, 내가 남에게 비방을 받는 경우가 생기면
스스로를 성찰해야 한다. 윗사람인 스승과 어른을 모실 때는 공손하게 삼
가야 하고, 동료나 아랫사람인 친구, 지역인사, 어린 아이를 대할 때는 온
순하고 공손하며 자애로운 태도를 갖추어야 한다.

그리고 율곡은 마지막 열 번째에 처세(處世)를 배치했다.[18] 처세는 '세
상에 거처하는 방식', 즉 나의 삶을 펼칠 공동체 사회에서 어떻게 살아갈
것인지에 대한 고려이다. 율곡은 세상에 나아가는 떳떳한 통로로 과거(科
擧)를 들었다. 율곡의 인식은 간단하다. 과거(科擧)를 통하지 않고서는 세
상에 나가 뜻을 펼 수 있는 어떤 지위에도 나아갈 수 없다! 따라서 과거
공부에 힘써야 한다는 것이다. 그 시험에 통과해야 공식적으로 백성을 다
스리는 관료가 되어 뜻을 펼 수 있다. 그것은 당시 제도권에 충실한 일종
의 시대정신일 수도 있다. 율곡은 과거 공부와 리학(理學; 성리학 이론)공
부를 병행할 수 있다는 입장을 견지한다. 과거를 통해 관직에 올랐다면 마
땅히 자신의 직책을 성실히 이행해야 한다. 하지만 자신의 직책을 성실히
수행하기 힘든 상황이 오면 그 자리에서 물러나야 한다. 설사 가난을 면하
기 위해, 녹봉을 받기 위해 과거를 통해 관직에 나왔다고 하더라도, 청렴하
고 부지런히 공무를 수행하여 직무에 충실해야 한다.

입지에서 처세에 이르는 과정은 일종의 학문 단계로 볼 수도 있고, 교육
과정으로 이해할 수도 있다. 그 시작과 종결은 개인이 '어떤 뜻을 세우느
냐?'라는 '입지'에서 출발하여 세상에서 삶을 누리는 '처세'에서 마무리 된

---

18) 『擊蒙要訣』「處世」: 古之學者。未嘗求仕。學成則爲上者擧而用之 …… 非科
擧, 無由進於行道之位 …… 今人名爲做擧業, 而實不著功, 名爲做理學而實不
下手 …… 位高者, 主於行道, 道不可行, 則可以退矣 …… 祿仕, 亦當廉勤奉公,
盡其職務, 不可曠官而餔啜也.

다. 입지는 학문에서 가장 중요한 관문 역할을 한다. 본격적으로 유학을 시작하는 사람은 반드시 '성인(聖人)'이라는 최고의 경지를 추구하는 뜻을 세워야 한다. 그리고 다양한 차원의 유학교육을 통해 일상의 합리적 운용을 도모하는 수준에 이르러야 한다. 그래야 학문의 완성을 맛볼 수 있다.

이러한 '격몽(擊蒙)'의 요체는 '수신(修身)'과 '제가(齊家)', 그리고 '접인(接人)·처세(處世)'의 세 영역으로 분류되기도 한다.[19] 수신(修身)의 영역은 개인이 공부하는 학습내용으로 '입지(立志)─혁구습(革舊習)─지신(持身)─독서(讀書)'가 이에 해당한다. 제가(齊家)의 영역은 가정생활에 관한 내용으로 '사친(事親)─상제(喪制)─제례(祭禮)─거가(居家)'이다. 그 나머지 '접인(接人)─처세(處世)' 영역은 사회생활에 관한 내용이다. 또는 수기(修己), 인륜(人倫), 처사(處事)의 세 부분으로 구분되기도 한다. 이때 수기는 '입지─혁구습─지신─독서'의 항목이고, 인륜은 '사친─상제─제례'를 배치하였으며, 처사는 '거가─접인─처세'가 이에 해당한다.[20] 이는 개인에서 가족, 사회로 나아가는, 교육의 범주를 정리하고, 그 내용의 확산을 보여준다. 이는 유학의 교육철학사상을 체계화하고 있는 『대학』의 8조목, 이른바 '격물·치지(格物·致知)'에서 '수신·제가·치국·평천하(修身·齊家·治國·平天下)'에 이르는 교육의 단계와 유사한 논리적 맥락을 갖추고 있다.[21] 이를 정리하면 <표 1>과 같다.

---

19) 김병희, 「율곡의 아동교육론─『격몽요결』을 중심으로」, 한국교육철학회, 『교육철학』 40, 2010, 45~49쪽.
20) 주영은, 「『격몽요결(擊蒙要訣)』에 나타난 아동교육에 관한 연구」, 한국보육학회, 『한국보육학회지』 3-1, 2003 참조.
21) 정호훈, 「16세기 말 栗谷 李珥의 教育論─『擊蒙要訣』『學校模範』을 중심으로」, 한국사상학회, 『韓國思想史學』 25, 2005 참조.

〈표 1〉 『격몽요결』의 구조와 내용

구조와 단계		내용	수준과 차원		
서문		학문의 의의와 중요성	— 초학자 교육의 지침 자기 수양의 계기		
본문	1. 입지 (立志)	학문에 입문하는 초학자들은 성인이 되겠다는 뜻을 세워야 함	교육의 전제 요건	수신(修身)영역 개인적 수준의 마음공부와 몸가짐	수기 (修己)의 차원
	2. 혁구습 (革舊習)	마음은 더럽히고 있는 나쁜 습관을 제거해야 함	교육실천의 전제 원리		
	3. 지신 (持身)	세속의 잡된 일에 마음을 어지럽히지 않고 몸을 지킴			
	4. 독서 (讀書)	궁리를 위한 글 읽는 방법			
	5. 사친 (事親)	부모 모시는 방법	교육실천의 세부 방법	제가(齊家) 영역 혈연공동체 수준의 질서 유지	치인 (治人)의 차원
	6. 상제 (喪制)	부모 및 일가친척의 상을 치루는 방법			
	7. 제례 (祭禮)	제사의 원칙과 방법			
	8. 거가 (居家)	처자와 친척을 거느리고 집안을 경영하는 방법			
	9. 접인 (接人)	사람을 교제하는 방법, 선생과 어른 모시는 방법		접인(接人)·처세 (處世) 영역 사회공동체 수준의 관계 정립	
	10. 처세 (處世)	세상에 처신하는 방법으로 과거 공부와 성리학 공부의 병행			

3. 풍속교화와 지성인 기풍 확립—『학교모범』

『학교모범』은 『격몽요결』과 달리 매우 공식적인 저술이다. 왕명(王命)으로 국왕(國王)에서 지어올린 만큼, 그 목적도 공공성을 띠고 구체적이다. 율곡은 『학교모범』의 앞부분에서 그 취지를 잘 설명하고 있다.

자연의 질서에 따라 사람이 태어났고, 세상의 모든 사물에는 그에 합당한 법칙이 존재한다. 따라서 사람도 누구나 착한 본성을 부여 받았다. 그러나 가르치는 사람이 제 역할을 하지 못하고, 교화 또한 제대로 이루어지지 않으면 교육이 제구실을 못하게 된다. 때문에 선비들의 성격이 얄팍해지고 양심이 마비되어 들뜬 명예만 숭상하고 본분에 걸맞게 실행하는데 힘쓰지 않을 수 있다. 그러다 보니 위로는 조정에 인재가 모자라게 되어 관직이 빈 곳이 많고, 아래로는 사회 풍속이 점차 쇠퇴하고 어지러워지기 쉽다. 이런 생각에 이르게 되면 참으로 한심하지 않을 수 없다. 이제는 옛날의 낡은 습관을 일소하고 선비의 기풍을 크게 변화시켜야 한다. 그러기 위해 선비를 선택하여 교화에 힘을 쏟아야 하기 때문에, 성현이 보여준 모범적 교훈을 본떠서 그 지침이 될 만한 『학교모범』16조를 만들었다. 이를 통해 여러 선비들에게 몸가짐과 일해 나가는 규범으로 삼게 한다. 제자가 된 사람은 진실로 이를 준행하고, 스승이 된 사람은 먼저 이것으로 자신을 바로 잡아, 스승으로서 제자 이끄는 도리를 다하여야 한다.[22]

이 서문을 분석해 보면, 『학교모범』을 저술한 이유는 크게 네 부분으로 나누어진다. 첫째는 교육의 원칙과 위상 정립에 관한 언급이고, 둘째는 현실 인식과 교육의 역할에 대한 문제 제기이며, 셋째는 교육 현실과 미래에 대한 걱정으로 교육 지침의 제정이고, 마지막으로 지침의 활용 차원에서 제자와 스승의 도리 문제를 다루고 있다.

첫째, 교육의 원칙과 위상에서는 자연의 질서와 사물의 법칙, 그리고 인간의 품성에 대한 유학의 시선을 드러내고 있다. 그것은 인간이 부여받은

---

22) 『學校模範』: 天生蒸, 有物有則, 秉彝懿德. 人孰不稟. 只緣師道廢絕, 教化不明, 無以振起作成. 故士習偸薄, 良心桔亡, 只尚浮名, 不務實行. 以致上之朝廷乏士, 天職多曠, 下之風俗日敗, 倫紀斁喪. 念及于此, 誠可寒心, 今將一洗舊染. 丕變士風. 旣盡擇士敎誨之道, 而略倣聖賢謨訓, 撰成學校模範. 使多士以爲飭躬制事之規, 凡十六條. 爲弟子者, 固當遵行, 而爲師者, 尤宜先以此正厥身, 以盡表率之道.

착한 본성을 교육을 통해 진작할 수 있다는 믿음이다. 앞에서 말한 '교기질(矯氣質)'과 통한다.

둘째, 현실 인식과 교육이 담당해야 하는 기능의 경우, 율곡은 스승의 역할과 교화의 부재를 들어 위기의식을 일깨운다. 즉 마땅히 스승 역할을 해야 할 관료들은 잘못된 습속에 물들고 양심 불량에다 헛된 명예를 꿈꾸며 본분을 망각하고 있다는 것이다. 그러다보니 인재 양성에 소홀하게 되어 사회적 동량을 기르지 못했다고 지적한다. 이것이 시대 문제를 낳을 수 있다는 게 율곡의 인식이다.

셋째, 교육지침을 제기하는 현실적 문제이다. 낡은 시대정신을 제거하고 사회지도층으로서 관료와 그들이 담당해야 할 교화의 기준을 구체적으로 만들었다는 자긍심이다. 성현들의 가르침을 근거로 책을 재편집한 것이다. 다시 말하면, 『학교모범』은 왕명도 있었지만, 낡은 습관의 일소와 관료의 기풍 변화라는 율곡의 소명의식이 반영된 저술이다.

마지막으로 율곡은 『학교모범』의 활용과 적용 문제를 직접적으로 언급한다. 그것은 제자에게는 교육의 규칙이자 준수해야 할 규정으로서 일종의 학칙에 해당한다. 스승에게는 자신을 수양하는 성찰의 지침이자 학생을 인도하는 기준이 된다.

이런 차원에서 『학교모범』은 교육의 본질을 전반적으로 열거하고 있는 교육학개론 내지 교육학원론에 해당한다. 이는 모두 16개의 항목으로 구성되어 있는데, 크게 다섯 차원에서 논의할 수 있다. 첫 번째 차원은 개인의 독서(讀書)와 강학(講學), 두 번째 차원은 개인 수준에서의 인간관계, 세 번째 차원은 가정과 사회라는 공동체 수준에서의 질서와 관계의 정립, 네 번째 차원은 학문 과정에서 주의할 덕목의 제시, 다섯 번째 차원은 학교생활과 운영에 관한 지침 제시이다.[23]

---

23) 이는 개인 영역(立志-檢身-讀書-愼言-存心), 가정 영역(事親-居家), 사회·단체 영역(事師-擇友-接人-應擧-守義-尙忠-篤敬-居學-讀法)으로 나누어 볼 수 있다. 김경호, 「학교모범에 나타난 율곡의 교육사상 -교육이념과 내

첫 번째 차원은 개인의 독서(讀書)와 강학(講學) 수준이다. 이는 입지(立志)에서 존심(存心)에 이르는 수기(修己)교육의 차원에서, 수렴(收斂)하는 성격을 띤다. 그 대강은 다음과 같다.24)

첫째는 입지(立志)인데, 『격몽요결』과 마찬가지로 배우는 사람은 먼저 뜻을 세워 그 목적을 확실히 정해야 함을 강조했다. 이는 궁극적으로 인간의 착한 본성인 인성을 회복하는 작업으로, 성인(聖人)을 꿈꾸는 자기 결의(決意)이다.25)

둘째는 검신(檢身)이다. 검신은 '몸단속'으로, 배움의 길에 들어서서 제일 먼저 실천해야 하는 작업이다.26) 몸을 가다듬어 용모와 복장을 단정히 하고, 가만히 있을 때는 공손하게, 걸을 때는 똑바로 걷는다. 음식은 적절하게 먹고 글은 정성들여 반듯하게 쓰며 책상과 강당을 깨끗하게 사용하고 몸가짐을 신중히 한다. 그리고 예의가 아니면 보지도 듣지도 말하지도 행동하지도 말아야 한다. 또한 심성을 해치는 현란하고 문란한 음악이나 오락은 접하지 않으며 퇴폐적인 놀이에 빠지지 않아야 한다.

셋째는 독서(讀書)이다.27) 배우는 사람의 본분은 독서와 강학에 있다고

용을 중심으로」, 율곡학회, 『율곡사상연구』 6, 2003, 138~139쪽; 보다 크게는 '製進動機－교육과정 총론', '16條와 勸獎黜陟－교육내용과 장학규정' '擇師養士事目－교사채용 및 학생선발 방법, 장학규정'의 세 부분으로 나누어 보기도 한다. 김왕규, 「栗谷李珥의 『學校模範』 연구」, 한국한문교육학회, 『한문교육연구』 6, 1992, 90쪽.

24) 김순영·진윤수, 「栗谷의 『學校模範』에 나타난 體育思想」, 충남대학교 체육과학연구소, 『體育科學研究誌』 24, 2006, 3~4쪽; 김영희, 「율곡의 『학교모범』에 기초한 인성프로그램 개발연구」, 경기대학교 학생생활종합센타, 學生生活硏究 19, 2004, 13~15쪽.

25) 『學校模範』「立志」: 謂學者先須立志, 以道自任 …… 必要作聖人而後已.

26) 『學校模範』「檢身」: 謂學者旣立作聖之志, 則必須洗滌舊習. 一意向學, 檢束身行.

27) 『學校模範』「讀書」: 謂學者旣以儒行檢身, 則必須讀書講學, 以明義理, 然後進學功程 …… 其讀書之序, 則先以小學, 培其根本, 次以大學及近思錄, 定其規模, 次讀論孟中庸五經, 間以史記及先賢性理之書, 以廣意趣, 以精識見, 而非聖之書勿讀, 無益之文勿觀. 讀書之暇, 時或游藝, 如彈琴習射投壺等事, 各有儀矩.

해도 과언이 아니다. 일상을 통해 몸을 가다듬고 마음을 집중하여 독서와 강학에 매진해야 한다. 독서의 순서는 『소학』에서 시작하여 『대학』과 『근사록』, 그리고 『논어』, 『맹자』, 『중용』 등의 사서(四書)를 읽고 이후에 오경(五經)으로 나아간다. 그런 다음 역사서나 성리학자들의 다양한 견해를 섭렵한다. 그것은 먼저 '근본배양(根本培養)'에서 교육의 규모를 정하고 점차로 철학과 역사적 식견을 넓혀가는 모양새를 갖춘다. 다시 말하면, 독서에 임하는 사람은 예절에 관계되는 책을 통해 도덕을 실천할 수 있도록 스스로를 다지고 다음으로는 인격을 향상할 수 있게 하여 도덕성을 함양하며, 역사서를 읽어 실천능력을 배양한다. 이외에 성현(聖賢)의 경전이 아닌 무익한 글은 삼가야 하며, 여가가 있으면 거문고 연주나 활쏘기, 투호 등을 익혀 교양을 함양해야 한다.

넷째는 신언(愼言)으로 '말을 신중히 하라'는 주의이다.[28] 사람의 허물이나 실수는 말로 인한 것이 많다. 따라서 무엇보다도 말을 신중히 하도록 교육할 필요가 있다. 특히, 실속 없는 말이나 빈말, 난폭한 말, 욕설 등을 삼가 해야 한다.

다섯째는 존심(存心)이다.[29] 존심은 마음을 보존하는 작업이다. 유학에서는 마음이 착하다는 성선(性善)이나 선단(善端)을 가정하기 때문에 율곡도 이러한 맹자의 경향을 이어 받아 존심을 강조했다. 그 방법으로는 정좌(靜坐) 등을 연마하여 고요한 마음상태를 유지하도록 권고한다. 여기까지는 개인의 수양교육 차원, 즉 개인의 독서와 강학 수준에서 공부하는 양식을 정돈한 것이다.

두 번째 차원은 개인교육 수준에서의 인간관계 측면이다. 이는 '사친'에서 '택우'에 이르는 과정으로, 비록 개인 차원에서 이루어지는 행위이기는

非時勿弄, 若博弈等雜戲, 則不可寓目以妨實功.
28) 『學校模範』「愼言」: 謂學者欲飭儒行, 須愼樞機. 人之過失, 多由言語 ……
29) 『學校模範』「存心」: 謂學者欲身之修, 必須內正其心 …… 當靜坐存心 …… 存養省察, 勉勉之已, 則動靜云爲, 無不合乎義理當然之則矣.

하나, 수기와 치인을 통합하는 수준에서 진행된다. 6~8조목의 요점을 정
돈하면 다음과 같다.

여섯째는 사친(事親)으로 '부모 모시는 양식'을 제시한 것이다.[30] 유학
은 인간 사회에서 착한 행실의 근본이 효도로부터 출발한다고 인식한다.
따라서 도덕 윤리의 사회적 실천은 부모에게 효도하는 사안에 힘쓰는 일
로부터 시작되어야 한다. 평소에 부모의 마음을 잘 헤아려 뜻을 따르고 상
황에 맞게 봉양하며, 병환이 났을 때는 정성껏 간병하고, 돌아가셨을 경우
에는 슬픔을 다하여 제사를 지내고 길이 추모하는 자식의 도리를 다해야
한다. 이는 천륜(天倫)을 지닌 인간이 실천해야 할 부모-자식 사이의 기
본적이며 보편적 윤리이다.

일곱째는 사사(事師)이다.[31] 사사는 배우는 사람이 '스승을 섬기는 일'
이다. 배우는 사람에게 스승은 매우 중요한 존재이다. 스승은 진리를 전해
주는 사람이고, 진리를 배우는 일은 스승을 받드는 일에서 시작한다. 다시
말하면, 스승을 받들지 않을 경우, '진리를 받들지 않는다'는 논리가 성립
한다.

여덟째는 택우(擇友)이다.[32] 택우는 '벗을 선택하는 일'로, 배우는 과정
에 있는 학인(學人)에게 매우 중요한 행위이다. 배움의 과정에서 벗으로부
터 많은 영향을 받기 때문에, 벗은 배움의 동반자이다. 그 관계의 형성은
진실하고 돈독한 사람을 벗으로 사귀는 택우의 과정에서 나온다. 이처럼
사친에서 택우에 이르는 교육의 덕목은 개인 수준에서의 인간관계를 보여
준다.

---

30) 『學校模範』「事親」: 謂士有百行, 孝悌爲本 …… 事親者, 必須居則致敬 ……
　　以盡口體之奉, 病則致憂 …… 喪則致哀 …… 祭則致嚴, 以盡追遠之誠 ……
31) 『學校模範』「事師」: 謂學者誠心向道, 則必須先隆事師之道 …… 便非議其師,
　　亦不可不思義理而只信師說, 至於奉養之宜, 亦當隨力致誠. 以盡弟子之職.
32) 『學校模範』「擇友」: 謂傳道解惑. 雖在於師. 而麗澤輔仁. 實賴朋友. …… 相箴
　　以失, 相責以善, 切磋琢磨, 以盡朋友之倫 ……

세 번째 차원은 가정과 사회라는 공동체 수준에서의 질서와 관계의 정립이다. 그것은 거가(居家)에서 응거(應擧)에 이르는 교육의 단계로, 치인(治人)의 차원에서 발산되고 확장되는 논리를 지녔다.

이중 아홉째의 거가(居家)33)는 집안에서 형제자매 간의 우애, 부부간에 화목 등을 다루고, 열 번째인 접인(接人)에서는 사회에 나아가 타자들과 만나고 사귈 때 예의로 접할 것을 권고한다.34) 도덕적인 일을 서로 권하고 잘못을 서로 깨우쳐 주며, 이를 바탕으로 사회 윤리를 확립하고 어려운 일을 서로 도우며, 늘 타자를 돕고 위하는 마음을 갖도록 하는 내용을 담고 있다.

열한 번째에 응거(應擧)가 자리한다.35) 응거는 '과거 응시'와 연관된다. 인간은 본성을 회복하여 수양이 되면 그것을 바탕으로 도덕 윤리의 사회적 실천을 지향해야 한다. 그 방법의 핵심은 과거를 통해 관료로서 사회에 봉사하는 차원인 치인(治人)이다. 당시 사회 제도에서 볼 때, 과거에 응시하는 일은 사회적 실천을 위한 관문이었다. 이런 점에서 거가와 응거는 가정과 사회라는 공동체 수준에서의 질서와 관계 정립의 방법을 보여준다.

네 번째 차원은 학문 과정에서 주의할 덕목의 제시이다. 그것은 교육과정에서의 규칙에 해당한다. 12~14조목의 수의(守義)에서 독경(篤敬)에 이르기까지 학문의 원리와 원칙, 그리고 방법을 세밀하게 보여준다.

열두 번째 수의(守義)는 '의리를 지키는 자세'의 체득이다.36) 배우는 사람은 이익이나 명예를 추구하는 마음을 억제하고 의리를 지키도록 노력해

---

33) 『學校模範』「居家」: 謂學者旣修身心, 則居家須盡倫理 …… 兄友弟恭 …… 夫和妻順 …… 訓子以義方 …… 至於御家衆, 主嚴而行恕 ……

34) 『學校模範』「接人」: 謂學者旣正其家, 則推以接人. 一遵禮義 …… 每以德業相勸, 過失相規, 禮俗相成, 患難相恤, 常懷濟人利物之心 ……

35) 『學校模範』「應擧」: 謂科第雖非志士所汲汲, 亦近世入仕之通規. 若專志道學, 進退以禮義者, 則不可尙已 …… 學問科業, 兩無所成者多矣. 最可爲戒.

36) 『學校模範』「守義」: 謂學者莫急於辨義利之分. 義者, 無所爲而爲之者也. 稍有所爲, 皆是爲利蹠之徒也. 可不戒哉 ……

야 한다. 열세 번째는 상충(尙忠)이다.[37] 유학의 기본 전제가 수양을 통한
자기충실에 있는 만큼, 배우는 사람은 진실한 마음을 갖도록 노력해야 한
다. 어떤 일을 맡건, 참된 마음을 간직해야 본분을 다하고 절개를 지킬 수
있기 때문이다. 열네 번째가 독경(篤敬)이다.[38] 독경은 말 그대로 경(敬)에
최선을 다하는 모습이다. 경건한 마음을 독실하게 갖도록 노력하여 최고의
인격을 갖추어야 학문의 경지에 들어섰다고 볼 수 있다. 이는 학문 과정에
서 주의하고 터득해야 할 유교의 덕목이다.[39]

　다섯 번째 차원은 학교생활과 운영에 관한 지침 제시이다. 그것은 거학
(居學)과 독법(讀法)에 구체적으로 기록되어 있다.

　거학(居學)은 학궁에서의 생활방식을 자세하게 적시하고 있는데, 핵심은
학교생활을 모범적으로 이행해야 한다는 말이다.[40] 특히, 동료들과 진지하
게 강론하여 인격향상에 힘을 다하여야 한다. 맨 마지막 열여섯 번째에 배
치되어 있는 독법(讀法)은 실제적인 교육의 원칙과 지침을 일종의 규칙과
규정으로 정돈한 것이다.[41] 그 핵심은 학교의 규칙을 준수할 수 있도록 학
생들에게 숙지시키고, 규칙을 어길 때는 엄격하게 판단하여 학교운영을 원
만히 해야 한다. 이는 학교 조직을 어떻게 운영할 것인지에 대한 양식과

---

37) 『學校模範』「尙忠」: 謂忠厚與氣節, 相爲表裏 …… 必須講明禮學, 以盡尊上敬
　　長之道. 苟如是, 則忠厚氣節, 兩得之矣.
38) 『學校模範』「篤敬」: 謂學者進德修業, 惟在篤敬, 不篤於敬, 則只是空言, 須是表
　　裏如一 ……
39) 『학교모범』의 16개 조목을 가치론의 차원에서 분류할 수도 있는데, '목적적 가치
　　론'의 조목은 앞에서 나온 입지와 존심, 수의, 상충, 독경 등으로 의지와 연관된
　　것이며, '행동적 가치론'으로서의 조목은 그 외의 것으로 입지보다는 행동에 연관된
　　것이다. 강태훈, 「『學校模範』에 나타난 栗谷의 敎育的 價値論」, 혜전대학, 『論文
　　集』 3(1985), 6~7쪽.
40) 『學校模範』「居學」: 謂學者居學宮時, 凡擧止, 一依學令 …… 羣居必講論相長
　　…… 若先生是師長在學宮, 則行揖之後, 講問靖益, 虛心受敎 ……
41) 『學校模範』「讀法」: 謂每月朔望, 諸生齊會于學堂, 謁廟行揖, 禮畢後坐定, 師長
　　若在, 則坐于北壁, 諸生則坐于三面, 掌議掌議有故, 則有司或善讀書者代之, 抗
　　聲讀白鹿洞敎條及學校模範一遍, 因相與講論, 相勉以實功 ……

기준을 정돈하여 권면한 것이다.

그리고 글의 말미에는 선한 행위를 한 학생과 악한 행위를 한 학생들의 일상을 기록하여 선적(善籍)과 악적(惡籍)을 남겨 교육에 효율성을 기할 것을 당부한다. 그것은 오늘날의 생활기록부와 유사한 학생의 이력으로 일종의 교육과 학습에 관한 기록이다. 이는 기록 자체로 끝나는 것이 아니라 인재선발과 교육적 동기를 부여하는 데 필수적인 자료로 활동된다. 그리고 유학교육의 핵심이랄 수 있는 스승 선택의 중요성과 관료 선발의 규정을 구체적으로 정리하고 재차 강조하였다. 이를 정돈하면 <표 2>와 같다.

〈표 2〉『학교모범』의 체계와 내용

구조와 단계		내용	수준과 차원	
서문		교육의 원칙과 이유 설정	교육의 원론과 문제 제기; 교육과정 총론	
본문	1. 입지(立志)	배우려는 사람은 먼저 성인이 되려는 뜻을 세워야 함	개인의 독서와 강학 수준	수기(修己) 차원의 수렴	교육의 내용
	2. 검신(檢身)	낡은 습관을 씻고 배움에 정진하며 몸가짐을 단속함			
	3. 독서(讀書)	독서 강학을 통해 의리를 밝힘(『소학』-『대학』-『근사록』-『논어』-『맹자』-『중용』-『오경』 순으로 독서)			
	4. 신언(愼言)	언행을 신중히 함			
	5. 존심(存心)	착한 마음을 보존하여 근본을 세움			
	6. 사친(事親)	효제를 근본으로 하는 관료의 행실과 부모 섬김의 의미와 방법	개인 수준에서의 인간관계	수기치인(修己治人)의 통합	
	7. 사사(事師)	배움의 추구에서 스승을 섬기는 도리의 융숭함			
	8. 택우(擇友)	벗의 중요성과 사귐의 윤리			
	9. 거가(居家)	가정과 가문을 다스리는 방법	가정과 사회라는 공동체 수준에서의 질서와 관계 정립	치인(治人) 차원의 확장	
	10. 접인(接人)	마을의 이웃을 만나는 인간관계법			
	11. 응거(應擧)	입신행도(立身行道)와 충군보국(忠君報國)을 위한 과거 공			

	부에 임하는 자세			
12. 수의(守義)	의(義)·리(利) 구분의 중요성	교육 과정에서의 주의할 덕목	교육의 원리 원칙과 방법	
13. 상충(尙忠)	충후(忠厚)함을 기르기 위한 예학(禮學)의 중요성			
14. 독경(篤敬)	진덕수업(進德修業)의 핵심은 독경(篤敬)			
15. 거학(居學)	학궁(學宮)에서의 생활방식	학교생활과 운영에 관한 지침	조직 운용의 양식	학교 운영의 원칙과 지침
16. 독법(讀法)	매월 초하루와 보름에 학당에 모여 교육의 원칙과 지침 확인			
말문	선적(善籍)과 악적(惡籍)의 기록과 스승 선택, 관료 양성의 규정	교화의 효율성과 인재선발의 동기부여; 교사채용		

4. 닫는 글

『격몽요결』과 『학교모범』은 그 구조와 성격이 유사하면서도 다른 차원이 존재한다. 하지만 교육이 추구하는 내용의 측면에서 실제적으로 동일한 체계를 이루고 있다. 수신(修身)과 관련된 항목을 먼저 다룬 뒤, 제가(齊家)의 문제, 향당(鄕黨)에서의 행동과 대인관계, 입신행도(立身行道)를 위한 과거 준비 등의 내용을 담고 있다.[42] 『격몽요결』이 학문의 행동 지침을 세밀하고 상세하게 제시하고 있다면, 『학교모범』은 그 대강을 밝히고 있다. 그것은 『격몽요결』이 『학교모범』에 비해 두 배 정도나 많은 분량으로 저술되었다는 점에서도 확인할 수 있다. 『격몽요결』은 교육의 목적과 세부 내용, 교육의 방향이 일용지도(日用之道)에 있음을 미시적 관점에서 언급하였고, 『학교모범』은 교육의 근원과 필요성, 시대상황 등을 거시적 관점에서 제시하였다.

앞에서 설명한 것처럼, 서론 부분의 언급으로 볼 때, 두 저술은 상당한

---

42) 정호훈, 앞의 논문, 13쪽; 진윤수, 「栗谷의 『擊蒙要訣』과 『學校模範』에 나타난 體育思想」, 한국체육학회, 『체육사학회지』 15-2, 2010, 54쪽.

다른 교육철학사상을 지시한다. 그것은 율곡 자신이 처한 상황과 저술의 구체적 동기가 다르기 때문이다. 『격몽요결』을 중심으로 이해할 때, 입지(立志)의 경우에는 『학교모범』과 동일한 형식으로 드러났다. 혁구습(革舊習)과 지신(持身)은 검신(檢身)에서 통일되어 제시되었고, 독서(讀書) 부분도 두 저서 모두 동일하게 담아낸다. 다만, 독서의 내용에서 『격몽요결』에서는 『소학』 다음 단계에 『대학』과 『대학혹문』을 두었는데 비해, 『학교모범』에서는 『대학』과 『근사록』을 두어 약간의 차이가 있다. 그러나 내용상으로는 동일하다고 보아도 무방하다.

『격몽요결』에서 아주 구체적이고 자세하게 다루고 있는 『사친(事親)』·『상제(喪制)』·『제례(祭禮)』는 『학교모범』에서는 『사친』 하나에 통합되어 간략하게 제시되었다. 이는 『격몽요결』이 보여주는 개인적 차원의 교육적 성격과 『학교모범』이라는 공식적 차원의 교육적 성격이 다르다는 점을 보여주는 주요한 사례이다. 거가(居家)의 경우에는 두 저서에서 동일하게 나타나며, 『격몽요결』에서 접인(接人)은 『학교모범』에서 사사(事師), 택우(擇友), 접인(接人)으로 세분되었다. 그리고 처세(處世)는 응거(應擧)와 짝을 이루고 있다. 이를 정돈하면 <표 3>과 같다.

〈표 3〉『격몽요결』과 『학교모범』의 구조 및 성격 비교

항목의 구조와 교육의 단계		특징	
『격몽요결』	『학교모범』		
서문	저술동기	저술동기		
본문	1. 입지(立志)	1. 입지(立志)	수신(修身) 수기(修己)	교육의 시작
	2. 혁구습(革舊習)	2. 검신(檢身)		교육의 과정
	3. 지신(持身)			
	4. 독서(讀書)	3. 독서(讀書)		
		4. 신언(愼言)		
		5. 존심(存心)		
	5. 사친(事親)	6. 사친(事親)	치인(治人)	
	6. 상제(喪制)			
	7. 제례(祭禮)			

	8. 거가(居家)	9. 거가(居家)		
		7. 사사(事師)		
	9. 접인(接人)	8. 택우(擇友)		
		10. 접인(接人)		
	10. 처세(處世)	11. 응거(應擧)		교육의 궁극처
		12. 수의(守義)	학문방법론	교육방법의 원리
		13. 상충(尙忠)		
		14. 독경(篤敬)		
		15. 거학(居學)	학교운영론	교육공간의 지속
		16. 독법(讀法)		
말문	말문 없음	16조의 권면 스승 선택 관료양성 규정 제시		

그런데 『격몽요결』에서 구체적 조목으로 다루지 않은 부분이 『학교모범』에 등장한다. 그것은 학문 방법[교육양식]과 학교 운영에 관한 논의이다. <표 3>에서 보는 것처럼, 학문 방법[교육양식]에 관한 내용은 앞부분에 배치된 신언(愼言)과 존심(存心), 그리고 뒷부분에 배치된 수의(守義), 상충(尙忠), 독경(篤敬)이다. 학교 운영에 관한 내용은 거학(居學)과 독법(讀法)이다. 학교 운영의 경우, 『격몽요결』에서는 전혀 드러나지 않는다. 왜냐하면 『격몽요결』은 초학자의 교육내용이나 과정을 사적 차원에서 논의하는 것이어서 학교 설치와 연관이 적기 때문이다. 학문 방법에 관한 진술도 『격몽요결』의 '지신(持身)'을 비롯한 여러 장에 골고루 녹아 있기는 하다. 하지만 여기서 눈여겨 볼 문제는 『학교모범』에서는 그것을 구체적 조항으로 분류하여 제시함으로써 한층 강조하고 있다는 점이다.

신언(愼言)과 존심(存心)의 경우, 성리학에서의 거경(居敬) 함양(涵養)을 위한 핵심 수양 방법이다. 따라서 수기(修己) 공부의 차원에서 유학의 기본을 부각하고 강조하기 위한 장치로 해석할 수 있다. 뒷부분에서 강조된 수의(守義)와 상충(尙忠), 그리고 독경(篤敬)의 경우, 수기치인(修己治人)의 차원에서 유학의 핵심 공부법을 노심초사 재차 강조한 것으로 볼 수 있다. 그것은 수기(修己)라는 개인교육과 치인(治人)이라는 공동체 교육을 동시에 아우르며 확대하고 발산하는 양식의 교육을 강화한다.

두 저술의 성격을 전체적으로 정돈하면, 『격몽요결』은 개인교육 차원의 수기치인에 대해 자세하게 제시하였고, 『학교모범』은 공동체교육 차원의 수기치인에 대해 대략적으로 정돈하며 그 영역을 확장하고 있다. 이는 개인적 측면에서 사회적 차원으로 확대되는, 교육의 전체성을 고려한, 조선 시대 공교육 철학사상의 모색이다.

6장 지성인 교육의 심화

— 율곡 이이의 『성학집요』 —

1. 여는 글

유학교육은 성학(聖學)을 지향한다. 성학(聖學)은 '성인(聖人)이 되는 것을 배우는 학문'인 동시에 '성왕(聖王)이 되는 것을 배우는 학문'이다.[1] 그 시작은 『대학(大學)』이다. 주자학에서 성학의 과정은 먼저 『대학』을 읽고 그 규모를 정한다. 그리고 『논어』를 읽고 그 근본을 세우고, 『맹자』를 읽고 그 발휘 상황을 살핀다. 마지막으로 『중용』을 읽어 옛 사람들의 미묘한 지혜를 구하는 교육을 열망한다.[2] 주자가 『대학』을 성학의 입문서로 본 또 다른 이유는, 유학이 추구하는 교육의 대체적 방법을 기술한 동시에 앞 뒤 체계가 제대로 갖추어진 경전이기 때문이다.[3]

이러한 유학을 사회 운용의 기본으로 채택한 조선의 경우, 『대학』은 성학(聖學)을 염원하는 지성(知性) 사회에서 핵심 경전으로 자리매김 되었다. 조선 건국의 주역이었던 권근(權近)이나 정도전(鄭道傳)의 경우, 『대학』에 관한 분석을 통해 성학을 이해하였고, 이후, 『조선왕조실록』은 곳곳에서 제왕학(帝王學)으로서 『대학』의 중요성을 언급하고 있다. 양촌 권근(陽村 權近)은 『입학도설(入學圖說)』「대학지장지도(大學指掌之圖)」에서 『대학』을 자세하게 분석하였고, 정도전은 「군도(君道)」를 논하면서 『대학』의 '수신

---

1) 장숙필, 『栗谷 李珥의 聖學 硏究』, 서울: 고려대 민족문화연구소, 1992, 11쪽.
2) 『朱子語類』卷14: 某要人先讀大學, 以定其規模, 次讀論語, 以立其根本, 次讀孟子, 以觀其發越, 次讀中庸, 以求古人之微妙處.
3) 『大學章句』「讀大學法」: 語孟, 隨事問答, 難見要領, 惟大學, …… 古人爲學之大方, …… 前後相因, 體統都具, …… 爲學所向, …….

(修身)－제가(齊家)－치국(治國)－평천하(平天下)'의 과정을 중시하였다.
율곡의 경우에도 당시의 제왕인 선조에게『성학집요』를 지어 올리면서 그
서문에 다음과 같이 밝히고 있다.

　　　사서(四書)와 육경(六經)이 이미 밝고 또 구비되었으니, 글로써 도를
　　　구하면 이치가 나타날 것입니다. 걱정이 되는 것은 모든 책이 아득하여
　　　서 요령을 얻기가 어려우니, 먼저 표장을 바르게 하여『대학』으로 규모
　　　를 잡았습니다. 성현의 천 가지 계책과 만 가지 교훈이 모두 여기에 벗
　　　어나지 아니하니, 이것이 요령을 알게 하는 법입니다.4)

　　그리고 사림(士林)이 본격적으로 등장하기 시작하던 16세기 전반부터,
『대학』은 조선 지성들 사이에 본격적인 관심의 대상이 되었다. 유숭조
(柳崇祖, 1452~1512)의『대학삼강팔목(大學三綱八目)』, 박영(朴英, 1471
~1540)의『대학도(大學圖)』『대학경일장연의(大學經一章衍義)』, 이언적
(李彦迪, 1491~1553)의『대학장구보유(大學章句補遺)』,『속대학혹문(續大
學惑問)』등『대학』을 재해석한 논의들이 다양하게 진행되었다.5) 그것은
제왕학(帝王學)－성학－의 기본서로서『대학』을 이해하는 일련의 지적 탐
구였다. 그 탐구와 재해석의 정점은 성학을 구체적으로 지시하면서 등장한
퇴계의『성학십도(聖學十圖)』와 율곡의『성학집요(聖學輯要)』이다.

　　특히, 율곡의『성학집요』는, 율곡 자신이 서문에서 밝히고 있듯이,『대
학』을 기본으로 저술한 조선 성학의 모델이다.『성학집요』를 조선 성학의
모델로 간주할만한 이유가 있다.『대학』의 재해석이나 확장과 관련하여

---

4)『聖學輯要』「序」: 四書六經, 旣明且備, 因文求道, 理無不現. 第患全書浩渺, 難
　以領要, 先正表章大學, 以立規模. 聖賢千謨萬訓, 皆不外此, 此是領要之法.; 이
　하『聖學輯要』의 原文은 각 編章을 제시하고 例示와 같이 표기한다. 例示:「第2
　修己」"立志": 原文.
5) 정재훈,「朝鮮前期『大學』의 이해와 聖學論」, 진단학회,『진단학보』86권, 1998
　참조.

나름대로 조선 사회에 영향력을 미쳤던 진덕수(眞德秀, 1178~1235)의 『대학연의(大學衍義)』에 대해 율곡은 비판적 입장을 취하며 자신의 주장을 당당히 제시한다.

> 서산 진씨[진덕수]가 『대학』을 미루어 넓혀서 연의를 만들었습니다. 경전을 두루 인용하고 각종 사적을 인용하여 배움의 근본과 다스리는 차례가 찬연히 조리가 있으며, 중요한 것은 임금의 몸을 다스리는 데 중점을 두었으니, 참으로 제왕의 도에 들어가는 지침이라고 할 수 있습니다. 다만 권수가 너무 많고 문장이 아득하며 일을 기록한 것 같아서 실학의 체계와 멀어지는 느낌이 있습니다. …… 『대학』은 본래 덕에 들어가는 입문인데, 진씨의 『대학연의』는 오히려 간결하지 못하오니, 진실로 『대학』의 뜻을 모방하여 차례를 따라 나누어서 성현의 말씀을 정선하여 충실히 메우고 절목을 자세하게 하여 말은 간략하게 하되 이치가 다하면, 곧 요령의 방도가 여기에 있을 것입니다.[6]

이런 비판과 자긍심을 전제로 집필한 『성학집요』는 『대학』을 토대로 찬술한 성학-군주학(君主學)의 교과서로 조선 성리학의 완결본이다. 조선의 19대 왕인 숙종(肅宗, 在位 1674~1720) 때부터는 공식적으로 국왕(國王)에게 진강(進講)하였고, 21대 왕인 영조(英祖, 在位 1724~1776)에 이르러서는 국왕의 정치적 사고에 직접적 영향력을 미쳤다.[7]

여기에서는 『대학』의 재해석이자 학문적 확장으로 볼 수 있는 『성학집

---

6) 『聖學輯要』「序」: 西山眞氏推廣是書, 以爲衍義. 博引經傳, 兼援史籍, 爲學之本, 爲治之序, 粲然有條, 而歸重於人主之身, 誠帝王入道之指南也. 但卷帙太多, 文辭汗漫, 似紀事之書, 非實學之體. 信美而未能盡善焉. …… 大學固入德之門, 而眞氏衍義, 猶欠簡要, 誠能倣大學之指, 以分次序, 而精選聖賢之言, 以塡實之, 使節目詳明, 而辭約理盡, 則領要之法.

7) 윤 정, 「英祖의 『聖學輯要』 이해와 君師 이념」, 부산경남사학회, 『역사와 경계』 66, 2008, 55~56쪽.

요』의 특성을 고찰하고, 『대학』의 조선적 수용 양상과 그 교육철학사상을 탐구한다. 유학의 대명제인 '수기치인(修己治人)', '내성외왕(內聖外王)', '성기성물(成己成物)'의 이론과 실천 체계에 충실한 『성학집요』는 이런 교육철학사상을 완결하려는 이론적·실천적 지침에 다름 아니다. 『성학집요』의 전반부는 '수기[내성: 외왕]'의 교육철학으로 '자기충실(自己忠實)과 최선'의 차원에서 조명할 수 있고, 후반부는 '치인[내성: 외왕]의 교육사상으로 '타자배려(他者配慮)와 인도'의 차원에서 인식할 수 있다. 그것은 중국 유학이 지닌 '수기치인(修己治人)'과 조선 유학에서 강조하는 '수기치인'의 교육철학사상을 검토하는 마당이자, 조선 민족이 구가한 인간교육의 기준을 살펴보는데 도움을 줄 것이다.

2. 『대학』과 『성학집요』의 체제 및 내용

주지하다시피 『대학』의 기본 체제는 '3강령 8조목(三綱領 八條目)'이다. 주자의 『대학장구(大學章句)』를 기준으로 그것을 다시 확인하면, 3강령은 '명명덕(明明德)-신민(新民)-지어지선(止於至善)'이고, 8조목은 '격물(格物)-치지(致知)-성의(誠意)-정심(正心)-수신(修身)-제가(齊家)-치국(治國)-평천하(平天下)'이다.

3강령은 인생 전체를 통해 볼 때, 삶의 기준을 제공한다. 정치적으로 제왕학의 입장에서는 정교(政敎)의 원리를 제시하고, 학문의 과정 측면에서는 교육의 표본을 지시한다. 8조목은 그런 과정과 실천의 양식을 체계적으로 보여준다. 때문에 3강령 8조목은 유학적 사회질서를 유지하는 이론적 기반이 되었다. 다시 말하면, 3강령 8조목은 개인의 수양 공부인 수신(修身)에서 인류 사회 전체의 운용에 참여하는 평천하(平天下)에 이르기까지, 그 실천 강령을 일목요연하게 서술하고 있다.8) 그러기에 『대학』은 국가나 세계를 다스리는 하나의 통치철학으로서 유학을 가장 종합적이고 체계적으로 서술한 한 편의 정치 논설로 인정받는다.9)

여기에서 집중적으로 검토할 『성학집요』는 『대학』의 교육철학과 사상의 확대판이다. 『대학』의 기본 체계를 유지하면서도 확장 과정을 거쳐 새로운 옷으로 갈아입는다. 중국 유학교육의 틀을 조선유학의 성학으로 전환하며, 새로운 특성을 드러낸다.

율곡은 『성학집요』의 체제를 다섯 편으로 구성하고, 『대학』의 3강령 8조목을 그 속으로 녹여 넣는다. 제1편 「통설(統說)」은 '수기(修己)'와 '치인(治人)'을 통합하여 정돈한 것으로, 『대학』의 3강령인 '명명덕(明明德)―신민(新民)―지어지선(止於至善)'을 종합적으로 정리하였다. 제2편 「수기(修己)」는 3강령 가운데 '명명덕(明明德)'을 핵심으로 다루되, 8조목 가운데 '격물(格物)―치지(致知)―성의(誠意)―정심(正心)―수신(修身)'의 지어지선을 다루었다. 제3편 「정가(正家)」와 4편 「위정(爲政)」은 3강령의 '신민(新民)'을 핵심으로 하되, 「정가」는 8조목 가운데 '제가(齊家)'의 지어지선을 말하였고, 「위정」은 '치국(治國)―평천하(平天下)'의 지어지선을 강조하고 있다. 그리고 마지막의 제5편 「도통(道統)」에서는 실제 교육철학사상으로서 『대학』의 자취를 그려냈다.

이처럼 『대학』을 확대 개편하는 가운데, 『성학집요』에서는 『대학』의 3강령 8조목을 초월하여 그것을 보완하거나 완전성을 더하는 절목이 추가된다. 이 지점에서 조선유학의 성학이 주자학의 『대학』을 확장한 구조임을 확인할 수 있다. 거시적으로는 『대학』의 체계를 원용하면서 미시적으로는 율곡 자신이 이해한 방식으로 조선의 성학을 재구축한다. 즉 '수기치인'을 핵심으로 유학의 기본 체제를 잘 보존하면서도 '치인'을 '정가'와 '위정'으로 구분하여 세밀한 지침을 제공한다. '수기―정가―위정'의 각

---

8) 김기현, 『대학―동아시아적 진보』, 서울: 사계절, 2002, 140쪽.
9) 來可泓, 『大學直解 中庸直解』, 上海: 夏旦大學出版社, 1998; 신창호, 『大學』의 주요 개념에 대한 교육학적 해석―듀이와 화이트헤드의 교육철학과 연관하여」, 동양고전학회, 『동양고전연구』 31집, 2008 참조.

영역에서도 총론을 설정하여 그 중요성을 강조하고, 다시 세부 사항을 제시하여 교육철학사상의 타당성을 논리적으로 뒷받침하고 있다.

　제1편 「통설」은 유학의 알파와 오메가, 즉 체(體)와 용(用)에 해당하는 『중용』1장과 『대학』 경1장으로 머리 편을 만들었다. 제2편 「수기」에서는 '입지(立志)'와 '수렴(收斂)', '성실(誠實)', '교기질(矯氣質)', '양기(養氣)'의 문제를 구체적으로 보완하여 수기의 과정과 내용을 풍부하고 체계적으로 엮어내었다. 제3편 「정가」에서는 『대학』의 '제가' 내용을 세분화하여 '효경(孝敬)', '형내(刑內)', '교자(敎子)', '친친(親親)', '근엄(謹嚴)', '절검(節儉)' 등, 실제로 가문(家門)에서 행해야 하는 핵심 사항을 명확하게 정돈하고 있다. 제4편 「위정」은 '치국'과 '평천하'의 내용을 심화하였는데, '용현(用賢)', '식시무(識時務)', '법선왕(法先王)', '안민(安民)' 등 시대정신의 인식과 및 국가 경영의 실제를 적극적으로 제시하였다.

　무엇보다도, 율곡은 제5편에 「성현도통(聖賢道統)」 부분을 새롭게 마련하여, 일상에서 '중(中; 적절함)'을 체득하는 문제가 성학(聖學)의 제일 관건이었음을 역사적으로 밝히고, 이것의 핵심과정을 '수기(修己)'와 '치인(治人)', 그리고 '전도(傳道)'의 문제임을 역설하고 있다.[10] 수기는 일상에서 적절함, 또는 마땅함을 체득하여 덕을 이루는 작업이고, 치인은 적절함과 마땅함을 얻는 가르침과 교화를 베푸는 일이다. 이 수기치인의 실제를 구현하는 거대한 사업이 바로 전도이고, 그것은 성학의 정점에서 완성된다. 이를 정리하면 <표 1>과 같다.

〈표 1〉 『대학』과 『성학집요』의 체제 비교

大學	聖學輯要	비고	
		大學	聖學輯要
序	進箚·序·凡例·目錄圖	저술의 동기, 내용, 방식 등 설명	

---

10) 리기용, 「『聖學輯要』를 통해 본 聖人의 학문과 정치」, 한국사상문화학회, 『한국사상과 문화』 제28집, 2005, 177쪽.

	三綱領	八條目	統說	總論 (修己正家爲政之道)		『中庸』一章, 『大學』經一章	
三綱領 八條目	明明德 (止於至善)	格物 致知 誠意 正心 修身	修己	修己	總論 立志 收斂(敬始) 窮理 誠實 矯氣質 養氣 正心(敬終) 檢身 恢德量 輔德 敦篤 功效	格物致知 誠意正心 修身 止於至善	窮理 正心 (恢德量· 輔德) 檢身(敦篤) 功效
	新民 (止於至善)	齊家	正家	治人	總論 孝敬 刑內 敎子 親親 謹嚴 節儉 功效	止於至善	功效
		治國 平天下	爲政		總論 用賢 取善 識時務 法先王 謹天戒 立紀綱 安民 明敎 功效	仁人, 能愛能惡 儀監于殷, 峻命不易 有國者, 不可以不愼, 辟則爲天下僇 君子, 有絜矩之道, 而興孝興弟不倍 止於至善	取善 謹天戒 立紀綱 明敎 功效
			聖賢 道統	克盡 (修己正家爲政之道)			

3. 수기교육의 심화와 특징

율곡은 『대학』에서 「경」1장을 기초로 『중용』의 머리장을 추가하여 『성학집요』의 알파인 「통설」을 설정하고, 성학(聖學)의 총론을 구상한다. 그것은 체(體)와 용(用)의 관계로 성학의 길을 온전하게 구축하려는 의도이다. 여기에서 율곡의 사유는 명확하다. "성현(聖賢)의 학문은 몸을 닦고 사람을 다스리는 데 지나지 않는다. 성학의 핵심으로 『중용』과 『대학』의 첫 장의 설을 엮었는데, 이는 실제로 표리 관계에 있고, 몸을 닦고 사람을 다스리는 도가 모두 갖추어져 있다."[11] 성현은 현대적 의미로 이해하면 지성인이다. 교육을 통해 지성인을 열망하는 사유의 길은 이어서 펼쳐지는 '「수기」-「정가」-「위정」'을 거치며 더욱 세밀하게 제시된다.

1) 교육의 맥락과 시작; '입지'의 열정

『대학』에서 제시한 '명명덕'은 율곡의 『성학집요』에서 '수기'로 전환되어 적시되고, '격물-치지-성의-정심'의 수신은 '총론'과 12가지의 구체적인 교육양식으로 확장된다. 그것은 율곡이 밝히고 있듯이, "지식을 넓히는 사안도 있고, 실천하는 작업도 있다. 지식은 착한 것을 밝히는 일이고, 실천은 몸을 성실하게 만드는 사업이다. 그리하여 궁극적으로 몸을 닦는 공부는 거경(居敬)과 궁리(窮理), 역행(力行)의 세 가지를 벗어나지 않는다."[12]

여기에서 율곡은 '뜻을 세우는 일'인 '입지(立志)'를 배움의 제일 과제로 내세웠다. 입지(立志)를 하지 않고서는 공업(功業)을 이룰 수 없다고 보았다. 『대학』에서는 이 대목이 누락되어 있다. 어떤 장식이나 입문 장치도

---

11) 「第1統說」: 聖賢之學, 不過修己治人而已. 今輯中庸大學首章之說, 實相表裏而修己治人之道, 無不該盡.
12) 「第2修己」 "總論": 修己工夫, 有知有行. 知以明善, 行以誠身. 修己之功, 不出於居敬窮理力行三者.

없이, 교육과정의 전모를 보여주는 8조목은 바로 '격물·치지(格物·致知)'
로 시작한다. 이 지점에서 율곡은 교육의 시작단계, 또는 삶의 첫 단추를
끼우는 과정에서, 자기 다짐을 보완할 교육철학적 장치를 고민했던 것 같
다. 왜냐하면 '입지'는 자기의식에서 출발한 참된 주체로서 자신을 가다듬
는 힘이 되는 동시에, 학문 실천에 나아가게 하는 동력이기 때문이다. 즉
입지는 자기 열망이나 목적지향성으로서 교육철학사상을 포괄하고 있
다.13) 이에 율곡은 공자가 말한 "도에 뜻을 두어야 한다"는 대목을 끌어
들이고, "뜻이라는 것은 마음이 가는 바를 말하고, 도라는 것은 인륜(人
倫)·일용(日用) 사이에 마땅히 행해야 할 사업"이라는 주자의 해석을 적극
적으로 반복한다.14)

율곡의 여러 저술로 볼 때, '입지(立志)'는 가장 중요한 교육의 문제로 설
정된다. 교육철학사상의 진보를 보여주는 「자경문(自警文)」, 『격몽요결(擊蒙
要訣)』, 『학교모범(學校模範)』 등에서, '입지'의 문제는 '성인(聖人)', 즉 '교
육받은 인간(educated man)'으로서, 교육을 갖춘 지성인(知性人)으로서 인간
의 최고 모습이 되기를 기약'하는 의지의 표명이다. 그만큼 대부분의 논저
에서 맨 앞에 위치한다.15) 율곡은 『성학집요』를 지은 이듬해 『격몽요결』을
지으면서 입지의 중요성을 강력하게 제시한다. 『격몽요결』「입지」에서 "처
음 배우는 사람은 뜻을 세워 반드시 성인으로서 스스로 기약해야 한다'라
고 강조하고, "추호라도 자기를 낮추거나 공부하기를 머뭇거려서는 안 된
다'라고 충고한다. 그리고 "보통 사람과 성인의 본성은 같다!'라는 인간 본
성에 대한 평등을 적극적으로 내세우며, 유학의 교육철학사상을 심화해 나
간다.

---

13) 손인수, 『율곡사상의 교육이념』, 서울: 문음사, 1997, 257쪽.
14) 「第2修己」 "立志": 子曰, 志於道. 朱子曰, 志者, 心之所之之謂, 道則人倫日用之
     間, 所當行者, 是也.
15) 장숙필, 앞의 책, 124쪽; 송석구, 『栗谷의 哲學思想研究』, 서울: 형설출판사, 1994,
     138~140쪽.

율곡은 '입지'의 절목(節目)으로 북송오자(北宋五子)의 한 사람인 장재(張載, 1020~1077)의 학설을 인용한다. "세상을 위하여 마음을 세우고, 백성을 위하여 도를 세우며, 옛 성인의 끊어진 학통을 잇고, 지속되어야 할 세상을 위하여 태평을 여는데 바쳐야 할 열정."16) 그것은 인(仁)을 실천하려는 의지와 실현을 통해 효과를 발휘한다. 그러나 맹자가 말한 것처럼, '자포자기(自暴自棄)'하는 인간은 결코 '입지'를 할 수 없다.17) 이 지점에서 '포기(暴棄)'의 절망적 성격을 철저히 경계하며, '입지(立志)'의 희망과 열정을 신중히 고려해야 한다.

2) 교육의 과정; '수렴-궁리'의 탐구

'입지'가 되었다면 이제 본격적으로 '배움[學]'에 들어간다. 배움은 자기학습이자 자기교육이고, 삶의 토대를 형성하는 긴 여정이다. 그것은 유학의 핵심인 '경(敬)'에서 시작된다. '경'은 성학의 시작이고 끝이다. 그러기에 율곡은 본격적으로 '궁리(窮理)'에 몰두하기에 앞서 「수렴」장을 놓고, 사전 정지작업인 '소학(小學)' 공부에 대처하려고 하였다.18) 용모, 행동거지, 언어와 마음의 수렴에 대한 강조를 통해, 하학(下學) 공부를 꾀하였던 것이다. 특히, 방탕한 마음을 거두어들이는 일을 교육의 기초로 삼았다. 방탕한 마음은 맹자의 '구방심(求放心)'과 동일한 맥락이다.19) 율곡은 "옛 사람은 스스로 밥 먹고 말할 수 있을 때부터 바로 가르쳐서 행동마다 잘못이 없게 하고, 생각마다 지나친 것이 없게 하여 그 양심을 기르고 그 덕성을 높였는데, 어느 때 어느 일이거나 그렇지 않은 것이 없었다."라는 '소학'의 자세를 근

---

16) 「第2修己」"立志": 爲天地立心, 爲生民立道, 爲去聖繼絶學, 爲萬世開太平.
17) 「第2修己」"立志": 孟子曰, 自暴者, 不可與有言也. 自棄者, 不可與有爲也.
18) 「第2修己」"收斂": 敬者, 聖學之始終也. …… 今取敬之爲學之始者, 置于窮理之前, 目之以收斂, 以當小學之功.
19) 『孟子』「告子」上: 學問之道, 無他, 求其放心而已矣.

거로 내세워 『대학』의 ‘격물치지’ 공부가 여기에 의거함을 밝혔다.20)

　이 「수렴」으로부터 율곡의 교육철학은 서서히 질적 승화를 거듭한다. 「수렴」 다음에 위치한 「궁리」는 『대학』의 ‘격물치지’에 해당한다. 『대학』에 관한 인식론의 차원을 결정하기도 하는 ‘격물치지’에 대한 이해는 『대학』 「전5장」에 제시되어 있으나, 안타깝게도 그 자세한 내용이 남아 있지 않다. 주자가 『대학장구』를 편찬하면서 보완한 ‘격물보전(格物補傳)’을 통해 이해하는 것이 전부이다. 그러나 그것도 ‘격물치지’의 원리적 측면을 제시하고 있을 뿐, 구체적 내용과 방법은 미약하다. 율곡은 이 점을 분명히 간파했다.

　　‘격물치지(格物致知)’ 이론은 『대학』에 상세하게 제시되어 있지 않다. 궁리와 그 쓰임, 그리고 공효에 대하여 정자, 주자 등의 학설이 가장 적절하다. 때문에 이를 이해하고 기록하였다.21)

　이후, 율곡은 ‘격물치지’의 방식을 매우 구체적이고 체계적으로 제시한다. 그것은 ‘궁리(窮理)’라는 새로운 교육철학사상의 짜임새를 구성한다. 율곡은 먼저, 정자의 말을 통해 ‘궁리(窮理)’ 공부의 의의를 제시한다.

　　대개 한 가지 사물에는 한 가지 이치가 있는데 그 이치를 궁리하여 제대로 알아야 한다. 궁리를 하는 데도 여러 가지 실마리가 있는데, 책을 읽어 의리를 해치기도 하고 고금(古今)의 인물을 논평하여 그 시비를 분별하기도 하며, 사물을 경험하고 체험하여 어떠한지를 파악하여 처리하는 것이 모두 궁리이다.22)

---

20) 「第2修己」 “收斂”: 收放心, 爲學問之基址. 蓋古人自能食能言, 便有敎, 動罔或悖, 思罔或逾, 其所以養其良心, 尊其德性者, 無時無事而不然. 故格物致知工夫, 據此有所湊泊.
21) 「第2修己」 “窮理”: 格物致知之說, 經文不詳, 先賢多所發明, 而程子李氏朱子三先生之說, 最爲明切.
22) 「第2修己」 “窮理”: 凡一物上有一理, 須是窮致其理. 窮理亦多端, 或讀書講明義理, 或論古今人物而別其是非, 或應接事物而處其當否, 皆窮理也.

이런 '격물치지－궁리'의 구체적인 방법을 통해, 율곡은 유학의 '독서법'을 비롯하여 교육의 전체 규모를 제시한다. 독서법에서는 독서의 의미, 소학(小學)·사서(四書)·육경(六經)·사기(史記)에 대한 독서의 방식을 자세하게 언급하였다. '글을 읽으면 실제 쓰임이 있다'라는 독서의 의미와 '일상생활에서 왜 윤리 도덕을 체득해야 하는지'의 『소학』 공부, <사서>·<육경>이 던지는 철학적 메시지, 『사기』를 통해 역사의 교훈을 배워야 하는 이유 등, 다방면의 독서를 통해 궁리하는 교육의 양식을 일러 준다. 다음으로 천지(天地)와 인물(人物), 이치(理)에 대한 탐구를 통해, 하늘과 땅, 인간과 만물, 그 법칙을 파악하여 우주의 본질과 세상을 이해하도록 권고한다. 그리고 '모든 존재 가운데 사람이 가장 귀하다'라는 인간의 지위를 규정하며 인문 세계로 돌아온다. 다시, 인간이 지닌 '본연의 성'과 '기질의 성'을 이해하도록 순서를 정하여, 인간의 마음과 성품, 정감의 문제를 유기적 연관 하에 인식한다. 이런 개별 인간의 이해를 전제로 벌어지는 정치적 행위를 왕도(王道)와 패도(覇道)의 입장에서 상징적으로 보여준 후, 학문적 이단의 폐해를 구체적 근거를 들어 설명하고 있다.

이러한 '궁리'의 과정에서 율곡은 세 가지 교육철학적 근거를 일깨운다. 그 교육의 요법(要法)은 다음과 같다.

> 첫째, 사물에 대하여 이해하고 성현의 말씀을 살펴서, 마음가짐이 깨끗해지거나 한번 보고도 마음으로 이해하여 조금도 의심스러운 것이 없다면, 이는 한번 생각했는데 바로 얻은 것이다.
> 둘째, 사색하여 체득하지 못한 것이 있다면, 그것을 알려는 데 신경을 써서 죽도록 싸워 침식도 잊어버리게 되어야만 비로소 깨닫게 되는 것이 있다.
> 셋째, 오랫동안 애를 태우고서도 끝내 석연치 못하여, 생각이 막히고 분분하게 어지러워 질 때, 모든 것을 쓸어버리고 마음을 비워 어떤 사물도 없게 한 뒤에, 정미한 사색을 일으켜도 제대로 얻지 못한다면, 이것은 고사하고 다시 다른 것을 궁구해야 한다.

그리하여 캐 묻고 또 캐 물어 차차 마음이 밝아지면 앞서 제대로 얻지 못한 것도 어느 순간에 저절로 깨달을 수 있다.[23]

궁리(窮理)에 관한 율곡의 교육철학사상은 세상과 사물을 이해하는 방식이다. 이 탐구의 요령과 방법은 심오(深奧)하다. 교육의 주요 원리와 양식을 단계별로 질서정연하게 지시한다. 그것은 한번 보고도 바로 알 수 있는 '직독직해(直讀直解)'의 '파지(把持)'이고, 제대로 체득하지 못한 사안에 대해 끊임없이 노력하는 '중습치지(重習致知)'의 '학습(學習)'이며, 다른 사물을 통해 우회적으로 깨닫는 '전이자득(轉移自得)'의 '깨달음[覺醒]'이다. 알고 익히고 깨닫는 '직독직해-중습치지-전이자득'의 공부 방법으로 이치를 캐 물어 들어간다. '파지'하고 '학습'하며 '각성'하는 3단계의 질적 승화 과정을 차곡차곡 다지며 교육의 완성을 꾀한다. 이 궁리의 전 과정에 녹아드는 교육의 방식을 도표화 하면, 아래 <표 2>와 같다.

〈표 2〉 유학교육의 궁리 방식

大學		聖學輯要		격물치지-궁리의 내용
格物致知	卽物 窮理 ↓ 物 莫不有理 ↓ 於理未窮 ↓ 已知之理 益窮之 ↓ 豁然貫通 全體大用	窮理	窮理用功	궁리의 의의와 유용성
			通言讀書	독서의 의의
			小學	일상의 인륜
			四書	철학, 의리, 예, 이치의 탐구
		讀書	六經	
			史記	역사의 법칙과 교훈 治亂之機 出處進退
		天地·人物·理		우주와 인간의 본질
		사람의 귀중함		인간의 지위 부여
		本然之性		인간의 보편성에 대한 논의

23) 「第2修己」 "窮理": ①今遇事理會, 及看聖賢之語, 若心慮澄然, 略綽一見, 便會於心, 無少可疑, 則此一思便得者也. ②或思而未得, 則傳心致志, 抵死血戰, 至忘寢食, 方有所悟. ③或苦思之久, 終未融釋, 心慮窒塞紛亂, 則須是一切掃去, 使胸中空無一物, 然後却擧起精思, 猶未透得, 則且置此事, 別窮他事. 窮來窮去, 漸致心明, 則前日之未透者, 忽有自悟之時矣.; ①②③ 번호는 이해의 편의상 붙임.

		氣質之性	인간의 특수성에 대한 고민
		心性情의 관계	인간에 대한 전체적 조망
		王道와 覇道	사회 운영의 원리 올바른 정치
		異端의 폐해	올바른 학문의 실체

3) 교육의 목적; '성실-교기질-양기-정심-검신'의 유기체

궁리의 교육과정을 거칠 때, 일상에서 몸소 실천할 수 있는 삶의 힘이 생긴다. 그것은 반드시 진실한 마음을 통해야 삶의 도리를 다할 수 있는 구체적 효험으로 드러날 수 있다. 따라서 진실한 마음인 성실은 행위실천의 근본이 된다. 이는 『대학』의 "뜻을 성실하게 한다는 것은 스스로를 속이지 않는 일"을 바탕으로, 공자(孔子)의 '충(忠)·신(信)'의 덕목, 나아가 주돈이(周敦頤)의 "성실이란 성인의 근본이다"라는 언표에서 확인된다. 그러기에 율곡은 뜻을 성실하게 하는 작업을 '수기(修己)'와 '치인(治人)'의 근본으로 보고, 『성학집요』의 모든 장에서 그것을 강조하였다.24)

배움을 성실히 하였다면, 무엇을 해야 하는가? 율곡의 학문 심화는 여기에서 보다 두드러진다. "배움을 성실히 이행하였다면 반드시 한쪽으로 치우친 기질(氣質)을 고쳐 '본연의 성'으로 회복해야 한다. 그 때문에 장재(張載)는, '학문을 하는 데 큰 도움이 되는 사안은 기질을 변화시키는 데 있다'고 하였다."25) 『대학장구』「서」에는 '인간이 기질(氣質)을 받은 것이 동일하지 않다'는 언급은 있으나 그 변화의 중요성이나 방식에 대해 구체적으로 논의하지는 않았다.26)

---

24) 「第2修己」 "誠實": 窮理旣明, 可以躬行, 而必有實心, 然後乃下實功, 故誠實爲躬行之本. 子曰, 主忠信. ⋯⋯ 周子曰, 誠者, 聖人之本.

25) 「第2修己」 "矯氣質": 旣誠於爲學, 則必須矯治氣質之偏, 以復本然之性. 故張子曰, 爲學大益, 在變化氣質.

26) 『大學章句』「序」: 蓋自天降生民, 則旣莫不與之, 以仁義禮智之性矣. 然其氣質之稟, 或不能齊, 是以不能, 皆有以知, 其性之所有而全之也.

그런데 율곡은 사람의 '기질'이 같지 않고, 그 교정에 적절한 방법이 있음을 자세하게 구명하고 있다. 그것은 구체적으로 '극기(克己)'와 '면강(勉强)'의 방식이다.[27] '기질(氣質)은 바꿀 수 있다!' 인간의 변화 가능성에 대한 율곡의 언급은 성학을 향한 그의 집념에서 찾을 수 있다. '끊임없는 연습과 노력을 통해 누구나 바른 자리에 설 수 있다'는 믿음이 그 바탕에 존재한다. 뿐만 아니라 '기질의 교정이 가능하다'는 교육철학적 근거를 다음과 같이 서술하고 있다.

한 기(氣)의 근원은 맑고 깨끗하다. 그 양(陽)이 움직이고 음(陰)이 고요한 것이 때로는 상승하기도 하고 때로는 하강하기도 한다. 음양이 갈마 들며 어지럽게 날아다니는 사이에 합하여 질(質)을 이루며 고르지 못하게 된다. 그리하여 사물이 치우치게 되면 다시 변화시킬 방법이 없다. 사람만이 맑거나 탁하고 순수하거나 섞인 것이 같지 않은 부분이 있다하더라도 마음이 비고 밝아서 변화시킬 수 있다. 그러므로 맹자는 "모든 사람은 요임금이나 순임금 같은 성인이 될 수 있다"라고 하였다. 이 말이 어찌 헛소리겠는가? 기(氣)가 맑고 질(質)이 순수한 사람은 앎과 행함에 힘쓰지 않고도 그것에 능숙하게 되어 더할 사항이 없다. 기는 맑으나 질이 섞인 사람은 알 수는 있어도 행하기 어렵다. 만일 몸소 행하는 데 힘써 성실하고 독실하면 행실이 제대로 이루어 질 수 있고, 유약한 사람이라도 강하게 될 수 있다. 질은 순수하지만 기가 탁한 사람은 행할 수는 있으나 잘 알기 어렵다. 만일 묻고 배우는 데 힘써서 성실하고 자세히 하면 앎에 통달할 수 있고, 우매한 사람이라도 명석해질 수 있다. 음악을 배우는 사람을 예를 들어 보자. 세상의 모든 기예(技藝)를 나면서부터 타고난 사람은 없다. 처음으로 음악을 배운 어린 아이가 거문고나 비파를 연주할 때, 그 서툰 연주를 누가 들으려고 하겠는가? 하지만 열심히 연주법을 익혀 일정한 수준에 도달하면 아름다운 소리를 낼 수 있게 된다. 그것은 실제로 공력을 다하고 학습이 쌓여 익숙해진 결과일 뿐이다. 온갖 기예가 그렇지 않은 사안이 없다. 배움이

---

27) 신창호, 『수기, 유가교육철학의 핵심』, 서울: 원미사, 2005, 140~144쪽 참조.

기질을 변화시킬 수 있는 것도 이와 다르지 않다.28)

'기질의 변화 가능성'을 교육철학의 근거로 마련한 율곡은 그 후속 조치로 「양기(養氣)」를 제시한다. '양기'는 '기를 기르는 사업'이다. 기(氣)는 사람의 생명 의식과 직접적인 연관을 맺고 있기에, 그것을 "고쳐 다스리는 일은 극진(克盡)해야 하고 보양(保養)하는 것은 치밀해야 한다. 따라서 정기(正氣)를 보양하는 작업이 객기(客氣)를 고쳐 다스리는 방법이 된다."29)

기를 기르는 방법은 『대학』에서 구체적으로 언급되지 않는다. 그러나 율곡은 '지기(志氣)를 기르는 일'과 '혈기(血氣)를 기르는 작업'을 통해 양기(養氣)를 강조한다. '지기를 기르는 일'은 맹자의 '양심(養心)'과 '과욕(寡慾)', 그리고 '호연지기(浩然之氣)', '지언(知言)' 등으로 설명된다. '혈기를 기르는 일'은 군자의 세 가지 경계, 이른바 '색(色)'과 '투(鬪)', '득(得)'의 혈기에 대한 경계로 서술한다. 왜냐하면 '마음을 기르는 일'과 '기를 기르는 일'은 실제로는 한 가지 사안이다. 따라서 양심(良心)이 날로 생장(生長)하면서 상처를 입히거나 해롭게 만드는 일이 없게 되어, 마침내 그 가려진 것을 모조리 다 없애버리면, 호연(浩然)의 기(氣)가 성대하게 흐르고 통하여, 사람이 천지와 한 몸이 될 수 있기 때문이다.30) 이와 같이 양심(養心)

---

28) 「第2修己」"矯氣質": 一氣之源, 湛然淸虛, 惟其陽動陰靜, 或升或降, 飛揚紛擾, 合而爲質, 遂成不齊. 物之偏塞, 則更無變化之術, 惟人則雖有淸濁粹駁之不同, 而方寸虛明, 可以變化. 故孟子曰, 人皆可以爲堯舜, 豈虛語哉. 氣淸而質粹者, 知行不勉而能, 無以尙矣. 氣淸而質駁者, 能知而不能行. 若勉於躬行, 必誠必篤, 則行可立而柔者强矣. 質粹而氣濁者, 能行而不能知. 若勉於問學, 必誠必精, 則知可達而愚者明矣. 且世閒衆技, 孰有生知者哉. 試以習樂一事言之, 人家童男穉女, 初業琴瑟, 運指發聲, 令人欲掩耳不聽. 用功不已, 漸至成音, 及其至也, 或有淸和圓轉, 妙不可言者, 彼童男穉女, 豈性於樂者乎. 惟其實用其功, 積習純熟而已. 凡百伎藝, 莫不皆然.

29) 「第2修己」"養氣": 矯治固當克盡, 而保養不可不密. 蓋保養正氣, 乃所以矯治客氣也.

30) 「第2修己」"養氣": 養心養氣, 實是一事, 良心日長, 而無所戕害, 終至於盡去其

과 양기(養氣)의 문제는 '마음을 바르게 하는 공부', 수양(修養)의 교육실천
에서 완성된다.

『대학』에서는 '정심(正心)'의 문제가 '분치(忿懥; 성내고 화냄)', '공구
(恐懼; 두렵고 겁냄)', '호요(好樂; 좋아하고 사랑함)', '우환(憂患; 근심하고
걱정함)'을 '어떻게 마음에 두느냐'와 연관된다.[31] 따라서 마음의 쓰임에
따라 그 바름과 비뚤어짐이 결정된다. 그러나 율곡은 '정심(正心)'을 함양
(涵養)과 성찰(省察)의 문제로 심화하여 내면을 다스리는 덕목으로 삼았다.

율곡은 선현들의 언급을 인용하면서, 고요한 시기의 공부를 논의할 때
'존양(存養)'과 '함양(涵養)'을 강조하는데 동의한다.[32] 이른바 '미발(未發)'
의 상태에서, "경(敬)으로 함양한다는 것은 정적(靜寂)하여 염려가 생기지
않게 하고, 늘 깨어있는 듯이 조금도 혼매(昏昧)하지 않게 하는 작업이
다."[33] 성찰도 함양과 유기체의 관계 가운데 재차 강조된다. '돌아보고 살
핀다'는 말은 일상행위에서의 조심이다. 율곡은 주자의 말을 인용하여 성
찰의 문제를 일러 준다. "'마음을 잡는다'는 말은 '여기에 있다'는 의미이
고, '그것을 놓는다'는 말은 '잃어버린다'는 뜻이다. 그 나가고 들어가는 데
정한 때가 없고, 정한 곳이 없으면 위태롭게 움직이고 안존하기 어렵다."[34]
'마음을 잡는다'는 것은 마음이 세계를 향해 펼쳐나갈 때의 일이다. 즉 이
발(已發)의 상황에서 '살피는' 문제로 인식된다. 그러기에 성찰과 관련하여
주자는 다음과 같이 강조한다.

蔽, 則浩然之氣, 盛大流行, 將與天地同其體矣.
31) 『大學章句』「傳7章」: 所謂修身在正其心者 身有所忿懥 則不得其正 有所恐懼
   則不得其正 有所好樂 則不得其正 有所憂患 則不得其正
32) 「第2修己」 "正心": 但先賢論靜時工夫, 多以存養涵養爲言.
33) 「第2修己」 "正心": 未發之時, 此心寂然, 固無一毫思慮. 但寂然之中, 知覺不昧,
   有如沖漠無眹, 萬象森然已具也. 此處極難理會, 但敬守此心, 涵養積久, 則自當
   得力. 所謂敬以涵養者, 亦非他術, 只是寂寂不起念慮, 惺惺無少昏昧而已.
34) 「第2修己」 "正心": 言心操之則在此, 捨之則失去. 其出入無定時, 亦無定處, 危
   動難安如此.

펼쳐진 후에 마음의 본체, 그 권도(權度)로 마음이 펼쳐진 상황을 살
핀다면, 무겁고 가벼우며 길고 짧은 차이가 있다. 펼쳐진 마음 자체로 마
음의 본체를 구하려고 한다면, 그럴 이치가 없다. '잡아둔다'는 말은 이것
으로 저것을 잡아두는 사안이 아니며, '놓아서 잃는다'는 말은 저것으로
이것을 놓아 잃어버린다는 뜻이 아니다. 마음으로 스스로 잡으면 잃었던
것을 두게 되고, 놓고 잡지 않는다면 두었던 것도 잃을 뿐이다.35)

이와 같은 의미의 함양과 성찰은 경(敬)과 의(義)의 체용(體用) 관계를
통해 통일성을 기한다. 율곡은 "경(敬)은 체(體)이고 의(義)는 용(用)이다.
그것을 내외(內外)로 나눈다고 하더라도 실제로 '경'이 '의'를 겸비하고 있
기 때문에, 안을 곧게 하는 '경'은 공경으로 존심하는 것이고, 밖을 방정하
게 한다는 '의'는 공경으로 일에 응대하는 것이다."36)라고 인식하였다. 이
는 함양과 성찰의 문제를 유기체로 관계 맺는 작업이다.

주목할 부분은 '부념(浮念)'에 대한 이해이다. 율곡은 '함양'과 '성찰'을
통해 '마음을 바로 잡는 일'은 '부념(浮念)'을 없애는 데 있다고 파악했다.
'부념(浮念)'은 '들뜬 생각'이다. 외부의 자극에 의해 붕 뜬 마음, 세속적으
로 이야기하면, '허파에 바람이 들어간 상태'라고 볼 수 있다. 인간에게서
사고에 헛바람이 들어간 상황은 마음을 어지럽히는 병통 가운데 진짜 병
통이다. 마음의 작용이나 '부념(浮念)'에 대한 율곡의 인식은 다음과 같다.

마음의 본체는 담연히 비고 밝아서 빈 거울과도 같고, 평평한 저울대
와도 같다. 물에 감응되어 움직이면 칠정(七情)이 응한다. 이것이 마음
의 작용이다. 다만, 기(氣)가 구속되고 욕심이 가려져서 본체가 제대로

---

35) 「第2修己」 "正心": 已發之處, 以心之本體權度, 審其心之所發, 恐有輕重長短之
差耳. 若欲以所發之心, 別求心之本體, 則無此理矣. 夫謂操而存者, 非以彼操此
而存之也, 舍而亡者, 非以彼舍此而亡之也. 心而自操, 則亡者存, 舍而不操, 則
存者亡耳.

36) 「第2修己」 "正心": 敬體義用, 雖分內外, 其實敬該夫義. 直內之敬, 敬以存心也,
方外之義, 敬以應事也.

서지 못하므로 그 작용이 바른 것을 잃기도 한다. …… 마음이 어지러
운 병통에도 두 가지가 있다. 하나는 '악념(惡念)'이란 것으로 외부 사
물에 유혹되어 사욕을 헤아리는 것이고, 다른 하나는 '부념(浮念)'이란
것인데, 생각이 이리저리 흩어지며 어지럽게 끊임없이 일어나는 것을
말한다.[37]

마음의 내면적 작용인 사고(思考)에는 나쁜 생각인 '악념(惡念)'도 있고
착한 생각인 '선념(善念)'도 있다. 착한 생각은 그대로 실천하면 자연스럽
게 선의 밑거름이 된다, 따라서 인간의 행위에서 큰 문제를 유발하는 데
소극적이다. 악념의 경우도 성실하게 선을 실천하는데 뜻을 둔다면 고치기
가 쉽다. 그러나 '부념(浮念)'은 '선(善)'도 아니고 '악(惡)'도 아니다.[38] '들
뜬 생각'이 끊임없이 일어나는 사태이다. 어디로 튀어 오를지 헤아리기 힘
든 럭비공처럼 종잡을 수 없는 심리 작용이다. 따라서 인간은 공부를 통해
그런 마음을 바로 잡아야 한다. 그 공부의 구체적 교육방법으로 제시한 것
이 경(敬)이다.

　　배우는 사람은 항상 '경(敬)'을 중심으로 행위의 기준으로 삼아야 한
다. 그리하여 일을 할 때에는 한 결 같이 몰두하여 마땅히 할 것을 실천
한다. 만약 특별한 일 없이 정좌하고 있는 데 어떤 생각이 일어나면, 반
드시 무슨 일인가 성찰한다. 나쁜 생각[惡念]이라면 용감하게 단절시키
어 털끝만큼도 나타날 실마리를 남겨두지 말아야 하고, 착한 생각[善
念]으로 마땅히 해야 할 일이라면 그 이치를 궁구하고, 아직 이해하지
못한 부분이 있으면 노력하여 이치를 밝게 해야 한다. 만약 이치를 이
해할 필요가 없는 쓸모없는 생각이거나 착한 생각일지라도 그것을 실
천할 적당한 때가 아니라면 '부념'이다. '부념'이 일어나는 것을 일부러

---

37)「第2修己」"正心": 心之本體, 湛然虛明, 如鑒之空, 如衡之平, 而感物而動, 七情
　　應焉者, 此是心之用也. … 亂之病有二, 一曰惡念, 謂誘於外物, 計校私欲也. 二
　　曰浮念, 謂掉擧散亂, 相續不斷也.
38)「第2修己」"正心": 此念, 非善非惡, 故謂之浮念.

싫어하면 마음은 더욱 어지럽게 된다. 그뿐 아니라 이 싫어하는 마음 또한 '부념'이다. 이런 것이 '부념'인 것을 깨달아 안 뒤에 가볍게 추방 하고, 이 마음을 수습하면 그런 생각이 일어나도 다시 그치게 된다.39)

그리하여 공부의 일단락은 '부념(浮念)', 즉 '허공에 뜬 인간의 마음'을 본래 착한 인간 자신의 마음으로 회복하려는 데 집중된다. 그것이 성학(聖 學)의 핵심이다. 다름 아닌, 성선(性善)이나 선단(善端)을 근원으로 하는 유 학의 '복기초(復其初)', 또는 '복기성(復其性)'의 열망이다.40) 이처럼 율곡 의 『성학집요』에서 '경(敬)공부'는 「수렴(收斂)」에서 시작하여 「정심(正心)」 에서 마무리 되면서, 내면 공부를 완성한다.41)

주자는 『대학장구』에서 '정심(正心)'을 '수신(修身)'의 근본으로 파악한 다. 마음이 보존되지 못하면 몸을 단속할 수 없다고 보았고, 경(敬)으로 마 음을 곧게 하고 보존하여 몸을 닦을 것을 강조한다. 율곡은 그것을 확충· 심화하여, 「정심」은 안을 다스리는 공부이고 「검신」은 밖을 다스리는 공 부로 이해했다. 그러나 이 둘은 실제로는 '내(內)－외(外)'의 통합을 통해 동일성을 실천하는 작업이다. 그러기에 오늘 정심하고 내일 검신하는 일로 나누어지지 않는다. 단지, 공부의 내면과 외면의 구별을 설명하기 위한 것 일 뿐이다.42) 이런 차원에서 율곡은 마음[心]과 몸[身]의 관계를 다음과 같 이 제시한다.

---

39) 「第2修己」 "正心": 學者, 須是恒主於敬, 頃刻不忘, 遇事主一, 各止於當止, 無事 靜坐時, 若有念頭之發, 則必卽省覺所念何事, 若是惡念, 則卽勇猛斷絶, 不留毫 末苗脈, 若是善念, 而事當思惟者, 則窮究其理, 了其未了者, 使此理豫明, 若不 管利害之念, 或雖善念而非其時者, 則此是浮念也, 浮念之發, 有意厭惡, 則尤見 擾亂, 且此厭惡之心, 亦是浮念, 覺得是浮念後, 只可輕輕放退, 提撥此心, 勿與 之俱往, 則纔發復息矣.

40) 『大學章句』 「序」: 教之以復其性.

41) 「第2修己」 "正心": 收斂, 敬之始也. 此章, 敬之終也.

42) 「第2修己」 "檢身": 正心, 所以治內, 檢身, 所以治外. 實是一時事, 非今日正心, 明日檢身也. 第其工夫有內外之別.

마음은 몸의 주인이고 몸은 마음의 그릇이다. 주인이 바르면 그릇도 당연히 바르게 된다. 다만, 자연스럽게 바르게 되기만을 맡겨두기보다 단속하여 정제해야 하므로 『대학』의 차례에서도 '수신(修身)'이 '정심(正心)'의 다음에 있다. 그 힘쓰는 방법은 용모와 보고 듣는 일, 언어와 위의를 한 결 같이 자연의 질서를 좇을 따름이다. 형상과 빛깔은 천성이다. 한 몸 가운데 움직임과 고요함, 어느 것이 천칙(天則)이 없는가. 격물치지는 이 법칙을 밝히는 공부이고, 성의·정심·수신은 이 법칙을 따르는 공부이다. 두 가지가 모두 갖추어져야 몸소 행하는 지경에 이르렀다고 할 수 있다. …… 몸에 대한 단속이 없는 사람은 마음이 바르게 서지 못했기 때문이다. 진실로 마음을 바르게 할 수 있다면 무슨 일이건 바르게 할 수 있다. 어찌 자신의 몸으로 부정한 것에 안심할 수 있겠는가![43]

여기에서 율곡은 몸을 단속하는 방법으로, '몸을 공경하고 예법을 조심하고, 위의(威儀)와 용지(容止)에 대한 규칙을 익히며, 경계하고 다듬어 게으름이 없게 하는 일상적 작업을 진행하라'고 권고한다.

4) 교육의 심화와 효과; 회덕량·보덕·돈박·공효

율곡은 몸을 단속하는 방식을 넓히고 보태고 돈독하게 만들기 위해, 「회덕량(恢德量)」·「보덕(輔德)」·「돈독(敦篤)」장을 설정하고, 「공효(功效)」에서 그 지속과 효과를 논의한다. 그것은 교육의 심화 노력이자 삶의 질을 담보하는 교육실천의 궁극처가 된다. 『대학』에서는 이 부분에 대한 언급이 미

---

43)「第2修己」"檢身": 心爲身主, 身爲心器. 主正則器當正, 但不可任其自正. 不爲之檢攝故, 大學之序, 修身在正心之後. 其用功之方, 不過容貌視聽言語威儀, 一循天則而已. 形色, 天性也, 一身之中, 一動一靜, 孰無天則者乎. 格物致知, 所以明此則也, 誠意正心修身, 所以踐此則也. 二者備矣, 然後可臻踐形之域矣. …… 然彼身無檢束者, 心必不得其正故也. 苟能正心, 則事事無不求正矣. 豈有以己身安於不正之理乎.

약하다.

「회덕량」에서는 덕을 나아가게 하는 도량을 확장하고, 무리를 용납하는 도량과 공평하게 만드는 도량을 넓히는 공부에 힘쓴다. 「보덕」에서는 바른 선비를 친근히 하고, 간언을 좇으며, 허물을 고치는 방법을 체득하려고 애쓴다. 그리고 「돈독」에서는 꾸준한 공부를 통해 끝을 돈독히 하고, 나태함의 병폐를 어떻게 척결할 수 있는지, 고심한다. 그것은 교육받은 사람이 배움을 대할 때의 의무로 '성학(聖學)의 책무성'으로 이어진다.

교육받은 사람의 배우는 일은 성실하고 근면하며 독실해야 할 뿐이다. 임무는 무겁고 도는 멀어서 전진하지 아니하면 후퇴한다. 성실하고 근면하며 독실하지 않은 데 무엇을 성취할 수 있겠는가? 공부가 지극하면 반드시 효과가 있는 법인데, 어찌 미리 기일을 정할 수 있겠는가? 요즘 사람들은 먼저 얻기부터 하려는 데 병폐가 있다. 미리 기일을 작정만 하여 놓고, 그때 효과가 나지 않기 때문에 실천한지 얼마 안 되어 이내 싫어하고 권태로운 마음이 생긴다. 먼 곳에 가는 사람이 어찌 한 걸음을 떼었다고 목적지에 도달할 수 있겠는가! 반드시 가까운 곳에서 점차로 가야 한다. 높은 곳에 오르려는 사람은 단번에 뛰어 오를 수는 없다. 반드시 낮은 곳에서 점차로 딛고 올라가야 한다. 사람의 심정이 제각기 즐기는 것이 있으나 배움을 즐거움으로 여기지 못하는 것은 반드시 가리는 것이 있기 때문이다. 따라서 가리는 것을 알아서 힘써 제거해야 한다. 성색에 가려진 자는 노래와 욕망을 멀리하기에 힘쓸 것이며, 재화와 이익에 가려진 자는 재물을 천하게 여기고 덕을 소중히 여기기를 힘쓸 것이며, 치우치고 사사로운 것에 가려진 자는 자기의 아집을 버리고 남의 의견을 좇기를 힘써야 한다. 덮여 가려져 있는 것은 오로지 그 근본을 끊도록 힘써야 한다. 공부를 실행할 때는 어떤 사안이 어렵고 쉬운 지 견주거나 꾀를 내지 말고, 용감하고 힘 있게 나아가야 한다. 괴롭더라도 참으면서 단연코 물러서지 않으면, 공부가 진행되는 상태가 처음에는 험난하고 막히지만 나중에는 점차로 조리가 시원하게 밝혀진다. 처음에는 혼란스러울 지라도 나중에는 점차 정리될 것이다.

처음에는 어렵고 빽빽하지만 나중에는 점차로 통달하여 편리하게 될
것이다. 처음에는 담박하지만 나중에는 점차로 맛있게 되어 반드시 배
우는 것을 삶의 즐거움으로 삼게 될 것이다.[44]

　여기까지가 『대학』에서 언급한 '명명덕(明明德)－격물치지(格物致知)와
성의(誠意)·정심(正心)·수신(修身)'에 대해, 율곡이 『성학집요』에서 「수기
(修己)」로 새롭게 해석하며 엮어낸 교육철학사상의 대강이다. 그렇다면 그
'지어지선(止於至善)'의 세계는 어떤 모습으로 드러나는가?
　율곡은 그것을 「공효(功效)」장으로 구상하여 '용공(用功)'과 '효험(效
驗)'으로 그려 내었다. 공효를 다하되, 지(知)와 행(行)을 겸비하고 표리(表
裏)가 하나로 되면, 성인(聖人)의 경지, 즉 『대학』에서 말하는 '지어지선(止
於至善)'에 들어갈 수 있게 된다. 그 구체적 방식으로 다섯 가지가 제시된
다. 첫째는 지(知)를 거쳐서 행(行)에 도달하는 효험이고, 둘째는 행을 거쳐
서 지에 도달하는 효험이다. 셋째는 속[裏]을 경유하여 겉[表]으로 나타내
는 효험이다. 넷째는 지와 행, 겉과 속이 합하여 얕은 데부터 깊은 데 이르
는 직업과 성스럽고 신비스러운 사안이 극치에 도달하게 만드는 사업이다.
마지막으로는 그 결과에 해당하는 '성(聖)'과 '신(神)', 그리고 '성인(聖人)'
의 길이다. 그 핵심은 인간의 자기 파악과 자기교육의 노력에 달려 있을
뿐이다.
　처음에는 착한 일을 하려는 마음 자세로부터 시작하여 마침내 천지(天

----

44) 「第2修己」 "檢身": 君子之學, 誠篤而已. 任重道遠, 不進則退. 若非誠篤, 何能有
　　成. 孔子曰, 先難後獲, 功至則效必臻, 何可預期乎. 今人患在先獲, 惟其預期而
　　功不至, 故行之未幾, 厭倦之心生焉. 此學者之通病也. 行遠者, 非一步而可到.
　　必自邇而漸往. 升高者, 非一超而可詣, 必自卑而漸登. 人情各有所樂, 其不能以
　　學爲樂者, 必有所蔽故也. 知其所蔽, 而用力以祛之. 蔽於聲色者, 務放聲而遠色,
　　蔽於貨利者, 務賤貨而貴德, 蔽於偏私者, 務捨己而從人. 凡有所蔽, 莫不務絶其
　　根本, 實用其功, 不計難易, 勇趣力進, 喫緊辛苦, 斷然不退, 用功之狀, 初甚險
　　塞, 而後漸條暢, 初甚棼亂, 而後漸整理, 初甚艱澁, 而後漸通利, 初甚澹泊, 而後
　　漸有味, 必使情之所發, 以學爲樂.

地)의 자연 질서와 병립하고 화육(化育)을 돕는 경지에 도달하는, 단지 지
(知)를 쌓고 행(行)을 거듭하여 그 인(仁)을 익숙하게 만드는 데 있을 뿐이
다. 그런데 인간은 온갖 선(善)한 사안이 본성에 갖추어져 있기 때문에 자
신의 바깥에서 그것을 찾을 필요가 없다. 공(功)을 쌓는 것도 자기에게서
연유할 뿐이고 다른 특별한 사안에 의지하지 않는다. 세상을 건지고 백성
을 사람답게 만드는 일도 자신에게 있는 것이어서 누구도 감히 막을 수 없
다. 이런데도 배우기를 일삼아 맑고 넓은 경지에 이르지 않고, 도리어 욕심
을 일삼아 더럽고 낮은 것을 꾀하고 있다. 이런 상황이라면, 사람으로서 교
육에 관해 너무 생각하지 않는 처사이다.[45)]

4. 제가 이론과 정가의 교육실천

1) 정가의 내면적 기초; 효경·형내·교자

『성학집요』에서 율곡은, 『대학』의 '제가(齊家)'를 왜 '정가(正家)'로 바
꾸었을까? 율곡은 『주역(周易)』「가인(家人)」괘를 인용하여,[46)] '정가(正家)'

---

45) 「第2修己」 "功效": 始自可欲之善, 終至於參天地贊化育, 只在積知累行. 以熟其
仁而已. …… 萬善備於性, 而不假外求. 積功由於己, 而不資外力. 濟世仁民, 亦
在於我, 而莫之敢禦. 如是而不事乎學, 以臻昭曠, 乃事乎欲, 以究汚下. 噫, 亦不
思之甚也.

46) 『周易』「家人」의 程子 "傳"에는 "가인(家人)은 집안의 도이니, 부자(父子)의 친함
과 부부(夫婦)의 의리와 존비(尊卑)·장유(長幼)의 차례에 윤리를 바르게 하고 은
혜와 의리[恩義]를 돈독히 함이 가인의 도이다. 사람은 자신이 지닌 것은 집안에
시행할 수 있고, 집안에서 행하는 것은 나라에 시행할 수 있어 천하가 다스려짐에
이르니, 천하를 다스리는 도가 집안을 다스리는 도이다.(家人者, 家內之道, 父子
之親, 夫婦之義, 尊卑長幼之序, 正倫理篤恩義, 家人之道也. 夫人有諸身者, 則
能施於家, 行於家者, 則能施於國, 至於天下治, 治天下之道, 蓋治家之道也."라
고 하였다. 그리고 "「단전」에서 말하였다: 가인은 여자가 안에서 자리를 바르게

의 근본을 '정명(正名)'에 있다고 보았다. 그것은 부모는 부모답게 자식은
자식답게 형은 형답게 아우는 아우답게 남편은 남편답게 아내는 아내답게
행실을 바르게 하여 가정의 윤리를 바로 잡는 작업인 동시에 은의(恩義)를
돈독하게 만드는 일이다.[47]

　여기에서 『대학』의 '제(齊)'와 『성학집요』에서 제시한 '정(正)'의 의미
맥락을 고려하면, 강조의 초점이 어디에 있는지 알 수 있다. '제(齊)'는 '가
지런하다, 고르다, 같게 하다'는 의미가 강하다. 그러나 '정(正)'은 '바르게
하다, 바로 잡는다, 답게 하다'는 뜻이 강조된다. 따라서 '정가'는 '집안을
집안답게', '바르게 하거나 바로 잡는' 작업이다.

　그런데 '제(齊)'는 『대학』에서 언급한 것처럼, '치우침(辟)'과 연관된
다.[48] '치우쳐 있음', 또는 '편벽됨'으로 인해, 『대학』에서는 친척과 불초한
자, 덕망을 잃는 자, 제자리를 얻지 못한 자, 지위가 낮고 용렬한 자들이
마음이 혼미한 데서 범하는 무지(無知)에서 벗어나기를 염원한다. 그것은
어지러운 마음, 그 치우친 부분을 치우치지 않고 고르게 만드는 작업에 무
게중심을 둔다. 그러나 율곡은 『성학집요』에서 '정(正)'을 내세움으로써
'반듯하게, 바르게 하다'라는 '행위의 실제'를 부각한다. '바르게 하는 일'
은 '올바르지 않고 비뚤어져 있다', 또는 '제대로 실천하지 못하다'라는 '부

　　하고 남자가 밖에서 자리를 바르게 하니, 남자와 여자가 바르게 함은 천지의 큰
　　뜻이다. 가인이 엄한 어른이 있으니, 부모를 말한다. 아버지는 아버지답고 자식은
　　자식답고 형은 형답고 아우는 아우답고 남편은 남편답고 아내는 아내다움에 집안
　　의 도가 바르게 되니, 집안을 바르게 할 때 세상이 안정될 것이다.(彖曰, 家人, 女
　　正位乎內, 男正位乎外, 男女正, 天地之大義也. 家人, 有嚴君焉, 父母之謂也. 父
　　父子子兄兄弟弟夫夫婦婦而家道正, 正家而天下定矣."라고 하였다.
47)「第3正家」"總論": 父父, 子子, 兄兄, 弟弟, 夫夫, 婦婦, 而家道正. … 正倫理,
　　篤恩義, 家人之道也.; 장숙필,『栗谷 李珥의 聖學硏究』, 서울: 고대민족문화연구
　　소, 1992, 149쪽.
48)『大學章句』傳8章: 所謂齊其家, 在修其身者, 人之其所親愛而辟焉, 之其所賤惡
　　而辟焉, 之其所畏敬而辟焉, 之其所哀矜而辟焉, 之其所敖惰而辟焉. 故好而知
　　其惡, 惡而知其美者, 天下鮮矣.

정(不正)'이 전제된다.

'부정(不正; 바르지 않음)'의 문제는 '관계의 일탈'에서 비롯된다. 집안의 차원에서 보면 가족 관계의 복잡성에 기인한다. 집안은 성실의 내면화로 마음을 바르게 하여, 이를 외향적으로 표현하는 자아실현의 최초 마당이다. 그 집안의 핵심 단위는 부부(夫婦)이다. 부부(夫婦)로부터 비롯되는 가족 관계는, 다시 부모자식 사이, 친척 간의 관계로 확장되면서 인간사회의 문제를 어떻게 조화시킬 것인가를 삶의 관건으로 내놓는다.49) 율곡이 '정가(正家)'를 논의의 수면으로 올린 이유가 여기에 있다. 어떻게 하면 집안을 집안답게, 올바르게 건설할 수 있느냐! 그 정가(正家; 집안 다스림의 실천)의 실마리를 율곡은 『맹자』에서 찾는다.

　　맹자가 말하였다. "자신이 몸소 인간의 길을 행하지 않으면 처자식에게조차 인간의 길을 행하지 못하고, 사람을 부리는데 사람의 도리로 행하지 않으면 처자식에게조차 그 도리를 행할 수 없다." 이처럼 자기 몸을 닦고 난 후에, 집안을 바르게 할 수 있다. 집안을 바르게 하는 데는 구체적인 절목이 있다. 세상을 다스리는데 근본이 있는데, 그것은 자신의 수양을 말한다. 세상을 다스리는 데 법도가 있는데, 그것은 집안의 다스림을 말한다. 근본은 반드시 단정해야만 한다. 근본이 단정하면 마음이 정성스럽게 된다. 법도는 선해야만 한다. 법도가 선하면 집안이 화목하게 된다.50)

---

49) 조남국, 『율곡의 사회사상』, 서울: 양영각, 1985, 247쪽.; 『中庸』 12章에서도 "君子가 지키고 행할 도리는 그 端緖가 夫婦에서 이루어진다고 했다(君子之道, 造端乎夫婦, 及其至也, 察乎天地.)"

50) 「第3正家」 "總論": 孟子曰, 身不行道, 不行於妻子, 使人不以道, 不能行於妻子. 朱子曰, 身不行道, 以行言之, 不行者, 道不行也, 使人不以道, 以事言之, 不能行者, 令不行也. 蓋修己, 然後可以正家. 故正家次於修己. 此以下, 治人之道也, 正家煞有節目. 今以論其大槪者, 著于首, 治天下有本, 身之謂也, 治天下有則, 家之謂也, 本必端, 端本, 誠心而已矣. 則必善, 善則, 和親而已矣.

'정가(正家)'는 몸소 인간의 도리를 실천하는 직접적 행위에서 찾아진다. 근본의 단정함과 정성을 다해 최선을 다하는 성실한 마음가짐, 법도의 선함이라는, '수기(修己)'에서 '치인(治人)'에로의 입구를 안내한다. 핵심은 가족 윤리의 기초인 '효(孝)·제(弟)·자(慈)'이다.51) 즉 가족 내에서의 '부모－자식'관계인 '효(孝)－자(慈)', '형제자매사이'의 관계인 '제(弟)'라는 집안 내의 수직적·수평적 쌍무질서의 본분을 통해, 집안을 다스리는 지도자는 자신에게 맞는 길을 직접적으로 실천해야 한다. 이것이 '효경(孝敬)'이다. 특히, 유교윤리의 근간을 이루는 효(孝)는 자식이 부모를 받드는 마음이고, 자(子)는 부모가 자식을 사랑하는 마음이다. 이런 윤리적 기초는 집안을 올바르게 하는 표준이자 모델이 된다. 『대학』의 '제가(齊家)'에서 말하는, 편벽함의 오류를 통해 인간을 동등하게 인식하려는 성찰인 동시에, 자신의 몸을 올바르게 실천하려는 의지의 지향이다.

율곡은 이를 집안 내에서의 효도와 공경을 바탕으로 아내와 자식교육으로 심화하여 그 실천양식을 매우 구체적으로 제시한다. 율곡의 지적처럼 유교에서 효도는 모든 행동의 핵심이다. 따라서 집안을 올바르게 다스리는 길은 효도와 공경하는 일이 첫 번째 자리한다.52) 이어 율곡은 부모님을 섬기는 도리, 살아계실 때와 돌아가셨을 때, 돌아가신 이후 제사의 도리 등을 세부적으로 언급하고, 효로써 몸을 지키고, 효로서 세상을 미루어 보는 자세에 대해, 여러 성현의 말을 인용하여 강조하고 있다.

아울러 집안을 다스리는 주요 요건으로 '아내를 바르게 하는 일'인 '형내(刑內)'를 적시한다.53) 집안의 한 기둥인 아내는 '선을 본받고 악을 경계해야 한다!' 여기에서 율곡이 제시하는 여성교육은 여성인 아내를 통제하고 감시하며 학대하는 차원에서 엄하게 다스리라는 의미가 아니다. 아내로

---

51) 『大學章句』傳9章: 所謂治國, 必先齊其家者, 其家, 可敎, 而能敎人者無之. 故君子, 不出家而成敎於國. 孝者, 所以事君也. 弟者, 所以事長也. 慈者, 所以使衆也.
52) 「第3正家」 "孝敬": 孝爲百行之首. 故正家之道, 以孝敬爲先.
53) 「第3正家」 "刑內": 治家必先正內.

서의 도리와 역할을 다할 수 있도록 '모범을 보일 것'을 강조한다.[54] 율곡
은 그 근거로 『주역』「가인」괘와 정자의 말을 인용한다. "여자는 안에서 그
위치를 바르게 해야 하고 남자는 밖에서 그 위치를 바르게 해야 한다! 존
비(尊卑)와 내외(內外)의 도가 바르게 되어야 천지 음양의 대의에 맞게 된
다."[55] 이런 형처(刑妻)의 도리는 궁극적으로 자신의 몸을 닦는 일, 한 집
안의 모범이자 사표(師表)가 되는 데서 찾아진다.

아내교육에 이어 율곡이 강조한 부분은 자식교육[教子]이다. 그것은 '태
교(胎敎)'를 비롯하여 '입교(立敎)'의 체계를 구체적으로 제시한 데서 확인
할 수 있다. 태교에서 출생 이후, 자식을 낳고, 자식이 먹고 말할 수 있을
때부터 70세에 '치사(致仕)'에 이르기까지, 율곡은 『예기(禮記)』를 참고로
유학의 전체 교육과정을 적시했다. 이를 정리하면 <표 1>과 같다.

<표 1> 정가를 위한 교육과정

교육단계	나이	교육과정과 내용	비고 (현대적 의미)
태교(胎敎)	임신 중 (胎中; 1세)	임신 중 부모의 교육; 특히 엄마의 행동거지와 생활 자세	임산모의 생활 (임신 중 교육)
입교(立敎)	출생(2세) 유아(3~5세)	유모(자식의 스승 선택의 중요성) (밥 먹고, 말하고, 옷 입을 수 있는 나이) 밥 먹고 말하고 띠 매는 법 이해	안방 수업 (가정교육)
	6세	셈하기, 방위(方位) 이름 가르치기	
	7세	남녀유별의 의미(不同席)	
	8세	사양(辭讓)하는 예의	
	9세	날짜 세는 법	
	10세	스승에게 배우러 나감; 글, 셈, 육서, 어린이 예의범절 등	바깥방 학습 (가정 내 교수-학습; 학교교육)
	13세	악(樂), 시(詩), 활쏘기 말부리기 등	
	20세	관례(冠禮), 성인 초기의 예(禮) 교육	
	30세	혼인, 남자의 본분, 학문의 길	직장 생활

54) 황준연, 『율곡철학의 이해』, 서울: 서광사, 1995, 177~178쪽 참조.
55) 「第3正家」 "刑內": 女正位乎內, 男正位乎外, 男女正, 天地之大義也. 尊卑內外
之道正, 合天地陰陽之大義也.

40세	초기의 벼슬(관직)	
50세	지도자급; 대부(大夫) — 정치(政事)	(성인교육)
70세	은퇴; 치사(致仕)	

『대학』의 「제가」 부분을 다루는 전8장에는 '자식'교육에 대한 언급이 없다. 율곡의 학문적 심화와 실천의 강화는 이런 지점에서 확연하게 드러난다. 엄밀하게 말하면, 유학에서 교육은 정치와 유기체적 연관을 갖는 핵심 중의 핵심이다. 그것은 여러 번 강조하였듯이, '수기치인(修己治人)·내성외왕(內聖外王)·성기성물(成己成物)'의 교육철학사상 전 과정에 스며들어 있다. 교육을 통해 개인의 '내면적 충실'을 도모하고, 정치는 그것을 담보로 타자에 향한 사회의 '외면적 배려'를 실현한다. 율곡은 그런 유학의 지향을 『대학』에서 언급한 것보다 훨씬 심도 있고 구체적으로 그려냈다.

성학(聖學)의 차원에서 '자식'교육에 대해 빠뜨릴 수 없는 것이 '세자(世子)'교육이다. 세자교육은 '왕실(王室)'교육의 부분이지만, '정가(正家)'의 입장에서 보면, '부모가 모범이 되어 자식에게 건전한 영향을 주어야 집안이 바르게 된다'라는 논리를 바탕으로 전개된다. 그 논리를 율곡은 다음과 같이 대변한다.

> 사람은 공경하는 바가 있어야 한다. 그래야 방자하지 아니한다. 두려워하는 바가 있어야 한다. 그래야 멋대로 방탕하지 아니한다. 이렇게 될 때, 마음이 움직여 성정(性情)을 누르고 학문에 나아가 덕을 닦을 수 있다.[56]

여기에서 '공경하는 바'와 '두려워하는 바'는 다름 아닌 '부모(父母)'이다. 자식은 부모를 공경하는 동시에 두려워하면서 삶의 모델로 삼는다. 이런 부모를 가문(家門) 전체로 확장하면 '집안의 어른'에 해당한다. 그것은 종가(宗家)를 중심으로 하는 종자(宗子)를 통해 지속된다. 이 집안에서 이

---

56) 「第3正家」 "敎子": 人有所敬而不肆, 有所畏而不放, 然後能動心忍性, 進學修德焉.

루어지는 가문교육은 궁극적으로 부모와 자식 간의 관계 문제이며, 그것을
집안사람인 친척들에게 확장하는 작업이다.

2) 정가의 외면적 구현; 친친·근엄·절검

앞에서 언급했듯이, 『대학』에서는 '제가(齊家)'의 본령을 '편벽됨'에 대
한 경계로 정돈하였다. 율곡은 이를 이어 받아 더욱 충실하게 보완한다.
'편벽됨[치우침]'에 대한 경계에서 율곡은 '중도(中道)'의 중요성을 강조하
며 '제가'의 근본정신을 재확인하였다.

> 친한 이를 더 친하게 하는 것은 집안에서 우선해야 할 일이다. 그것
> 을 실천하는데 한 가지 길만이 있는 것은 아니다. 한 집안 내에서도 어
> 질고 어리석은 것이 같지 아니한 경우가 있다. 하지만 돈독하고 화목한
> 은혜는 마땅히 균일해야 한다. 취하고 버리는 것도 당연히 구별되어야
> 한다. 후하게 양육하고 부지런히 가르쳐서 그 재덕이 현저한 사람은 선
> 택하여 친히 등용하고, 그 재덕이 없어 등용해 쓸 수 없는 자에게 녹
> (祿)만이라도 먹게 한다면, 집안을 보전할 수 있고, 정사에도 결함되는
> 일이 없게 된다. 후세에는 그 알맞은 중도(中道)를 얻지 못하여 편벽되
> 게 믿고 위임해 버리는 상황이 많이 벌어졌다. …… 폐단을 교정하여
> 억제하는데 지나치게 한다면, 현명하고 유능한 자가 충성하기를 원한다
> 할지라도 등용할 수가 없다. …… 주는 데 절제가 있어야 하고, 접견하
> 는 데 때가 있어야 한다. 따뜻하고 관대한 것으로 열어 주고, 학습한 것
> 을 시험하여 보며, 각각 자기가 쌓아온 것을 전개하도록 하되, 유능한
> 자는 권장하고 능하지 못한 자를 경계한다면, 인정과 예의가 병행하고
> 흥기하여 훌륭하게 될 것이다. 이런 알맞은 중도를 얻지 못하고 사사로
> 운 일에 치우쳐 지나치게 후하게 된다면, 요구하는 일에 반드시 허락하
> 게 되고, 죄가 있더라도 다스리지 아니하여 그 때의 정사에 해를 주게
> 되며, 또 대수롭지 않게 여겨 친절하지 아니하면 서로 상접할 수 없어
> 마치 아무 관계없이 길가는 사람 보듯 소홀하게 대하게 된다. …… 사

사로운 은혜로 공의(公義)를 해치지 말고, 공의로 사사로운 은혜를 끊
지 아니하되, 은(恩)과 의(義)의 차원에서 친한 이를 더 친하게 하는 방
법을 터득해야 한다.57)

『대학』에서 한 쪽으로 치우침에 대한 경계나 깨달음은, "사람들이 제 자
식의 잘못을 알지 못하고 제 밭의 농사가 잘된 줄은 알지 못한다."58)라는
속담 하나로 대변된다. 『대학』의 논리는 바로 자식을 사랑하듯 그런 치우
친 사랑에 빠지고, 농사에 비유했듯이, 왜곡된 물욕과 같은 탐욕스런 마음
에 치우쳤을 때, 집안의 가지런함을 도모할 수 없다는 데 대한 충고이다.
  율곡의 사유와 실천방법의 제시는 여기에 머물지 않는다. 그런 행위를
적극적으로 수정하고 보완할 구체적 실천양식을 찾는다. 그것이 바로 '공
평무사(公平無私)'의 객관성을 주장하는 근엄함(謹嚴), 그리고 절약과 검소
이다. 특히, 치우치거나 편벽되기 쉬운 주변의 인물들에 대한 근엄함은 올
바른 집안의 다스림이 무엇인지, 현대적 차원에서 의미하는 바가 크다. 부
부 사이, 친근한 사람, 적첩(嫡妾)에 대한 분별, 태자(太子)를 정하고 친척
을 다스리며 환관내시(宦官內侍)를 대할 때, 무엇보다도 편벽됨이 없어야
한다. 주변에 있는 친한 사람에게 치우칠 경우, 모든 일은 일그러진다. 때
문에 '예의의 엄정함'이나 '마음의 공평함'과 같은 윤리 문제가 중시된다.
율곡은 다음과 같이 말한다.

---

57) 「第3正家」"親親": 親親, 有家之急務, 而親親亦非一道. 宗族之中, 賢愚不同, 敦
   睦之恩宜均, 用舍之義宜別, 養之厚, 而敎之勤, 擇其才德表著者而親任之, 其無
   才德不可用者, 使之食祿而已, 則宗族可全, 而政事無闕矣. 後世, 不得其中, 若
   偏信而委任. … 若矯弊而抑之過, 則雖賢能願忠, 而莫之用. …… 贈遺有節, 接
   見有時, 開以溫款, 試其所習, 使之各展其蘊, 能者勸, 而不能者戒, 則情禮竝行,
   而興起爲善矣. 後世不得其中, 若偏私過厚, 則有求必從, 有罪不治, 而貽害於時
   政. 若泛而不切, 則一不相接, 疏外如路人. …… 必也不以私恩害公義, 不以公
   義絶私恩, 恩義兩盡, 然後親親之道得矣.
58) 『大學章句』傳8章: 人莫知其子之惡, 莫知其苗之碩.

내외를 분별하여 예법으로써 간격을 두게 하면, 남녀가 각각 그 올바른 것을 얻을 수가 있다. 편벽된 사심을 물리치고 공평한 것으로 임한다면 좋아하고 싫어하는 것이 이치에 맞게 된다. 정실(正室)과 첩(妾)의 구분을 엄격하게 한다면, 위는 화락하고 아래는 공경하게 된다. 나라의 근본을 정하는 데 삼가고 조심한다면 통일이 되어 백성이 편안하게 된다. 친척이나 권속(眷屬)들을 겸양하는 덕으로 가르친다면, 의리가 정당해지고 은혜가 융숭하게 된다. 환관(宦官)들을 늘 변치 않는 법규로써 단속하고 거느린다면, 밝은 측면은 자라나고 어두운 측면은 사라지게 된다. 그 강령은 예의(禮儀)와 공도(公道)로 임할 뿐이다. 예의가 엄정하지 않거나 마음이 공평하지 않다면, 좋은 말이나 훌륭한 정사가 모두 구차하게 글월에 쓰이는 수식어가 될 따름이다. 예의를 엄정하게 한다는 것은 임금이 거처하는 궁중(宮中)이 정숙하고 존비(尊卑)와 장유(長幼)의 질서가 엄연하여 감히 그 분수를 넘지 못하며, 친척 권속들이 삼가고 조심하여 감히 사사로이 통하거나 청알(請謁)하지 않는 일이다. 마음이 공평하다는 것은 골고루 안팎을 주의해 보고 조금이라도 편벽한데 얽매이는 일 없이, 내정(內庭)에서 선한 일을 한 사람이나 악한 일을 한 자나 친척들 가운데 충성된 일을 한 사람이나 죄를 범한 자를 모두 유사(有司)에 돌려서 그 상벌을 논하게 하되, 골고루 바르게 결재하는 일이다.59)

율곡은『대학』에서 말한 편벽됨을 제어할 수 있는 가장 확실한 방법을 '예의의 엄정함'에서 찾았다. 어떤 일에서건 친소(親疏)의 구별 없이 지위와 역할에 맞게 공평하게 결재하는 일, 그것이야말로 집안을 바르게 하는

---

59)「第3正家」"謹嚴": 蓋辨別內外, 閑以禮法, 則男女得其正. 克去偏私, 莅以公明, 則好惡當乎理. 嚴嫡妾之分, 則上和而下敬. 謹國本之定, 則統一而民安. 敎戚屬以謙德, 則義正而恩隆. 律宦寺以常憲, 則陽長而陰消, 宦寺, 陰類也. 其綱在於閑以禮, 莅以公耳, 禮嚴, 而心不公, 則嘉言善政. 皆苟爲文具而已. 所謂禮之嚴者, 宮壼整肅, 尊卑長幼, 秩然有序, 莫敢踰分, 戚屬謹飭, 不敢私通請謁之謂也. 所謂心之公者, 一視內外, 少無偏繫, 內庭之作善爲惡者, 戚黨之輸忠犯科者, 皆付有司, 論其刑賞, 一裁以正之謂也.

핵심 요소이다. 율곡의 이런 태도는 다른 것이 아니라, 유학의 '본분론(本分論)'에 의거한다.

다시 정돈하면, 율곡은 '정가(正家)'의 기초로서 첫째, 집안 내의 부모자식 간의 원활한 관계인 '효경(孝敬)', 둘째, 아내의 올바름, 제 역할을 하게 한다는 '형내(刑內)', 셋째, 자식교육인 '교자(教子)'를 제시했다. 그리고 그것을 확장하여 구현하는 방식에서, 넷째, 친척과 친하게 지낸다는 '친친(親親)', 다섯째, 집안 내의 다양한 관계망에서 공평무사함을 실현하는 '근엄(謹嚴)'으로 보완했다. 다섯 가지는 모두 유기체로 얽혀 있다.

그런데 율곡은 모든 양식 가운데 '절검(節儉)'의 생활태도를 무엇보다도 강조한다. 왜냐하면 '정가(正家)'는 궁극적으로 '절검'의 체득(體得)에서 온전해질 수 있기 때문이다. 그것은 다름 아닌, 집안을 바르게 하는 삶의 실천 행위가 '절제'와 '검소'에 있다는 의미이다. 유학에서 지도자들이 기본적으로 고민해야 할 '안민(安民; 백성을 편안하게 함)'의 차원에서 볼 때, '절검'과 '검소'는 근본에 해당한다. 그러기에 율곡은 「만언봉사(萬言封事)」에서도 '절제'와 '검소'의 중요성을 강조하며 백성의 경제력이 충만하기를 요청했다.

또한 율곡이 『논어』에서 공자가 말한 "우임금은 조금도 흠잡을 데가 없다. 먹는 음식은 간소하였지만 조상에게는 효성을 다하였고, 의복은 허름했으나 불의와 면관은 아름답게 하였으며, 궁실은 허술했으나 봇도랑에는 힘을 다했다"[60]라는 표현이나, 『주서(周書)』의 "문왕은 허름한 옷을 입고 정사를 하면서도 백성을 편안하게 먹고 살 수 있게 하였다."[61]라는 언급을 사례로 제시한 것은, '정가'에서 '절검'이 기본이라는 말이다.

'검소하다'는 것은 '덕의 공순'을 말하며, '사치'라는 것은 '악의 큰

---

60) 「第3正家」 "節儉": 子曰, 禹, 吾無間然矣. 菲飮食而致孝乎鬼神, 惡衣服而致美乎黻冕, 卑宮室而盡力乎溝洫, 禹, 吾無間然矣.
61) 「第3正家」 "節儉": 周公曰, 文王, 卑服, 卽康功田功.

것'이다. 왜냐하면 검소해진다면 마음이 방탕하지 않으므로 상황에 따라 적합하게 할 수 있고, 사치스럽게 된다면 마음이 항상 바깥으로 치달아 날마다 방자하게 되어 만족하는 것이 없게 되기 때문이다. 집안의 자손을 예로 들어보자. 선대의 조상이 부지런히 일해서 집안의 자산을 마련해 놓았는데, 자손이 검소하게 생활하고 절약하여 지켜 가면 여러 세대에 전하여도 가업이 쇠하지 않는다. 반면 자손 가운데 한 번이라도 사치를 부리고 방종한 사람이 나오면 방탕하게 향락을 일삼아 여러 해를 두고 쌓아온 재물을 하루아침에 탕진해 버리게 된다. …… 우리나라는 선왕(先王)들이 여러 세대에 걸쳐서 '절검'을 하여 집안을 거느렸고, 수입을 헤아려서 지출을 하였기 때문에, 재물에는 작작(綽綽)하게 여유가 있었다. 그러므로 창고에 쌓인 재물이 묵고 묵었다. 그러나 연산군 이후부터는 궁중에서 쓰이는 용도가 날로 늘어나고 사치를 부려서 선왕이 끼친 옛 기풍은 따르지 아니하고 그 뒤로부터는 우물쭈물 묵은 관습에 젖어서 기강을 바로 잡는 일을 보지 못하게 되었다. …… 그러므로 평민이 사는 시골 마을에서도 사치하는 풍조가 나타났다. 평민들이 아름답고 화려한 의복이나 진귀하고 맛있는 성찬(盛饌)으로 그 재능과 기교를 다투고, 미천한 천민들도 비단 위에서 잠자고 거처하게 되었다. 이러다보니, 위아래의 규율이 없고 낭비가 적지 아니하여 인심은 날로 방탕해지고 백성의 기력은 날로 곤궁해졌다. …… 반드시 위에서 요(堯)임금이 지붕을 띠 풀로 잇고 계단을 흙으로 쌓았던 것을 마음으로 삼고, 내전(內殿)에서는 마후(馬后)가 몸소 무명옷을 입었던 것을 모범으로 삼아서 궁중의 쓰임새를 절약해야 한다. 검약하는 제도는 궁중에서부터 시작하여 사대부 가정에서 보고 느끼도록 모범을 보여야 하고, 서민에게까지 도달하게 되어야 한다. 그래야만 고질적인 관습을 개혁할 수 있고, 하늘이 내린 재물을 잃지 않을 수 있으며, 백성의 힘도 점차 펼쳐나갈 수 있을 것이다.62)

---

62) 「第3正家」 "節儉": 儉, 德之恭也. 侈, 惡之大也. 蓋儉則心常不放, 而隨遇自適, 侈則心常外馳, 而日肆無厭. 今以人子孫言之, 先世勤勞, 立其産業, 子孫以儉約自守者, 傳累代而家業不替, 一有侈縱者出焉, 則肆意爲樂, 積年所聚, 一朝蕩盡. …… 至如我國, 先王累代, 以節儉繩家, 量入爲出, 綽有餘財. 故府庫之蓄, 陳陳積億, 自燕山以後, 宮中用度, 日漸侈大, 不遵先王之舊, 厥後因循, 未見改

집안을 바르게 다스리는 지도자의 삶은 '자기충실'이라는 수양은 물론, '타자배려'를 지향한다. 우(禹)임금과 문왕(文王)의 사례에서도 보았듯이, 자신의 일에는 아주 박하면서도 백성을 위한 일에는 전력을 다한다.63) 실제로 가문의 실권을 쥐고 있으면서도 개인적으로 물건을 쓰지 않은 공평무사한 정신을 지니고 있다. 그러할 때, 그 효과는 집안의 교화(敎化)로 드러난다.

'정가(正家)'의 근본은 뜻을 정성스럽게 하고 마음을 바르게 가다듬는 데서 나온다. 그러기에 주자가 말하였다. "뜻을 정성스럽게 하고 마음을 바르게 가다듬는 공적(功績)이 쉬지 아니하고 오랫동안 계속하게 된다면, 곧 그 스며들어 찌듯이 몸에 투철하고 그 녹아들어 널리 두로 퍼져서, 저절로 그만두지 못하게 된다. 이는 지적 능력으로 미칠 수 있는 바가 아니다." 뜻을 정성스럽게 하지 않거나 마음을 바르게 가다듬지 않았기 때문에 '정가'하는 데까지 미루어 나갈 수 없는 것이다. 가문이 바르지 아니하기 때문에 치국(治國)하는 데까지 미루어 나갈 수가 없다. 진실로 뜻을 정성스럽게 하여 마음을 바르게 가다듬을 수 있다면, 가문과 나라는 다스리기 쉽다.64) 이런 차원에서 율곡이 추구하는 '정가(正家)'의 궁극 목적은 뜻을 정성스럽게 하고 마음을 바르게 가다듬는 일이다. 그것은 『대학』에서 "몸을 닦아 집안을 가지런히 한다."라는 말의 심화 확장이다.

紀. …… 閭巷之間, 奢靡成俗, 以美麗之衣, 珍盛之饌, 爭能鬪巧, 倡優下賤, 寢處錦綺, 上下無章, 糜費不貲, 人心日放, 民力日困. …… 必也自上以帝堯茅茨土階爲心, 內殿以馬后躬服大練爲法, 節損宮中用度, 儉約之制, 始于掖庭\, 使士大夫家, 觀感取則, 達于庶民, 然後錮習可革, 天財不流, 民力漸舒矣.

63) 김익수, 「栗谷의 正家論」, 『栗谷學』 제5집, 사단법인 율곡사상연구원, 1992, 172~174쪽 참조.
64) 「第3正家」 "功效": 推原其本, 則是文王意誠心正之功. 故朱子曰, 意誠心正之功, 不息而久, 則其熏蒸透徹, 融液周徧, 自有不能已者, 非智力之私所能及也. 惟其意不誠, 心不正. 故不能推以正家, 家不正. 故不能推以治國, 苟能意誠而心正, 則家國在擧而加之耳.

이상에서 다룬 '제가(齊家)'와 '정가(正家)'의 논리 구조와 그 특징을 다음과 같이 정리할 수 있다.

〈표 2〉 정가의 논리 구조와 특징

大學	聖學輯要		특징
齊家 辟 －치우침에 대한 경계	正家	孝敬 부모 자식 사이의 쌍무 윤리	실천의 기초 집안 내의 내면화
		刑內 아내의 올바름	
		敎子 자식 교육의 중요성	
		親親 친척으로의 확장	응용 실천 집안 내의 외면화
		謹嚴 친친의 방식	
		節儉 집안사람들의 생활 태도	

5. 치국·평천하의 정치철학

1) 위정의 실천 기초; 용현·취선·식시무·법선왕·근천계

『대학』에서 정치의 문제는 '치국(治國)'과 '평천하(平天下)'를 다루는 '전9장～전10장'에 걸쳐 집중되어 있다. 그것은 앞에서 언급한 '효(孝)·제(弟)·자(慈)'라는 '가문(家門) 윤리'의 사회적 확장을 통해 구현된다. '수신'에서 '제가－치국－평천하'의 과정이 '수신－제가'를 바탕으로 한 '치국－평천하'의 정치 원리로 자연스럽게 이어진다. 이때 구체적 실천의 힘은 '인(仁)'이다. '인'은 『논어』의 언급처럼 '사람을 사랑하는 일'로, 타자를 향해 열려 있는 마음이다. 그것은 인간의 관심이자 이해이며 배려이다.

한 집안이 어질면 온 나라에 어진 기풍이 일어나고, 한 집안이 겸양하면 온 나라에 겸양의 기풍이 일어난다. …… 요임금과 순임금이 세상을 어짊에 근거하여 다스리니 백성이 그를 따랐다.65)

---

65) 『大學章句』傳9章: 一家仁, 一國興仁. 一家讓, 一國興讓. …… 堯舜帥天下以仁

인(仁)은 이 구절을 바로 이어서 나오는 전10장에서 '혈구(絜矩)'의 도리
로 드러난다. '혈구(絜矩)'는 문자 그대로 이해하면, '자로 재어보고 헤아리
는 마음'이다. 공자의 일관지도인 '충서(忠恕)'의 개념에서 보면, '추서(推
恕)'로 표현된다. 이때 '혈구'는 '인'을 행하는 일종의 실천 방식이다. 다시
말하면, '추서(推恕)'는 나의 마음을 접어주는 데서 미루어보는 타자에 대
한 양보이자 이타심의 발현이다. 타자와 관계하는 혈구의 도리는 다음과
같이 중첩적으로 강조된다.

> 정치지도자가 집안의 늙은이를 늙은이로 제대로 대접하면 그것을 본
> 백성은 효의 기풍을 일으킬 것이고, 사회의 덕망 있는 어른을 어른으로
> 대접하면 그것을 본 백성은 공경의 기풍을 일으킬 것이며, 외로운 아이
> 들을 불쌍히 여기면 그것을 본 백성이 배반하지 않을 것이다. …… 윗
> 사람에게 느꼈던 싫어하는 바로 아랫사람을 부리지 말고, 아랫사람에게
> 느꼈던 싫어하는 바로 윗사람을 섬기지 말며, 앞사람에게 느꼈던 싫어
> 하는 바로 뒷사람에게 먼저 행하지 말고, 뒷사람에게 느꼈던 싫어하는
> 바로 앞사람을 따르지 말며, 오른쪽 사람에게 느꼈던 싫어한 바로 왼쪽
> 사람을 사귀지 말고, 왼쪽 사람에게 느꼈던 싫어하는 바로 오른쪽 사람
> 을 사귀지 않아야 한다.66)

이처럼 혈구의 도리는 자기(自己)를 중심으로 상하전후좌우(上下前後左
右)에 대해, 길고 짧고 넓고 좁고 크고 작고 할 것 없이 하나같이 공평하게
하는 작업이다. 이런 마음의 헤아림을 통해 상하사방(上下四方)이 고르고 가
지런하며 방정해져서 남거나 부족한 곳이 없게 만드는 인의 실천양식이다.
율곡은 『성학집요』에서 혈구의 도리를 기본으로 하여 '치국·평천하'를

而民從之.
66) 『大學章句』傳10章: 所謂平天下, 在治其國者, 上老老, 而民興孝, 上長長, 而民
興弟, 上恤孤, 而民不倍. …… 所惡於上, 毋以使下, 所惡於下, 毋以事上, 所惡
於前, 毋以先後, 所惡於後, 毋以從前, 所惡於右, 毋以交於左, 所惡於左, 毋以交
於右. 此之謂絜矩之道也.

「위정(爲政)」으로 재편하였다. 『대학』이 지향한 '치국·평천하' 사유와 행위를 구체적이고 체계적이며 현실적으로 그려낸다. '대학(大學)'이라는 '어른'의 학문, '성학(聖學)'의 이론 체계에만 머물지 않고, 현실적 역동성을 지닌 정치의 실천성을 확보했다.

율곡은 먼저, 왜 정치를 하는지 그 근본을 밝힌다. 그것은 "천지는 만물의 부모이고 임금은 백성의 부모"[67]라는 언급에 의지한다. 정치의 근본은 최고지도자이자 지성인 임금이 덕을 닦는 일이다. 임금의 직분은 '백성의 부모와 같다'라는 점에서 그 본분과 행위의 기준을 확보해야 한다.[68] 그리고 백성을 위해 사랑을 베풀어야 한다. 이런 정치는 "백성이 많고 부유한 뒤에 가르쳐야 한다"라는 대체적인 체계와 과정, 즉 다스릴 대상인 '노동력의 확보－경제 생산력의 증대－교육시스템'의 구축에 의한다. 이른바 '안민(安民)－부민(富民)－교민(敎民)'이라는 유학의 체계이다. 그것은 천시(天時)를 따르고 지리(地理)를 말미암아 양민(養民)의 도구를 만들고, 인심(人心)에 말미암고 천리(天理)에 근본하여 교화(敎化)의 도구를 만들며, 인정(人情)을 조절하고 시무(時務)를 헤아려 손익(損益)의 법규를 만드는 성인(聖人)의 정치이다.[69] 이때 가르치는 내용은 '구경(九經)'이다.[70]

율곡은 정치에서 무엇보다 어진 사람의 등용을 중요하게 여겼다. 그것은 공자의 다음과 같은 언표를 기준으로 삼는다. "정치하는 데는 인재를 얻는 것이 중요하다. 현명한 사람을 기용하지 않고 정치를 잘하는 지도자는 없다." 임금과 신하가 서로 잘 만나야 정치를 잘 할 수 있기 때문에 임금의 직책은 오직 현명한 사람을 파악해서 정사를 잘 맡기는 것이 우선이

---

67) 「第4爲政」 "總論": 天地爲萬物之父母, 元后爲斯民之父母. 此言甚切矣.
68) 「第4爲政」 "總論": 人君修德, 是爲政之根本, 而先知君職在於父母斯民, 然後建中建極, 以爲表準, 則其效若衆星拱之矣.
69) 이상익, 「『성학집요』를 통해 본 율곡의 정치학적 기획」, 『율곡학연구』 제1집, 한림대 한림과학원 율곡학연구소, 2005, 175쪽.
70) 「第4爲政」 "總論": 富庶而敎, 爲政之規模也. 九經之事, 爲政之節目也.

다.71) 현명한 사람을 제대로 등용하기 위해서는 '사람을 보는 방법'을 알아야 한다. 때문에 율곡은 "소행이 비록 착할지라도 명예를 좋아하고 벼슬을 좋아하는 생각이 마음에 있다면, 그 하는 일이 착하지 못하다"라고 보고 이런 부류의 사람을 경계했다.72) 이외에도 '군자의 행실', '소인의 간사함을 구별하는 방법', '군자와 소인에 대한 통론', '등용과 불등용의 편의', '어진 사람을 구하는 방법', '임용의 도리', '예경 친신의 도리', '소인을 멀리하는 방법' 등을 자세하게 제시하며, 지도성을 구비한 인격자를 갈구했다. 그에 대한 율곡의 염원은 다음과 같이 표현된다.

어진 이는 국가에 필수적으로 쓰여야 할 사람이다. 나라를 다스리려고 하면서 어진 이를 구하지 않은 것은 배에 있는 노를 버리고 하천을 건너려는 것과 같다. …… 임금은 반드시 먼저 궁리(窮理)와 지언(知言)을 하여 권도(權度)에 어긋나지 않아야만 어진 이를 알아볼 수 있다. 아는 것이 제대로 밝아서 마음 깊은 속까지 통찰해야만 서로 믿을 수 있다. 믿음이 정말 돈독하여 부절(符節)같이 합하져야만 서로 기뻐할 수 있다. 기뻐하고 진짜로 가깝게 되어 은혜가 부모-자식의 관계와 같이 되어야만 정사를 위임할 수 있다. 위임했을 때 성실성 있게 하여 두 가지 마음을 먹지 않아야만 도를 행하고 최고의 정치를 할 수 있다. 그리하여 하고 싶은 뜻대로 한 시대를 훈도하고 넉넉하게 해야 길이길이 영향을 끼칠 수 있다. 임금과 신하가 만나는 것이 어찌 우연이겠는가.73)

임금과 신하의 관계가 자연스럽고 적절하게 맺어지면, "반드시 그 사람

---

71) 「第4爲政」 "用賢": 孔子曰, 爲政在於得人, 不用賢, 而能致治者, 未之有也. 君臣相得, 乃可有爲, 人君之職. 惟以知賢善任爲先務.

72) 「第4爲政」 "用賢": 所行雖善, 若有好名好爵之念在心, 則所由不善矣.

73) 「第4爲政」 "用賢": 賢人者, 有國之器用也. 求治而不求賢, 猶捨舟楫而求濟川也. …… 人君必先窮理知言, 權度不差, 然後可以識賢矣. 知之甚明, 肺肝洞照, 然後可以相信矣. 信之甚篤, 如合左契, 然後可以相悅矣. 悅之甚親, 恩如父子, 然後可以委任矣. 任之甚專, 不貳不參, 然後可以行道致治. 惟意所欲, 而陶甄一時, 垂裕萬世矣. 君臣相遇, 豈偶然哉.

의 착한 점을 취하여 모든 계책을 하나도 빠짐없이 들어서 시행해야만 정치를 온전하게 할 수 있다."74) 착한 점을 취한다는 것은 무엇일까? 사람은 제 각기 지혜를 지니고 있다. 때문에 어리석은 사람이라고 할지라도 그 나름의 지혜는 있다. 만약 여러 지혜를 모두 취하여 하나의 지혜로 합하고, 나를 골고루 살피고 정밀하게 밝혀 적절함을 얻는다면,75) 그것은 정치에서 훌륭한 지혜의 보고(寶庫)를 움켜쥔 셈이다.

그리하여 율곡의 사유는 현실의 시대 인식으로 들어간다. 그것은 유명한 '창업(創業)－수성(守成)－경장(更張)'의 논리이다. "지혜로운 사람은 알려고 하지 않는 것이 없다. 마땅히 힘써야 할 것에 우선순위를 두고 실천하고, 여러 계책이 모였다고 하더라도 반드시 먼저 이 시대에 절실한 것을 취해야 한다!"76) '창업(創業)'은 개혁할 세태를 당하여 천리(天理)와 인사(人事)에 순응하여 실행하는 사업이다. '수성(守成)'은 성(聖)스러운 임금과 어진 재상(宰相)을 통해 법을 창제하여 정치 기구를 모두 베풀고, 예악을 융성하게 하여, 후세의 임금과 후세의 어진 이는 다만 그 이룬 것을 법규에 따라 가만히 준수하는 일이다. '경장(更張)'은 개혁과 동일한 의미이다. 나라가 극성하면 그 가운데가 미약해지고, 법이 오래되면 폐해가 생기며, 마음이 안일에 젖으면 고루한 것에 인습되고, 온갖 제도가 해이해지면 나날이 어긋나서 나라를 다스릴 수 없다. 때문에 이때는 반드시 현명한 임금과 현명한 신하가 있어, 개연히 일어나 근본을 붙들어 혼탁한 것을 다시 일으키고 묵은 인습을 깨끗이 씻어서 숙폐를 개혁하며 선왕의 뜻을 이어 일대의 규모를 새롭게 해야 한다.77)

---

74) 「第4爲政」 "取善": 君臣旣相得矣. 而必須取人之善, 羣策畢擧, 然後可以致治.
75) 「第4爲政」 "取善": 人各有智. 故愚者亦有一得. 苟能悉取衆智, 合爲一智, 而在我衡鑑, 精明得中, 則天下雖廣, 運之掌上, 事機雖煩, 決之建瓴矣.
76) 「第4爲政」 "識時務": 智者, 無不知也. 當務之爲急, 羣策雖集, 必先取其切於時務者.
77) 「第4爲政」 "識時務": 創業之道, 非以堯舜湯武之德, 値時世改革之際, 應乎天而順乎人, 則不可也, 此無以議爲. 若所謂守成者, 聖君賢相, 創制立法, 治具畢張,

율곡은 16세기 후반, 당시 조선이 처한 사회 현실을 보며 개혁을 고민하였다. 크게 변혁하면 이익이 되고, 적게 변혁하면 그만큼 손해가 된다고 인식했다. 이른바 '경장(更張)'의 시대로 접근한 것이다.[78] '경장(更張)'은 유학적 가치관에서 '보민(保民)'과 '안민(安民)'이라는 정치를 실현하기 위한 방법이다.[79] 그런 시대 인식이 『대학』에서 강조한 '혈구의 도리' 수준에서, 현실 정치를 논의할 수 없게 만들었을 것으로 판단된다.

이렇게 '시무(時務)'를 제대로 한다고 해도 과거 태평성대를 이룬 선왕(先王)의 정치를 회복하기는 쉽지 않다. 왜냐하면 세상의 속된 무리들이 고질병처럼 득실거리기 때문이다. 그러므로 선왕을 모범으로 하여 '시무(時務)'를 돌아보아야 한다. 이것이 바로 선왕을 모범으로 하는 '법선왕(法先王)'이다. 선왕을 본받는 사안은 중국 고대의 태평성대 시대인 하·은·주(夏·殷·周) 삼대를 모델로 한다. 그러기에 앞의 우임금과 문왕의 사례에서 언급했듯이, 어진 신하를 구해서 정사를 맡기면 그들은 작록(爵祿)을 보존하지 않으리라고 기대했다. 아울러 기강(紀綱)을 통할(統轄)한다면, 그들이 권세(權勢)를 굳게 할 수 없다. 조정이 청명하다면, 뇌물을 받을 수 없고, 예의로 풍속을 이루면 음란하고 사치스러운 짓을 홀로 할 수 없을 것이다. 공업을 살펴서 내친다면 오래토록 안일할 수 없을 것이다.[80]

이러한 이해에 기초하여 율곡은 인간의 삶과 세상의 이치에 대해 의미를 재확인 한다. 그것은 매우 상식적인, '착한 일에는 복을 내리고, 음탕한

禮樂濟濟, 則後王後賢. 只得按其成規, 垂拱遵守而已. 所謂更張者, 盛極中微, 法久弊生, 狃安因陋, 百度廢弛, 日謬月誤, 將無以爲國, 則必有明君哲輔, 慨然興作, 扶擧綱維, 喚醒昏惰, 洗滌舊習, 矯革宿弊, 善繼先王之遺志, 煥新一代之規模, 然後功光前烈, 業垂後裔矣.

78) 황의동, 「栗谷의 爲政論」, 『栗谷學』 제5집, 사단법인 율곡사상연구원, 1992, 208쪽.

79) 장숙필, 「율곡 경장론의 특징과 그 현대적 의의」, 사단법인 율곡학회, 『栗谷思想研究』 제10집, 2003, 34쪽.

80) 「第4爲政」 "法先王": 誠使人主有志於復三代之治, 而求賢委任, 則其爵祿不可保也. 摠攬綱紀, 則其權勢不可固也. 朝廷淸明, 則賄賂不可受也. 禮義成俗, 則奢淫不可獨也. 考績黜陟, 則安逸不可恒也.

일에는 화를 내린다'라는 일반적 논리이다. 이는 다름 아닌 "도를 따르면
길하고 도를 거슬리면 흉하다"[81]라는 우(禹)임금의 언표에 기인한다. 그러
므로 '재앙을 만났을 때 수신(修身)하는 방법'이나 '환란(患亂)을 만났을
때 예방하는 방법'을 구체적으로 제시하고, 이를 터득하여 정사(政事)에 임
할 것을 권고한다.

> 세상에는 변하지 않는 일도 있고 변하는 사안도 있다. 선한 행위에는
> 좋은 일이 생기고, 악한 행위에는 나쁜 일이 생기는데, 이는 이치의 당
> 연함이다. 선한 행위에 좋은 일이 생기지 않거나 악한 행위에 나쁜 일
> 이 생기지 않는데, 이는 이치의 괴이함이다. 성(聖)스러운 임금이 나쁜
> 일을 겪고 자신의 몸을 닦고 반성하면, 재앙이 변하여 좋은 일로 된다.
> 반대로 용렬하고 어두운 임금이 재앙이 오지 않는다고 하여 묵은 관습
> 에 젖어 있으면, 도리어 재앙을 초래하게 된다.[82]

이런 세상의 이치를 파악하고, 삼가고 조심하며, 정사(政事)를 도모하는
작업이 바로 '근천계(謹天戒)'이다. 그것은 철저하게 '진실한 마음'으로 '진
실한 덕'을 닦을 때, 효과를 볼 수 있다.[83] 여기까지가 정치를 행하는 근본
과 정치를 실천하기 위해, 무엇을 갖추어야 하는지, 그 교육철학에 대한 고
려이다.

2) 위정의 실제 구현; 립기강·안민·명교

이제 구체적으로 정치를 실천하는 일은 '기강(紀綱)의 확립'에서 시작된

---

81) 「第4爲政」 "謹天戒": 惠迪吉, 從逆凶.
82) 「第4爲政」 "謹天戒": 第於其間, 有常有變, 善之致祥, 惡之致災, 理之常也. 善不
　　見祥, 惡不見災者, 數之變也. 聖賢之君, 因災修省, 則災變爲祥, 庸暗之主, 狃於
　　無災, 則反招殃禍. 此必然之勢也.
83) 「第4爲政」 "謹天戒": 大抵應天以實, 不以文, 誠以實心修實德, 則危可使安.
　　…… 此以實心修實德之效也.

다. '기강(紀綱)'은 그물의 윗부분 벼리와 아랫부분 추의 작용으로 그물을 활짝 펴게 하여, 그물의 역할을 제대로 하게 만들어 준다. 그것은 어진 사람과 어질지 못한 사람을 분별하여 상하(上下)의 역할을 구분하고, 공(功)과 죄(罪)를 밝혀, 상벌(賞罰)의 시행을 공정히 하는 작업이다. 달리 말하면, '기강'은 인간과 사물의 본분과 역할, 이치에 맞게 실천되어야 하는 당위법칙이자 삶의 표준이다. 율곡은 다음과 같이 강변한다.

> '기강(紀綱)'은 나라의 원기(元氣)이다. '기강'이 서지 않으면 모든 일이 일그러지고, 원기가 튼튼하지 않으면 몸이 제대로 설 수 없다. …… 정치에서 '기강'을 잘 세운다는 것은 학자가 '의(義)'를 모아서 '호연지기(浩然之氣)'를 낳게 하는 일과 같다. …… 임금이 뜻을 먼저 정하여 교육철학을 바르게 하고, 몸을 성실히 하며, 호령(號令)을 펼쳐 일을 한결 같이 거행하면 공정한 도리에서 나오지 않은 것이 없다. 신하들에게 임금의 마음을 우러러보고, 맑은 하늘과 같이 느끼게 하여, 흥기하는 것이 있게 해야 한다. 그래야만 어진 이를 높이고 잘하는 일을 부리며, 망령된 자를 쫓아 내고 간사한 자를 제거하며, 실적을 평가하여 상벌(賞罰)을 분명히 하며, 일을 시행하고 조처하는 것이 천리(天理)에 따르고 인심(人心)에 합당하지 않은 것이 없게 된다. 이렇게 하여 세상을 복종시킨다면, '기강(紀綱)'이 진작(振作)되고 명령이 행해져서 세상의 일이 모두 여의치 않은 것이 없을 것이다.[84]

모든 조직은 기본 규율을 통해 유지된다. 그 규율이 '기강'이다. '기강'은 조직을 탄탄하게 만들고 발전시키는 기본 뼈대이다. 정치에서 '기강'은 정치 운용에 핵심이 된다. 율곡은 '기강'의 근본으로 "사심(私心)이 없는 것"

---

84) 「第4爲政」 "立紀綱": 紀綱者, 國家之元氣也. 紀綱不立, 則萬事頹墮. … 夫爲政而能立紀綱, 如學者集義以生浩然之氣. … 必也君志先定, 典學誠身, 發號擧事, 莫不粹然一出於大公至正之道, 使臣下咸得仰睹君心. 如靑天白日, 觀感興起, 然後尊賢使能, 黜憸去邪, 考績核實, 信賞必罰, 施爲注措, 無不順天理合人心. 大服一世, 則紀綱振肅, 令行禁止, 天下之事, 將無往而不如意矣.

을 내세웠고, '기강'을 세우는 방식에서 "공정한 상벌"을 기준으로 했다.

나라의 '기강'이 확립되었다면, 이제 백성을 다스리는 일이 남았다. 정치 기구가 정해졌으므로 그 혜택을 백성에게 돌려야 한다. 임금이 백성을 다스리는 길은 다양하다. 그중에서도 임금과 백성이 '서로 따르는 일'이 가장 중요하다. 여기에서 율곡은 다양한 정치철학을 제시한다. '백성을 사랑하는 길, 백성을 두려워하는 길, 백성을 헤아리는 길, 세금을 적게 거두는 길, 부역의 방법, 형벌의 방법, 의리를 판별하는 길, 절약하고 재산을 만드는 법, 백성이 먹고 살게 하는 길, 군정을 닦고 밝히는 법' 등 구체적인 정치의 양식을 제시했다. 왜냐하면 국가가 효과적인 정치를 하느냐 그렇지 않느냐의 문제는 '기강'의 확립 정도에 달려 있기 때문이다.

율곡은 당시의 조선 사회를 매우 걱정스럽게 직시(直視)하고 있었다. 왕조는 '기강'이 확립되어 있지 않다. 관료 계층은 사사로운 정에 매여 불법을 행한다. 공공성을 띤 사안을 무시하며, 직분에 따라 맡은 일을 제대로 하지 않는다. 부패가 끊이지 않고, 타락하여 무능하다![85] 이에 율곡은 '기강 확립'이라는 정치 구현의 일보를 통해 조선 사회의 개혁을 꾀하였다. 그것은 『대학』에서 구체적으로 제시하지 못한 정치의 실제를 『성학집요』에서 명시한 것으로 이해된다.

물론, 이런 사항은 『대학』에서 '혈구(絜矩)'의 도리와 연관하여, '덕(德)'과 '재물(財物)'의 관계로 설명된다. 즉 "덕은 근본이고 재물은 말단이다. 근본을 가볍게 여기고 말단을 중시하면, 백성을 다투게 만들어 빼앗는 짓을 가르치게 된다." 또는 "지도급 인사들이 재물을 모으면 백성은 흩어지고, 지도급 인사들이 재물을 나누어 주면 백성은 모이게 된다."[86]라는 지도자의 정치 스타일에 주목했다. 지도자는 덕이 있게 마련이다. 덕이 있으

---

85) 林　堅, 「栗谷實學思想及其啓迪」, 『栗谷思想研究』 제15집, 사단법인 율곡학회, 2007, 141쪽.

86) 『大學章句』 傳10章: 德者本也, 財者末也. 外本內末, 爭民施奪, 是故財聚則民散, 財散則民聚.

면 사람이 모이게 마련이다. 사람이 모이면 땅이 있게 되고, 땅이 있으면 재물이 모이게 된다. 재물이 모이면 쓰임이 있게 된다. 덕이 있게 되면 세상 사람들의 마음에 감동을 주어 사람들이 모이게 된다. 사람이 모이면 덕 있는 임금의 땅은 사람이 모인만큼 넓어진다. 그리고 땅이 확장되면 땅을 맡겨 공물을 받게 되는데, 그것이 바로 재물이 된다. 그 재물은 이제 나라를 운용하는 경비의 원천이 되어, '쓰임'이 있게 되는 것이다.

율곡이 말한 백성을 다스리는 길은, 다름 아닌, 『대학』에서 언급한 재물의 올바른 쓰임을 정돈한 것이다. '기강'을 세우는 일은 재물의 바른 쓰임에 달려있다. 달리 말하면, 민생(民生)의 안정을 위한 제도적 장치의 마련과 실현이다. 여기에서 율곡은 『대학』의 '혈구(絜矩) 정신'과 '재물의 활용'을 '기강확립(紀綱確立)'이라는 국가의 체계화로 한 차원 끌어 올렸다.

이제 율곡은 유학의 교육철학에 충실하여, 정치 실천의 마지막 영역에 '교육(敎育)'을 배치하였다. 하지만 『대학』의 '치국·평천하'를 논의한 부분에서는 백성의 교육(敎育)이나 교화(敎化)에 대한 언급은 없다. 어떤 측면에서 보면, 교육의 역할을 밝히는 『성학집요』의 "명교(明敎)" 부분은 『대학』에는 전혀 언급되지 않는, '조선 유학의 특징'일 수 있다. 그만큼 교육을 강조하는 사고가 조선 유학에 담겨 있다고 판단된다. 율곡은 맹자의 사고처럼, 정치의 시작을 민생(民生)의 안정에 두었고, 교육(敎育)을 통한 윤리(倫理)의 정립을 정치의 완성으로 보고 있다. 그것은 '경제'와 '교육[倫理]'를 양대 축으로 하여, 정치를 전개하고 있다는 의미이다.[87] 유학은 '백성이 모이고 배부르면, 가르쳐야 한다!'라는 사유를 기본으로 한다.

『예기』에 이렇게 기록되어 있다. "넓은 땅이 없지만 노는 백성이 없어서 절제 있게 먹고 때에 따라 일을 하면, 백성이 모두 편안하게 살 수 있다. 이런 상황에서는 일을 즐거워하고 공업에 힘쓰며, 임금을 높이고 윗

---

87) 황의동, 앞의 논문, 221쪽.

사람을 친하게 여겨야만 교육이 일어날 수 있다." 먼저 부유하게 만들고 그 다음에 교육하는 일은 이치(理致)와 사세(事勢)의 당연한 것이다.[88]

율곡의 교육을 향한 열정은 조선 사회의 현실과 직결된다. '사람이 모이고 어느 정도의 경제력이 달성되었다면 가르쳐야 한다'라는 유학교육의 철학사상적 신념에서 볼 때, 당시 조선 사회는 전반적인 부분에서 불완전했다고 판단된다. 율곡이 당시를 '경장(更張)'의 시대로 본 이유도 같은 맥락이다.

그런데 율곡이 교육을 정치의 종점에 놓은 것은, 유학의 교육철학을 보다 충실하게 이행하려는 의도로 이해된다. 먼저, 임금 자신이 실천궁행(實踐躬行)해야 한다. 그리하여 백성의 의식주(衣食住)와 삶의 다양한 고충(苦衷)을 제거해 주어야 한다. 그런 다음, 학교를 설립하여 가르쳐야 한다. 예의를 제정하여 질서를 생활화하고, 선을 권하고 악을 징계해야 한다. 이런 교육철학사상은 궁극적으로 인간의 올바른 변화를 고민한다.[89]

율곡은 교육을 일으켜야 하는 근거를 공자(孔子)의 삶에서 찾는다. "법령으로 인도하고 형벌로 다스리면 백성이 수치를 느끼지 못하고 그것을 모면하려고만 한다." 때문에 "덕망으로 인도하고 예의로 다스려 수치를 알고, 또 착한 데로 나아가게 해야 한다." 이를 구현하기 위해, 『성학집요』에서는 '교육에 입문하는 절목'과 '학교를 일으켜 선비가 익히는 사안'에 대해 얘기하였다. 이어서 '선악(善惡)'을 분별하여 풍속(風俗)을 바르게 하는 양식'을 제공하여, 교육을 정치의 궁극에 두었다. 그것은 유학의 교육철학사상이 설정한 '책임감의 발로'이다.[90] 즉 정치지도자이자 공직자이며, 학자이자 교육자로서, 사회지도층이나 지성인이 감당한 책무성의 발현이다.

---

88) 「第4爲政」 "明敎": 禮記曰, 無曠土, 無游民, 食節事時, 民咸安其居. 樂事勸功, 尊君親上, 然後興學. 先富後敎, 理勢之當然. 故安民之後, 終之以明敎.
89) 황의동, 위의 논문, 223쪽.
90) 황준연, 위의 책, 184~185쪽.

이상에서 다룬 『대학』의 '치국·평천하(治國·平天下)'와 『성학집요』의 '위정(爲政)' 논리는 그 구조와 그 특징을 다음과 같이 정리할 수 있다.

〈표 3〉 위정의 논리 구조와 특징

大學	聖學輯要		特徵	
治國平天下 辟 —치우침에 대한 경계	爲政	用賢	훌륭한 인재의 등용	정치 실천의 기초
		取善	훌륭한 인재의 요건(善)	
		識時務	현실 사회에 대한 인식	
		法先王	과거 역사의 교훈	
		謹天戒	세상의 이치와 법칙 이해	
		立紀綱	사회 기강의 확립	정치의 실제적 구현
		安民	국민의 안정	
		明敎	교육의 실천	

6. 닫는 글

율곡의 『성학집요(聖學輯要)』에서 구명한 '수기(修己)'의 교육과정은, 어찌 보면, 매우 간단하다. 인도의 철학자 크리슈나무르티(Jiddu Krishnamurti, 1895~1986)가 강조했던 '자기로부터의 혁명'과도 유사하다. 하지만 속살을 깊이 들여다보면 매우 복잡하면서도 난해하다. 그것은 지금까지 논의한 것처럼, 『대학』을 축으로 『성학집요』를 엮어내는 과정에서 다양한 이론과 실제의 연관을 일상에서 고민하였기 때문이다. 특히, 제왕학(帝王學)—성학(聖學)으로서의 교육철학 시스템을 제시한 사유이기에 더욱 그러하다. 『대학』에서 『성학집요』로의 심화 내용을 '수기(修己)'의 차원에서 의미부여하면, 다음과 같이 정돈할 수 있다.

첫째, 『대학』의 '3강령(三綱領)'이 「수기총론(修己總論)」으로 정리되면서, 교육철학사상의 심화를 예고한다. 『대학』의 경1장에서 '3강령'이 다루어지고 있다면, 『성학집요』에서는 『중용』의 머리장[1장]을 추가하여 '성학(聖學)'을 구축한다. 유학에서 『대학』과 『중용』은 표리관계에 있다. 따라서 율곡은 『중용』으로 『대학』을 보완함으로써, 주자의 유학을 보다 온전하게 그려내었다.

둘째, 『대학』의 8조목(八條目) 가운데 '수기(修己)'에 해당하는 부분을 구체적으로 확장하였다. 8조목 중에서 '수기(修己)'는 '격물(格物)―치지(致知)―성의(誠意)―정심(正心)―수신(修身)'의 5조목이다. 이는 『성학집요』에서 '궁리(窮理)'와 '정심(正心)', '검신(檢身)'으로 대체되면서, '회덕량(恢德量)'과 '보덕(輔德)', '돈독(敦篤)'을 통해 더욱 보충되는 형태로 발전된다. 즉 '격물치지'는 '궁리'로 설명되고, '성의정심'은 '정심'으로 정돈되면서, '회덕량'과 '보덕'으로 보완된다. 또한 '수신'은 '검신'으로 확대되어 '돈독'과 만나면서 교육실천의 구체성을 보인다.

셋째, 『대학』에서 소홀하게 다루었던 '입지(立志)'를 중요하게 지적한다. 『논어』에서 공자가 15세에 '학문에 뜻을 두는' '지우학(志于學)'을 필두로, '입지(立志)'의 문제는 유학에서 파편적으로 거론되었다. 그런데 『격몽요결』과 『학교모범』 등 율곡의 저술 곳곳에서 '입지'는 교육의 초두(初頭)에 핵심으로 자리한다. 그것은 율곡이 강조한 독특한 교육철학 체계이자 중국유학과 변별되는 조선 유학교육사상의 특징이다.

넷째, 『대학』 3강령의 '지어지선(止於至善)'을 '수기(修己)'의 '공효(功效)'로 풀어내었다. 엄밀하게 말하면, '지어지선(止於至善)'은 3강령 가운데 '명명덕(明明德)'이나 '신민(新民)'과는 성격이 다르다. '명명덕'이나 '신민'이 명사형의 개념 용어로서 이론적 측면이 강하다면, '지어지선'은 '지선(至善)'이라는 인간의 가장 적절한 삶의 지속을 의미하는 동사형의 실천·행위적 측면이 강하다. 율곡은 그것을 공효(功效)의 차원으로 정립하면서, '수기'의 교육철학사상을 체계화 했다.

'치인(治人)'에 해당하는 '신민(新民)'의 경우에는 '정가(正家)'와 '위정(爲政)'으로 심화하고 논리와 실천 영역을 확장시켰다.

『대학』의 '제가(齊家)' 부분은 그 말 자체를 '정가(正家)'로 전환하였다.

그리고 '정가(正家)'의 근본을 '정명(正名)'에 두었다. 내면적 성찰의 기초는 몸소 도리를 실천하는 직접적 행위를 통해, 수기(修己)에서 치인(治人)으로 유기체처럼 연결된다. 그 핵심은 가족 윤리의 기초인 '효(孝)·제(弟)·자(慈)'이다. 이는 아내와 자식교육으로 이어져 궁극적으로 부모와 자식 사이의 관계 문제를 바르게 하고, 그것을 가문(家門)의 사람인 친척들에게 확장한다. '정가(正家)'의 외면적 구현은 공평무사(公平無私)의 객관성을 주장하는 근엄함과 절약, 검소에서 시작된다. 이때 유학의 '본분(本分)'이론에 의거하여 '절검(節儉)'하는 생활 태도가 매우 강조된다. 왜냐하면 집안을 바르게 하는 삶의 행위가 절제와 검소에 있기 때문이다. 율곡은 삶의 차원에서 기본적으로 고민해야 할 '안민(安民)'의 실천은 '절검'과 '검소'가 근본이라고 본 것이다. 그리하여 '정가(正家)'의 교육철학은 뜻을 정성스럽게 하고 마음을 바르게 가다듬는 일을 궁극에 두고, 『대학』에서 '몸을 닦아 집안을 가지런히 한다'라는 의미를 고차원적으로 심화하였다.

또한 『대학』의 '치국·평천하(治國·平天下)'는 '위정(爲政)'으로 통합하였다. 이 과정에서 율곡은 정치의 근본이 지도자가 덕(德)을 닦는데 있음을 밝힌다. 그것을 실현하기 위한 일차적 작업으로 '어진 사람의 등용'을 고려한다. 특히, 착한 사람을 취하여 쓰면서, 시대를 인식하고, 역대의 훌륭한 모범적 지도자들의 정치를 본받으며, 세상의 이치를 파악하고, 삼가고 조심하며 정사를 도모해야 한다고 주장했다. 이것이 '위정'을 실천하는 기초에 해당한다. 그리하여 '위정'의 실제 구현은 '기강(紀綱)'을 세우고, 백성을 편안하게 잘 살게 하며, 교육을 통해 백성의 비뚤어진 마음이나 어긋난 생각을 바로 잡는 데 두었다.

총괄해 보건대, 율곡의 『성학집요』는 『대학』에 드러난 단순한 차원의 '수기치인(修己治人)'을 매우 구체적인 인생의 실천 지침으로 발전시켰다고 판단된다. 특히, 모호한 의미를 지닌 유학의 이념을 실제 삶의 현실로 드러내어, 조선 유학의 교육철학사상으로 체계화 하였다. 그것은 지속적인

삶의 건전성을 모색하는 교육을 추구하고, '올바름(正)'을 핵심으로 하는
정치를 지향한다.

7장 수양교육의 사회적 실천

— 내암 정인홍의 실천교육 정신 —

1. 여는 글

내암 정인홍(來庵 鄭仁弘, 1535~1623)은 조선교육사상사에서 거의 다루어지지 않은 선비이다. 하지만 내암은 남명 조식(南冥 曺植)의 문인 가운데 남명의 학문을 가장 깊이 체득하였다. 뿐만 아니라 임진왜란(壬辰倭亂) 때는 누구보다도 앞장서서 자신의 몸을 던졌던 의병장이다. 그만큼 삶의 전반적 행위에서 시비(是非)가 분명한 학자이자 정치인이며 당대에 존경받았던 스승이었다. 요컨대, 유학의 정신을 온몸으로 관철한 수기치인(修己治人)의 모범이었다.

내암은 '글공부[文學]'보다 일상에서 자기충실과 본분을 중시했고, 백성이 근본임을 앞세우는 '위민정치(爲民政治)'를 역설하였다. 그것은 의(義)를 현실적 시비(是非)판단의 기준으로 삼는 데서 확인할 수 있다. 그럼에도 불구하고, 내암은 사후(死後) 300여 년 동안이나 오명(汚名)을 뒤집어 쓴 채, 조선사상사에서 금기시하는 인물이 되고 말았다. 이는 인조반정(仁祖反正) 이후 조선의 사회정치적 흐름에 기인한 바 크다.

여기에서는 내암의 실천적인 삶을 통해 진정한 교육정신을 도출하고, 그것이 현대 한국의 교육철학사상에 어떤 시사점을 줄 수 있는 지 검토한다. 그런데 교육철학사상과 관련하여 내암에 대한 연구가 전혀 이루어지지 않아, 난관에 봉착한다. 내암의 경우, 남명학파의 교육을 다루는 과정에서 약간씩 언급되기는 했지만, 내암의 철학사상에 직접 접근하여 교육철학이나 교육정신을 본격적으로 다룬 연구는 거의 없는 실정이다.[1] 그것은 내암이 동시대의 율곡 이이(栗谷 李珥, 1536~1584)처럼 『격몽요결(擊蒙要訣)』이나 『학교모범(學校模範)』같은 교육학 저서를 집필하거나 『성학집요(聖學輯要)』와 같은 학문의 전 체계를 저술 형태로 제시하지 않고, 삶의 무게 중심을 정치·교육적 실천에 둔 데도 원인이 있을 것이다.2)

분명한 사실은 내암은 남명 이후 남명학파 최고의 스승으로서 교육에 힘썼다는 점이다.3) 뿐만 아니라 노령(老齡)에도 불구하고 의병(義兵)을 일으키면서까지 유학의 가르침에 충실한 실천적 면모를 여지없이 보여 주었다. 이는 모범적 산림처사(山林處士)로서 교육철학자이자 교육사상가로 자리매김하기에 충분하다. 다시 말하면, 내암은 남명학(南冥學)의 맥을 정통으로 계승하면서 유학교육의 실천성을 극대화하였다. 특히, '성(誠)'과 '경(敬)'을 학문의 핵심으로 제시했던 조선의 지적 풍토에서 내암은 '의(義)'를 생명으로 하는 학문적 태도와 교육정신을 발현하였다.

이런 시각에 터하여, 내암의 실천적 철학사상과 그 교육적 의미를 현대적 시각에서 조명해 본다. 먼저, 내암의 인간적 풍모와 실천적 학문의 연원을 살펴보고, 다음으로 경(敬)과 의(義)를 중심으로 하는 교육정신을 고찰한다. 인간적 풍모에서는 어렸을 때부터 체득해 온 공부의 자세와 실천적

---

1) 南冥과 門人들의 교육과 관련한 연구동향을 종합적으로 정리한 성과로 사재명의 「남명과 문인의 교육 연구동향」, 『南冥學研究論叢』 13, 2004이 있다. 여기에서 확인하더라도 來庵 鄭仁弘을 직접적이고 본격적으로 연구한 것은 한상규의 「내암 정인홍의 선비 정신」, 『교육사상연구』 1, 1992이 유일하다.

2) 단재 신채호(1880~1936)는 來庵을 조선 역사상 가장 위대한 經綸을 지닌 政治家로 평가하고 그 전기를 여순 감옥에서 계획하였으나 순국하는 바람에 끝내 탈고하지 못했다고 한다. 일제 치하 민족을 대표할만한 학자의 人物評이 이 정도라면 來庵의 政教정신과 실천력이 어떠한지 짐작할 수 있다.

3) 來庵의 門人은 門人錄에 기록된 사람만 해도 75명이다. 實錄이나 門人 및 師友와의 관련 자료를 살펴볼 때, 100여명이 훨씬 넘으며, 宣祖·光海·仁祖 시기에 出仕하여 활동한 門人이 46명이나 된다. 來庵의 門人들은 官僚에서 山林에 이르기까지, 지역적으로도 진주를 중심으로 하는 慶尙右道에서 慶尙左道, 서울에 이르기까지 광범위하게 분포되어 있어 來庵의 교육적 영향이 어느 정도인지 가늠할 수 있다.

행위 속에서 내암의 모습을 추론한다. 학문 연원에서는 남명으로부터 전수
받은 '경의검(敬義劍)'이 '경(敬)'과 '의(義)'사상을 핵심으로 하고 있다는
점에서 '경'과 '의'에 담긴 유학적 의미맥락을 짚어 본다. 4장에서 남명의
교육철학사상을 논의할 때도 언급하였지만, 유학에서 '경'은 자기 수양으
로, '의'는 현실 세계를 살아가는 운영 원리이자 타인과의 관계에서 이해와
배려로 드러난다. 이는 현대 교육적 의미에서 개인의 수양과 공동체에 대
한 책임의식과 맞닿아 있다. 내암에게서 '경'과 '의'는 개인과 공동체와의
관계를 고려하는 교육정신으로, '자기 수양=현실 세계의 배려'라는 사고로
귀결하고, 사회적 실천성을 더욱 강조하는 보민(保民)의 교육정신으로 승
화한다.

　이러한 내암의 교육적 실천은 지식교육이 비대해진 현대교육이 어떤 지
향을 해야 하는지 주요한 교육의 방향을 지시할 수 있다. 특히 교육철학사
상은 어떤 차원에서 한국교육의 방향을 제시해야 하는지, 실천적 자세의
전범(典範)을 보여줄 수 있다고 판단한다.

2. 인간적 풍모와 학문 연원

1) 인간적 풍모

　위대한 인간의 풍모는 대개 베일에 싸여 있거나 신비한 형상으로 그려
지는 경우가 허다하다. 그러나 유학의 초기 집대성자인 공자(孔子)의 경우,
사마천(司馬遷)은 『사기(史記)』에서 '야합소생(野合所生)', 즉 비정상적으
로 혼인하여 낳은 자식으로 평가했다. 그렇다고 성인 공자의 인간적 풍모
나 체면에 손상이 가는 것은 아니다. 오히려 그런 불우함을 딛고 인간으로
서 최고의 경지에 이르기까지 삶의 궤적이 눈물겹다.

　내암은 공자와 같은 불우한 상황에서 출생하여 자란 것은 아니다. 전하

는 바에 의하면, 내암이 태어나던 해, 내암의 고향에 있던 상왕산(象王山)
에서 기이한 조짐이 생겼는데, 풀과 나무가 모두 말라 죽었다. 또한 내암의
눈은 별처럼 빛나 사람을 쏘아보면 압도하는 기세가 있어 감히 사람들이
마주서지 못하였다. 이는 내암이 타고난 재주와 천품(天稟)이 매우 특이하
고 뛰어났음을 암시한다. 그러나 내암을 시기하는 무리들은 이러한 사건을
두고, '빼어나고 강렬한 눈빛의 소유자는 배신하는 형상을 지닌 자이다'라
고 매도하기도 했다. 그럼에도 불구하고 내암은 일생을 통해, 타고난 기질
을 정말 온전하게 가꾸어 제대로 발현했던 것 같다.[4] 내암에 대한 몇몇 기
록과 평가를 통해 그의 인간적 풍모를 그려보자.

타고난 재주의 발현인지는 몰라도 내암은 어렸을 적부터 학문에 뛰어났
다고 한다. 5세 무렵에 이미 글을 지었는데, 사고의 폭과 깊이가 남다름을
감지할 수 있다. 참새를 가지고 놀다가 새가 죽게 되자 다음과 같은 시를
지었다고 한다.

새 한 마리 죽었다고 사람이 곡하는 일/ 의리상으로는 할 수 없으리/
네가 나 때문에 죽었으니/ 내가 너를 위해 곡하네[鳥死人哭, 於義不可.
汝由我而死, 是以哭之.]

이 글은 <조추문(弔雛文)>, 또는 <제조문(祭鳥文)>이라고 한다. 어린 아
이가 자기가 자기고 놀던 새의 죽음을 보고 제문(祭文)을 짓는 일은 흔하
지 않다. 요즘 식으로 말하면, 애완동물을 가지고 놀다가 그것이 죽었을
때, 추모의 시를 읊었다는 것이다. 그런데 글에서 보여주듯이 어린 내암의
사고 깊이가 보통 아이들 수준을 넘어서 있다. 그의 혜안은 단순히 '새가
죽었다'는 사건에 대한 슬픈 울음이 아니라, 인간과 다른 동물과의 관계에

---

4) 김충렬, 「來庵集 解題—鄭仁弘의 略狀을 겸하여」, 韓國學文獻硏究所 編, 『來庵
集』, 서울: 아세아문화사, 1993; 권인호, 「조선 중기 사림파의 사회정치사상—남명
조식과 내암 정인홍을 중심으로」, 서울: 한길사, 1995 참조.

서 의리[義]에 대한 인식 차원을 엄연히 분별하고 있다는 점이다. 이런 글
귀를 두고, 어린 내암에게 벌써 그의 사상에서 핵심이 되는 의(義)가 터득
되었다고 추측하는 것은 성급한 일인가?

내암이 11세에 해인사에서 공부하고 있을 때의 일이다. 하루는 벼슬아
치가 고을을 순시하느라 해인사에 들렀는데 모든 중들이 나가 벼슬아치를
맞이하고 있었다. 그러나 내암은 태연히 앉아 글을 읽었다. 벼슬아치가 그
모습을 보고 방에 들어와 좌정(坐定)하자 그때서야 일어서서 정중히 인사
를 했다. 기특하게 여긴 벼슬아치가 운자(韻字)를 내어 글을 짓게 하자, 내
암은 다음과 같은 시로 화답했다.

> 한 자 남짓한 외로운 소나무 탑 서쪽에 있네
> 탑은 높고 소나무는 낮아 서로 가지런하지 않도다
> 오늘 소나무가 탑보다 낮다고 말하지 말라
> 소나무가 자라나면 탑이 도리어 낮아지리라[5]

시의 내용과 정황으로 미루어볼 때, 내암의 속내는 무엇일까? 당시 내암
은 학문을 위해 해인사(海印寺)에 머물렀다. 그러기에 벼슬아치가 오건 말
건 자신의 본분인 공부에 충실하였다. 뿐만 아니라 벼슬아치가 공부하는
사람을 예(禮)로 마주했을 때, 시(詩)로써 자신이 아직 무르익지 않았으나
나름대로 미래를 담보할 수 있을 정도의 실력을 기르고 있음을 자부하는
듯하다. 다시 말하면, 지금 우뚝하게 높이 솟은 탑보다도 자라나고 있는 저
소나무가 훨씬 높아질 것이라는, 큰 인물을 지향하는 내암의 의지를 잘 보
여준다.[6]

5세 전후와 11세에 지은 이 짧막한 두 글을 통해 볼 때, 내암의 인간적

---

5) 『來庵集』 卷1 <詠松>: 一尺孤松在塔西, 塔高松短不相齊. 莫言此日松低塔, 松
長他時塔反低.

6) 이상필, 『남명학파의 형성과 전개』, 서울: 와우출판사, 2005, 104쪽.

풍모가 이미 싹트고 있음을 추측할 수 있다. 참새의 죽음을 슬퍼하면서 의(義)를 고민했고, 해인사에서 공부할 때는 자기 수양은 물론 본분에 충실하며 미래를 준비했다. 그리고 그것은 장성하여 정치 관료와 학자의 길을 갈 때 그대로 실천되었다.

내암이 올바름[義]과 본분에 충실하는 태도는 나이가 들면서 곳곳에서 포착된다. 24세 때, 생원시(生員試)에 합격하였으나 과거의 타락상을 보고 대과(大科)를 치르지 않았고, 39세 때는 탁행지사(卓行之士)라는 유일(遺逸)이자 당시 5현사(五賢士)의 한 사람으로 당대 최고의 선정관(善政官)으로 뽑혔다. 44세 때 영천군수로 재직하면서 목민관으로서의 본분인 민본사상에 토대한 백성 우선 정책을 실천하자, 부패한 관리들은 내암을 탄압하였다. 이에 내암은 스스럼없이 벼슬을 버리고 낙향해 버렸다. 46세 때는 사헌부 장령으로 임명되어 서울로 오자, 당시 사람들이 내암의 청렴결백(淸廉潔白)하고 백성을 위해 정치하며 어떠한 불의(不義)나 부패(腐敗)와도 타협하지 않는 강직한 명망을 듣고, 모두 그 모습을 보려고 모여들 정도였다고 한다.7) 58세 때에 임진왜란이 일어나자 의병(義兵)을 일으켜 결정적인 전공(戰功)을 세웠고, 이후 여러 차례 벼슬을 내렸으나 부임하지 않고, 산림처사(山林處士)로서 의리와 본분을 지켰다.8)

그가 남긴 '상소(上疏)'나 '차(箚)'를 비롯한 여러 글을 통해 볼 때, 대부분 '의리와 본분에 충실하라!'는 권고가 스며있다. 그것은 유학의 기본 정신인 수기치인의 실천이자 진정한 지도자이자 스승으로서의 모범적 행위이다. 현대 교육학에서도 지도자의 특성, 즉 지도성과 연관된 인간적 특성을 다양하게

---

7) 『栗谷全書』卷30 <經筵日記>: 鄭仁弘以掌令上京. 仁弘以淸名重於世, 及拜是職, 人皆想望風采.; 『朝鮮王朝實錄』卷24 <宣祖實錄>에서도 來庵의 실천행위를 다음과 같이 기록하고 있다. "鄭仁弘은 잘못을 탄핵함에 地位高下를 가리지 않고 나라의 法令을 엄히 지켜 한때나마 나라의 紀綱이 자못 숙연했다. 鄭仁弘은 백성의 생활이 곤궁한 까닭을 貢物을 중간에서 가로채는 모리배와 고을 守令들과 衙前들이 貪虐하기 때문이라고 주장하고 이를 嚴禁하도록 촉구했다."

8) 권인호, 앞의 책, 122~127쪽 참조.

분류한다. 예컨대 스토그딜(R. M. Stogdill)의 경우, 재능(capacity), 성취 (achievement), 책임(responsibility), 참여(participation), 지위(status) 등 5개 범주로 나누고 있다.9) 내암의 경우, 이 다섯 가지 영역에서 어느 하나도 부족함이 없을 정도이다. 어릴 때부터 뛰어난 재능, 학문적 성취, 맡은 임무에 대한 책임감, 사회적 참여와 당시 동료와 후학들에게 미친 영향과 지위 등으로 볼 때, 교육철학자이자 사상가로서 완벽에 가까운 위상을 확보하였다.10) 그러기에 『조선왕조실록』은 내암의 인물됨을 다음과 같이 총체적으로 평하고 있다.

　　정인홍은 남명 조식의 고제(高弟)이다. 어려서부터 임하(林下)에서 글을 읽어 자못 기절(氣節)로 자허(自許)했고, 영남 선비들의 대부분이 그를 추도하여 일컫기를 '내암 선생(來庵 先生)'이라고 했다. 불세(不世)의 사명(思命)을 입어 초야에서 일어남에 군왕은 자리를 비우고 기다렸고 조야(朝野)는 눈을 씻고 그의 풍채(風采)를 바라보았다. 그는 먼저 군왕의 잘못된 생각을 바로잡고 이어서 시무(時務)의 급한 것을 진달(陳達)하여 한 두 사류(士類) 가운데 뛰어난 자와 마음을 합하고 뜻을

---

9) 윤정일 외, 『教育行政學原論』, 서울: 학지사, 1999, 95～96쪽 참조.
10) 栗谷 李珥은 「石潭日記」에서 來庵을 다음과 같이 평가하였다. "來庵은 강직하지만, 생각이 정밀하지 못하고 학식이 밝지 않다. 군사를 쓰는 데 비유하면 돌격장이 될 만하다(栗谷曰, 德遠剛直, 而計慮不周, 學識不明. 譬之用兵, 可用以謂突擊將矣.)" 그러나 來庵이 經筵에서 講義할 때, 여러 차례 座中의 學者들이 승복할 만큼 學問的 品格이 뛰어났다는 기록으로 볼 때, 栗谷의 평가는 偏見에 불과하다. 來庵의 학문이 겉으로 이름만 대단하고 실속 없는 것처럼 언급되는 것은 내암을 의도적으로 깎아내리기 위한 무리들이 꾸며낸 말일 것이다. 왜냐하면 來庵이 1602년 大司憲으로 召命 받았을 때 수백 명의 門徒가 찾아왔다는 기록도 있고, 합천을 중심으로 인근의 성주, 고령, 거창, 함양, 안음, 산음, 진주, 삼가, 초계 등의 선비 가운데 이름난 이들은 모두 來庵의 門人이기 때문이다. 學識이 밝지 않았다면 來庵學派라고도 이를만한 이들이 모였을 리가 없다. 앞에서 언급한대로 門人錄에 기록된 제자만 해도 75명이다. 그런데 어찌 학식에 밝지 않다고 할 수 있겠는가?

같이하여 가부(可否)를 논의(論議)하고 조론(朝論)의 시비와 용사(用捨)의 득실을 밝혀 점차 바르게 하고 보구(補求)하는 데 힘썼다. 청류들은 그에 의중하고 흥망은 그를 통쾌하게 여겼다. 인홍은 조금도 조야의 기대에 어긋남이 없었다.[11]

요컨대 내암은 선조(宣祖)가 "그의 굳센 절개는 백단으로 꺾으려 해도 꺾을 수 없다"고 했고, 광해군(光海君)이 "충성심과 굳센 절개는 우뚝하여 미치기 어렵다"고 했으며, 제자 오여은(吳汝檼)이 "방정하고 높고 엄하다"고 표현한 것처럼, 의(義)로 일관한 삶을 추구하였다.[12]

2) 수양과 실천학의 연원

이러한 내암의 인간적 풍모는 어떤 학문정신에 기초한 것일까? 내암은 20세 전후에 남명 조식 문하에 들어갔다. 그리고 37세 때 남명의 임종을 지켜보면서 남명이 평소 차고 다니던 '경의검(敬義劍)'을 전수받았다.[13] 남명은 그의 패검(佩劍)에 '내명자, 경. 외단자, 의(內明者, 敬. 外斷者, 義)'라는 명(銘)을 새겼다. 이는 남명의 학문 요체가 '경(敬)'과 '의(義)' 두 글자에 있음을 상징하는 것이다.[14] 남명은 경(敬)으로 마음을 수양하고 의(義)

---

11) 『朝鮮王朝實錄』 卷24 <宣祖實錄>: 鄭仁弘, 南冥曺植之高弟也, …… 或不失朝家期待之意矣.
12) 이상필, 앞의 책, 103쪽.
13) 남명은 惺惺者라는 방울과 敬義劍이라는 칼로 자신의 수양과 실천의 상징적 도구로 삼았다. 그것은 내암과 東岡 金宇顒에게 전수하였는데, 성성자는 동강에게 주었다. 이는 남명의 敬義 사상 중에서 내면적 수양인 敬을 동강에게 전수하였고, 義를 상징하는 寶劍을 내암에 전수하여 경과 의를 조화롭게 물려준 것으로 인식할 수 있다. 그러나 엄밀히 말하면 경과 의는 남명의 생각처럼 늘 敬義挾持의 관점에서 이해된다. 동강은 敬義 중에서 敬을 근본에 두고 있고, 내암은 義에 목적을 두고 있는 듯하다. 이는 마치 修己治人에서 수기를 근본에 두고 치인을 궁극목적에 두는 것과도 같다. 내암은 敬義를 공공성과 사회적 실천성을 핵심으로 하는 保民으로 승화하면서, 義를 추구하는 듯하다.

로써 현실 문제를 판단하는 철학적 실천을 강조하였다. 내암은 바로 이 '경'과 '의'사상을 고스란히 물려받았다. 그러기에 내암은 「남명조선생행장(南冥曺先生行狀)」에서 다음과 같이 기록하였다.

경(敬)으로서 마음과 숨 쉬는 것을 서로 돌아보시고, 기(幾)로서 살펴서 알고 움직이고 가는 것을 하나로 주장하여 홀로 있을 때를 삼가 하셨다. …… 항상 '성성자(惺惺者)'라는 쇠방울을 차고 깨우치려고 하셨고, 성현(聖賢)들의 초상을 그려서 책상 앞에 펼쳐놓으시고 엄숙하게 대하셨으며, 늘 '설자설 혁자결(舌者泄 革者結)'이라고 새긴 혁대를 차시고 …… '내명자, 경. 외단자, 의.(內明者, 敬. 外斷者, 義.)'라고 새긴 보검을 차고 다니셨다. 일찍이 <신명사도(神明舍圖)>를 그리고 <명(銘)>을 지으셨다. '안으로는 조존함양(操存涵養)하는 실제를 나타내고, 밖으로는 성찰극치(省察克治)하는 공부를 밝힌 것으로 겉과 속이 틈이 없는 본체와 동(動)과 정(靜)이 서로 길러주는 이치가 확연하게 그려져 있다. 이는 선생께서 스스로 터득한 것을 손수 그리신 것이다.' …… 마지막에 단지 '경(敬)'과 '의(義)' 두 글자를 창 벽 사이에 크게 쓰고는 '우리 집에서 이 두 글자는 하늘에 있는 해와 달과 같이 만고(萬古)에 통달하여 바뀌지 않는다. 성현들의 온갖 말씀도 그 귀결은 이 두 글자를 벗어나지 않는다.' 라고 하셨다.[15]

다시 강조하면, 안으로 마음을 보존(保存)하고 함양(涵養)해 나가는 내

---

14) 남명의 제자 桐溪 鄭蘊은 『南冥先生學記類編後跋』에서 다음과 같이 기술하여 學記로 대표되는 남명학의 요체가 敬과 義에 있음을 확인하였다: "학기는 남명 조선생께서 저술한 것이다. 선생은 우뚝하고 탁월한 기를 타고 나시고, 높고 밝은 견해를 성취하여 일찍이 빛났다. 몇 십년 전의 위기로 산중에 숨어 세상이 알아주지 아니하나 근심하지 아니하고 오로지 敬과 義의 학문에 정밀하여 이미 聖賢의 지경에 이르렀지만, 오히려 스스로 만족하지 않고 독서하는 틈에 자기에게 절실한 것을 지난날의 언행을 뽑아 기록하여 엮어서 책을 만들어 수양하고 반성하는 근거로 생각하였다."

15) 『來庵集』 卷12: 敬以心息相顧 …… 聖賢千言萬語, 要其歸, 都不出二字外也.

면(內面) 공부로서의 '경(敬)'과 밖으로 성찰(省察)하고 자기의 사사로운 욕심을 이기며 타자에게로 다가서는 외면(外面) 공부로서의 '의(義)'를 철저하게 계승하려는 의지를 보여준다. '경(敬)'과 '의(義)'는 앞에서도 강조하였지만, 『주역(周易)』「곤괘(坤卦)」<문언(文言)>에서 본격적으로 등장한다. 논의 전개를 위해, 여기서도 반복하여 제시한다. "직(直)은 바른 것이고 방(方)은 의로운 것이다. 군자는 공경으로써 안을 곧게 하고 의리로써 밖을 방정하게 하여, 경(敬)과 의(義)가 확립되어 덕(德)이 외롭지 않다. 곧고 모나서 크기 때문에 익히지 않아도 이롭지 않은 것이 없다. 이는 행하는 것을 의심하지 않기 때문이다."16)

이에 관하여 정이천(程伊川)은 「전(傳)」에서 다음과 같이 주석하고 있다. "직(直)은 바름을 말한 것이고, 방(方)은 의로움을 말한 것이니, 군자가 공경을 주장하여 그 안을 바르게 하고 의리를 지켜 그 바깥을 방정하게 한다. 공경이 확립되면 안이 바르게 되고 의리가 드러나면 밖이 방정해진다. 이 때 의리가 바깥에 드러난다는 말은 의리가 밖에 있다는 것이 아니다. 공경과 의리가 확립되면 성해지므로 클 것을 기약하지 않아도 커지므로 덕이 외롭지 않게 된다. 쓰는 것이 두루 하지 않음이 없으며 베푸는 것이 이롭지 않음이 없으니 누가 의심하겠는가?"17)

이 가운데 '경(敬)'은 『논어(論語)』에서 공자가 자기 공부[修己]의 핵심으로 제시하였다. 이것은 이후 유학이 지향하는 학문의 기초가 된다. 주자 이후 조선조 유학의 지적 거장들이 한 결 같이 중시하던 공부의 핵심이다. 경(敬)은 초기 유학에서 어떤 의미맥락을 지니고 있는가?

　자로: 어떻게 하면 군자가 될 수 있습니까?
　공자: 몸을 닦아서 敬으로 자신을 다스려야 한다.

---

16) 『周易』「坤卦」<文言>: 直其正也, 方其義也 …… 則不疑其所行也.
17) 『周易』「坤卦」<文言>"傳": 直言其正也, 方言其義也 …… 无所用而不周, 无所施而不利, 孰爲疑乎.

자로: 이렇게만 하면 됩니까?

공자: 몸을 닦아서 다른 사람도 편안하게 해야 한다.

자로: 정말 이렇게만 하면 됩니까?

공자: 몸을 닦아서 모든 백성을 편안하게 해야 한다. 이것은 천하의 태평성대를 이루었던 요임금과 순임금도 힘들어했던 것이다.[18]

공자는 자기 공부인 '수기(修己)'를 중심으로 자기 다스림인 '경(敬)'과 타자에 대한 배려인 '안인(安人)', 민중에 대한 관심과 이해인 '안백성(安百姓)'으로 정교(政敎)의 실천을 확장했다. 다시 말하면, 나의 몸을 닦고 스스로 깨달으면서 다스려 나가는 일[敬]과 남까지 편안하게 해주는 대인관계[安人], 그리고 전체 사회, 공동체적 관계[安百姓]에 이르기까지 그 망을 넓혀 놓았다. 이는 공자 이래 유학의 수기(修己)가 개인적 차원을 포함하여 사회적으로 확산된 공동 생존의 원리임을 암시한다. 인간에게서 수기(修己)가 전제되지 않고는 어떠한 행동의 원리나 이론적 근거도 제시할 수 없다. 이런 수기(修己)의 1차적 조건이 자기 다스림인 경(敬)이다. 남명을 이어 내암은 이런 유학의 자기 공부론을 교육철학으로 체득하였다. 내암과 동시대를 살았던 율곡 이이도 경(敬)을 성학(聖學)의 시작과 끝으로 보았다.[19]

경(敬)은 주나라 초기 철학 사상의 중심 개념이었다. 경은 직접적으로는 어떤 사태에 대한 걱정과 근심, 즉 우환의식(憂患意識)의 경각성과 연관된

---

18) 『論語』「憲問」: 子路問君子, 子曰, 修己以敬. 曰, 如斯而已乎, 曰, 修己以安人. 曰, 如斯而已乎, 曰, 修己以安百姓, 堯舜其猶病諸.

19) 『聖學輯要』「收斂」: 敬者, 聖學之始終也.; 율곡이 인식한 '敬' 공부는 다름 아닌 收斂이다. 收斂은 몸가짐을 단정히 하고 마음을 거두어들이는 공부이다. 즉 인간의 내면 깊숙이 거두어들이는 자기조절(self-control) 행위이다. 그러므로 敬에 거처하는 居敬은 유학이 추구하는 일상 행위 가운데 최선의 방책이다. 몸의 움직임은 心을 정돈하는 데서 시작하여 밤기운으로 몸을 길러 근본으로 돌아갈 때 하루 생활이 마무리 된다. 하루 생활의 순환을 통해 볼 때, 君子의 修己는 바로 마음을 바르게 갖추는 데서 출발하여 자기 몸을 다스리는 곳에서 마무리 된다. 來庵이 栗谷과 구별되는 지점은 收斂을 發散하고 擴張하여 義의 실천을 확보한 데 있다.

다. 걱정과 근심이 있을 때, 자기 단속을 하고 정신을 집중하는 등, 사물에 대한 우려와 대비, 성실한 마음 상태로부터 온다. 그래서 경(敬)의 관념은 주동적이고 반성적인 성격을 지닌다. 이런 점에서 경(敬)은 안으로부터 밖으로 발출되어 나가는 심리 상태이다.[20]

이는 '경(敬)'자의 모양과 의미의 전이 과정에서 확인할 수 있다. '경(敬)'자는 첫 단계가 '동물적인 놀라움'을 나타내는 '경(驚)'에서 출발한다. 이때 경(驚)에서 아래 부분에서 상징적으로 보여주는 동물성[馬]이 제거된 다음, 인간성[言]이 이입된 '경(警)'으로 발전한다. 그것은 '인간 자신이 지니고 있는 지식이나 경험 등에 의거하여 어떤 일이나 문제에 부딪치기 전에 미리 스스로 경계하거나 응변의 태세를 갖추고 있는 것'으로서의 '경(警)'이다. 그리고 종국적으로 사람 사이의 관계에서 발생하는 인간성[言]마저도 벗어나는 상황에 이른다 요컨대, '자기 속에서 스스로 의지할 수 있는 진짜배기의 발견인 깨달음'을 나타내는 '경(敬)'으로 진보했다. 동물성[驚; 馬]과 인간성[警; 言]을 초월한 '경(敬)'은 바로 개인적 깨달음을 통한 인성의 발현, 그 중에서도 '마음'을 펼쳐내는 '각성(覺醒)'의 공부이다.

마음은 어떻게 발현하는가? 앞에서도 여러 차례 강조했듯이, 정자(程子)는 '오로지 하나를 주체적으로 실현하고 다른 곳으로 나아감이 없다'는 의미의 '주일무적(主一無適)'으로 이해했다. 이는 '마음을 오로지 한 결 같이 하여 다른 생각이 섞이지 않게 하고 다른 데로 달아나서 무언가를 일으키지 않는다'는 말이다. 경(敬)은 또한 '가지런히 하고 엄숙한 모습'인 '정제엄숙(整齊嚴肅)'으로 표현된다. 마음을 하나로 모은 사람의 외모는 흐트러짐이 없다. 그리고 경은 '항상 마음을 깨어 있게 하는 법'인 '상성성법(常惺惺法)'[21]에서 더욱 뚜렷하게 설명된다. 밤하늘에 빛나는 별은 반짝 반짝거리며 자신의 마음을 호소하는 듯하다. 이처럼 또렷또렷하게 마음을 깨우

---

20) 김충렬, 『중국철학사1 ―중국철학의 원류』, 서울: 예문서원, 1994, 149~152쪽 참조.
21) 來庵의 학문적 근원인 南冥 曺植이 惺惺子라는 방울을 차고 다녔던 것도 이와 통한다.

고 있는 작업, 그것이 '경(敬)공부'이다. 다시 말하면, '경(敬)공부'는 깨달음과 성찰을 통해 자기를 다스려 가는 방법으로 개인교육에 해당한다. 이 '경'이 바로 유학교육의 시작이자 맺음이며 인간의 마음을 주재하며 온갖 행위의 근본이 된다.[22)]

요컨대 경(敬)은 자기 자신이 스스로 느끼는 일종의 두려운 감정이고, 마음이 하나로 수렴되는 상태이며, 한 마음으로 일을 수행하는 것이고, 일을 수행하면서 하나하나 세밀하게 점검하는 것이며, 마음을 흐리지 않고 항상 또렷하게 맑게 하는 방법이고, 행위나 용모가 항상 단정하고 엄숙한 모습이다.[23)]

남명은 이와 같은 '경(敬)공부'의 중요성을 여러 곳에서 언급한다. 「원천부(原泉賦)」에서는 "학문으로 근본을 삼으면/ 물욕의 감정이 마음을 흔들지 못한다/ 물욕의 감정에 빠져버리면 근본이 없어지며/ 물욕의 감정에 흔들리면 쓰임이 없어지리라/ 경을 통하여 그 근원을 함양하고/ 하늘의 법칙에 근본 해야 하리라"[24)]라고 하였다. 특히 선조 1년, 「무진년에 올리는 봉사[戊辰封事]」에서 '경(敬)공부'의 문제를 심각하게 지적하였다.

> 가슴 속에 마음을 보존하여 혼자 있을 때를 삼가는 것이 큰 덕이고, 밖으로 살펴서 그 행동에 힘쓰는 것이 왕의 도리입니다. 그 이치를 궁구하고 몸을 닦으며, 가슴 속에 본심을 보존하고 밖으로 자신의 행동을 살피는 가장 큰 공부는 반드시 경(敬)을 위주로 해야 합니다. 이른바 경(敬)은 가지런히 정돈하고 엄숙히 하여, 항상 마음을 깨우쳐서 어둡지 않게 하는 것입니다. 한 마음의 주인이 되어 모든 일에 응하는 것은, 안은 곧게 밖은 방정하게 하는 일입니다. 공자께서 이른바 '경으로 몸을 닦는다'라는 말이 이것입니다. 그러므로 경(敬)을 주로 하지 않으면 이 마음을 보존할 수 없고, 마음을 보존하지 못하면 천하 이치를 궁구할 수

---

22) 『大學或問』: 敬者, 一心之主宰而萬事之本根也..
23) 錢穆, 『朱子新學案』, 臺北: 三民書局, 1971, 302∼330쪽 참조.
24) 『南冥集』「原泉賦」: 學以爲本, 感罔能撓 …… 敬以涵源, 本乎天則.

없으며, 이치를 궁구하지 못하면 사물의 변화를 다스릴 수 없습니다.[25]

이처럼 남명은 왕에게 부탁하는 핵심어로 경(敬)을 상정하고, '지경(持敬)'이 학문의 요결임을 명시하였다. 지경은 이치를 궁구하는 근본이며, 궁구를 거듭하여 이치에 밝아지면 마음을 기르는데 도움이 된다.[26] 이때 공경을 간직하는 일[持敬]은 일종의 정(靜)의 상태에서 존양 성찰하는 작업이며 자신의 일에 전념하는 자세이다. 그것의 핵심은 정자가 말한 것처럼, "성실함을 위주로 하는" 공부이다.[27] 남명은 이와 같은 경(敬)을 주자의 말을 빌어 가장 중요한 공부임을 재차 강조한다. "경 공부는 성인의 문하에서 제일 중요한 의무이다. 철두철미하여 잠시라도 중단해서는 안 된다."[28]

한편, 의(義; 의리)는 유학의 종지인『논어』에서 군자(君子)의 행위와 연관하여 다양하게 묘사된다.

군자는 의리에 밝고 소인은 이익에 밝다./ 군자는 세상일에 대하여 반드시 어떻게 해야 한다는 것도 없고 반드시 해서는 안 된다는 것도 없다. 오직 의리를 따를 뿐이다./ 공자가 자산을 평가하여 말하였다. '자기 행실은 공손했고, 윗사람 섬김에 공경했으며, 백성을 보살핌에 은혜로 왔고, 백성을 다스림에 의리로 하였다./ 백성을 올바로 이끄는 의리에 힘쓰고 귀신을 공경하되 가까이 하지 아니하면 지혜롭다고 할 만하다./ 덕이 닦아지지 않는 것과 학문이 익혀지지 않는 것과 의리를 듣고 실천하지 못하는 것과 잘못을 고치지 못하는 것이 나(공자)의 근심이다./ 군자는 의리를 바탕으로 하고 예를 갖춰 행하며 겸손하게 표현하고 신의 있게 완성한다./ 군자는 의리를 으뜸으로 여긴다. 군자가 용맹은 있으나 의리가 없다면 난을 일으키고, 소인이 용맹은 있으나 의가 없으

---

25)『南冥集』「戊辰封事」: 存心於內, 而謹其獨者, 天德也. …… 故非主敬, 無以存此心, 非存心, 無以窮天下之理, 非窮理, 無以制事物之變.
26)『學記類編』上: 持敬, 是窮理之本. 窮得理明, 又是養心之助.
27)『學記類編』上: 主一者, 謂之敬, 一者, 謂之誠.
28)『學記類編』下: 朱子曰, 敬字工夫, 乃聖門第一義. 徹頭徹尾, 不可頃刻間斷

면 도둑질한다.29)

　『논어』에 나오는 의리[義]는 대부분 '바르고 마땅하다'는 의미로 이해된다. '정당(正當)'하거나 '의당(宜當)'의 뜻을 지닌다. '공정(公正)'하고 올바른 책임의식을 담고 있다. 이것이 의리나 도리로 표출된다. 공자 또는 그 문하에서 '의(義)'는 '정(正)·의(宜)·책임(責任)'이 '의리'나 '도리'로 확대되어, 인간관계 또는 인간이 마땅히 행해야 하는 사회적 의무로 전환된다. 다시 말하면, 사회성을 띤 가치와 윤리로 드러난다.

　이는 『맹자』에서 실천의 구체적 덕목으로 제시되었다. 주지하다시피 『맹자』의 첫 구절은 다음과 같이 '의리[義]'를 강조한다.

> 양혜왕: 노인께서 천리를 멀다 않고 오셨으니, 내 나라에 이로움[利]
> 　　　　이 있겠습니까?
> 맹자: 왕은 하필 이익[利]을 말씀하십니까? 인의(仁義)가 있을 뿐입니
> 　　　다. 왕께서 어떻게 하면 내 나라를 이롭게 할까 하시면, 대부들
> 　　　은 어떻게 하면 내 가문을 이롭게 할까 하며, 사·서인들은 어떻
> 　　　게 하면 내 몸을 이롭게 할까 하여, 윗사람과 아랫사람이 서로
> 　　　이익[利]을 취한다면 나라가 위태로울 것입니다. …… 인(仁)하
> 　　　고서 그 어버이를 버리는 자는 있지 않으며, 의리[義]를 행하고
> 　　　서 그 군주를 뒤로 하는 자는 있지 않습니다. 왕께서는 인의(仁
> 　　　義)를 말씀하실 따름이니, 하필 이익[利]을 말씀하십니까?30)

---

29) 『論語』「里仁」: 君子喩於義, 小人喩於利/ 君子之於天下也, 無適也, 無莫也, 義
　　之與比/「公冶長」: 子謂子產, 其行己也恭, 其事上也敬, 其養民也惠, 其使民也
　　義/「雍也」: 務民之義, 敬鬼神而遠之, 可謂知矣/「述而」: 德之不修, 學之不講,
　　聞義不能徙, 不善不能改, 是吾憂也/「衛靈公」: 君子義以爲質, 禮以行之, 孫以
　　出之, 信以成之/「陽貨」: 君子義以爲上, 君子有勇而無義爲亂, 小人有勇而無義
　　爲盜.
30) 『孟子』「梁惠王」上: 王曰, 叟不遠千里而來, 亦將有以利吾國乎 … 未有義而後
　　其君者也. 王亦曰仁義而已矣, 何必曰利.

양혜왕과의 대화에서 맹자가 충고한 의리[義]는 사회 공동체를 다스리는 기준이다. 그것은 개인의 사사로운 이익이 아니라 인간의 행위에서 공동체의 존립을 위해 가장 타당하고 적절한 원리이다. 그러기에 맹자는 "대인(大人)은 말을 믿게 하기를 기필하지 않으며 행실은 과단성 있게 하기를 기필하지 않고, 오직 의리[義]에 비추어 행동한다."31)라고 하였다. 우리는 흔히 '의리[義]'와 짝하는 개념의 하나로 '예의(禮義)'라는 말은 쓴다. 이는 인간이 구체적인 행위를 할 때, 도리에 맞는 임기(臨機)의 조치인 '권도(權度)'나 '중도(中道)', 때를 인식하고 행하는 제반 사항을 내포한다. 예의가 '있다 없다'는 말은 바로 행위의 올바름이나 마땅함을 얻었느냐 그렇지 않으냐의 문제이다. 의(義)는 때에 따라 가장 적절하고 마땅한 사회적 실천력이다. 그러기에 맹자는 사단(四端)에서 올바르지 않거나 마땅하지 않음을 인식하고 부끄러워할 줄 아는 마음을 의(義)의 단서로 분류하였고, 주자(朱子)는 의(義)를 "마음의 조절이요 일의 마땅함"32)이라고 해석하였다.

맹자에 의하면, 이런 의(義)가 쌓이고 쌓여 '호연지기(浩然之氣)'가 되고 '지언(知言)'을 연마하여 '부동심(不動心)'의 상황이 되었을 때, 인격의 성숙은 물론 사회적 실천을 담보할 수 있게 된다. 이런 측면에서 의(義)는 자기 수양을 바탕으로 타인을 이해하고 배려하는 바탕이 되고 공동체에 대한 책임 의식과 실천적 근거가 된다. 남명은 이를 철저하게 계승하여「학기도(學記圖)」에서 '부동심도(不動心圖)'를 그리고 있다. 이는 남명이 '의(義)'를 축적하여야 생겨나는 호연지기(浩然之氣)와 지언(知言)을 기르는 일에 심혈을 기울였다는 증거이다. 의(義)의 중요성을 인식하고 그것을 바탕으로 하는 공부에 천착했다는 말이다.

남명은 의(義)와 리(利)를 구분하여 논의하는 가운데 의를 삶의 중요한 기준으로 제시한다. 인간의 삶은 크게 의리와 이익으로 나누어진다. 대체

---

31) 『孟子』「離婁」下: 大人者, 言不必信, 行不必果, 惟義所在.
32) 『孟子集註』「梁惠王」上: 義者, 心之制, 事之宜也.

로 의리를 벗어나면 이익으로 들어가고 이익을 벗어나면 의리로 들어간다. 특히, 자신에게 유리하고 편리하게 여기는 마음이 있으면 이익을 추구하는 것[利]이 된다. 바꾸어 말하면, 특별한 이익을 위하여 무엇을 하는 것이 없으면서 공평하게 실천하는 일은 의리[義]가 된다. 공(公)과 사(私)의 구별, 간사함과 정당함의 분별을 통해, 사리를 버리고 공의에 나아가 의를 실천하는 데 천착했다.[33] 그러기에 공자의 말을 취해, "의로운 일을 보고도 실행하지 않으면 용기가 없는 짓이다"[34]라고 하였다. 이는 남명이 공적인 일에는 용감했고, 사적인 일에는 겁을 냈으며, 모든 일에 저촉되지 않도록 해야 하고, 의리로 보아 해서는 안 되는 일이 있으면 마땅히 피해야 하는 정신을 간직하게 만들었다.

남명의 경의(敬義) 사상은, 지금까지 살펴본 공(孔)·맹(孟)에서 주자(朱子)로 이어지고, 조선조 유학에 전승되어 꽃이 핀 성리학의 사유이다. 특징적인 것은 조선조의 지적 거장들이 일반적으로 성(誠)과 경(敬)을 중시하면서 경(敬) 공부를 강조하는데 반해, 남명은 경(敬)과 더불어 의(義)를 동시에 중시한다.[35]

내암은 이러한 남명의 학문 요체를 실질적으로 이어 받았다. 앞에서 언급한 것처럼 "안으로 마음을 밝히는 것은 경(敬)이고, 밖으로 행동을 결단하는 것은 의(義)이다."라고 새겨진 '경의검(敬義劍)'을 전수받음으로써, 내암은 경(敬)을 끌어안고 의(義)를 중시하는 이른바 '경의협지(敬義挾持)'의 사상을 구체적으로 공인받았다. 뿐만 아니라, 내암은 『학기유편(學記類編)』을 편집하면서 경의(敬義)의 교육철학사상을 구체적으로 드러낸다. 『학기유편』은 남명이 평소에 독서를 하면서 공부에 필요하다고 생각되는 글들

---

33) 한상규, 「남명 '敬·義'의 교육철학적 이해」, 남명학연구원, 『남명학연구논총』 9, 2001, 179~180쪽.

34) 『論語』「爲政」: 見義不爲, 無勇也.

35) 채휘균, 「남명 敬과 義 교육사상」, 남명학연구원, 『남명학연구논총』 9, 2001, 221 ~222쪽.

을 모아 둔 것을 제자 내암이 『근사록』의 체제에 맞추어 분류하고 편집한
것이다. 그러기에 남명과 내암의 학문적 연원 관계를 구체적으로 이해할
수 있는 저작이다. 내암은 『학기유편』에서 '경(敬)'과 '의(義)'의 교육철학
사상을 지속적으로 제기한다.

> 경건한 마음을 가지는 것은 의로움을 정밀하게 하는 바탕이 된다./
> 경은 거울과 같고, 의는 거울을 통하여 비추는 것이다./ 경과 의, 이 두
> 가지는 그 상황에 따라 잘 적용해서 오랫동안 스스로 노력하는 가운데
> 힘을 얻게 된다. 의리와 관계되는 일 속에서 힘써 분별해야 할 것이며,
> 미리 분별하기 어렵다고 생각하여 근심해서는 안 된다.36)

　이런 교육적 사고는 의리[義]를 바탕으로 봉기한 의병활동(義兵活動)을
통해 극치에 도달한다. 내적 수렴 과정인 '경(敬; 자기 수양)'을 기본으로
외적 확산인 '의(義; 사회적 실천)'가 조화를 이루면서 통합되어 교육의 진
정한 실천을 보여준다.

3. 수양교육과 사회적 실천

1) 수양교육의 이행

　앞에서 경(敬)을 개인의 수양과 교육의 차원에서 논의하였다. 내암이 남
명에게서 '경의검(敬義劍)'을 전수 받고 그 사상의 맥을 이었다고는 하지
만, 내암의 문집 속에서 '경(敬)' 자체에 대한 학문적 언급을 찾기란 쉽지
않다. 그러나 내암이 학문을 대하는 태도를 통해, 그가 추구하는 수양의 기

---

36) 『學記類編』上: 居敬, 所以精義也. …… 義理之間, 只得着力分別, 不當預以難
　　辨爲憂.

준을 추론할 수 있다. 내암은 자신이 그랬듯이, 당시 과거(科擧)와 그로 인한 폐해를 직시하였다. 그 자신이 관료로, 정치인으로 활동하기도 했지만, 종국적으로 자리 잡은 곳은 산림(山林)이었다. 그것은 유학의 진정성이 어디에 있는지를 확인하는 작업이기도 했고, 자기의 본원을 찾아가는 수양교육(修養敎育)의 길이기도 했다.

다시 강조하지만, 유학의 목표는 간단히 표현하면, '수기치인(修己治人)'이다. 『대학』에서 제시한 것처럼 '격물·치지(格物·致知)'에서 '성의·정심(誠意·正心)'하고 '수신·제가·치국·평천하(修身·齊家·治國·平天下)'하는 교육과 정치의 연속이다. 자기 몸을 닦고 타인을 다스린다는 과정으로 볼 때, 교육은 수기(修己)인 동시에 치인(治人)이다. 이 가운데 수기(修己)가 본질을 차지한다. 그러기에 유학을 한 마디로 요약할 때 '위기지학(爲己之學)'으로 표현한다. '자기를 위하는 학문'이다. 이는 다른 사람에게 보이기 위한 가식적이고 허례허식적인 학문이 아니라 자신의 진실한 삶을 위하여 '내면적 주체의식'을 기르는 '참 공부'를 말한다. 그렇다고 유학은 자신만을 수양하는 작업에 그친 것이 아니다. 그것은 철저하게 타자에게로 다가가기 위한 인간의 자기 구제장치이다. 타자에게 다가갈 때, 즉 타인에 대한 이해와 관심, 배려의 차원으로 승화할 때, 수기(修己)와 치인(治人)은 유기체의 시스템으로 자연스럽게 연결된다.[37] 수기(修己)가 바탕으로 근본이 된다면 치인(治人)은 그 궁극 목적으로서 지향점이다.

특히, 유학은 인간의 '본성이 착하다[性善]' 또는 '착할 단서로 존재한다[善端]'라는 맹자의 가정 아래, 착한 마음을 가다듬어 타고난 그대로 유지하려는 '존심양성(存心養性)'을 중시하였다. 이것이 수기의 기본 바탕이기 때문이다. 그리고 이 수기를 근본으로 하여 세상의 이치와 우주의 근본 원리, 하늘과 인간의 관계 등을 깨우치기 위하여, 배우고 생각하는 궁리(窮理)에 열중했다. 요약하면, 유학은 '존양(存養)'과 '궁리(窮理)', 이 두 가지

---

37) 신창호, 『공부, 그 삶의 여정』, 고양: 서현사, 2004 참조.

기본 목표를 지니고 있다. 이 목표는 결국 성현(聖賢)의 행위를 본받아 힘쓰는 작업이다. 그러므로 성리학은 성현을 본받아 배우고 수양하는 체계적 교육사상으로 이해할 수 있다. 성인(聖人)은 인간 본래의 성품을 다하는 사람이고, 자기를 완전히 실현하는 사람이다. 유학의 교육이념은 바로 이를 실현하는 기준이었다. 수양과 교육에 대한 내암의 철학사상은 한 손님과의 대화에서 엿볼 수 있다.

> 내암: 그대는 과거 공부를 하여 지금까지 쌓은 공이 많은 데, 어찌 갑자기 과거 시험을 보지 않으려고 합니까?
> 손님: 여러 번 응시하였으나 합격하지 못했으니, 실제로 운명이 박하고, 이제 나이도 들었으며, 더구나 흥미도 없어졌기 때문입니다.
> 내암: 그대에게는 늙으신 부모님이 계시고, 부모님께서 그만두기를 바라지 않는데, 어찌 마음대로 할 수 있겠습니까?
> 손님: 늙으신 부모님께서도 내가 응시하고 싶어 하지 않음을 아시고 마음대로 하라고 하셨습니다.
> 내암: 이런 결정을 내리기는 쉽지 않은 일입니다. 대부분의 부모들은 그 자식이 과거에 합격하여 영예를 취할만한 재주나 능력이 없다는 것을 생각지 않습니다. 그러므로 자식에게 억지로 과거에 응시하도록 밀어붙이면서 머리가 허옇게 늙도록 갇혀 지내게 합니다. 다른 사람이 이런 광경을 보면 불쌍하게 생각할 것입니다. 이것이 과연 그 자식을 사랑하는 짓이겠습니까? 잘못되어도 한참 잘못되었습니다. 세속의 민간인들이라면 이상하게 여길 것도 없지만, 가끔씩은 의리를 좀 안다고 하는 사람들조차도 그 자식을 스무 살 이전부터 머리가 허옇게 될 때까지 망아지나 송아지 몰고 가듯이 과거 시험장으로 몰아붙이는 경우가 있습니다. 그들 중에 요행히 합격을 하면 용문에 오르는 것이고 합격하지 못하면 깊은 우물 속에 빠진 것과 같습니다. 합격 여부에 따라 기뻐하고 슬퍼하는 꼴은 정말 보지 못하겠습니다. 어찌 명리(名利)가 사람을 의혹시킴이 이 지경에 이르렀을

　　까요?

손님: 명리(名利)를 추구할 수 있는 길이 열리니, 사람들이 엎어지고
　　　자빠지면서 그것으로 달려갑니다. 어찌 이를 이상하게 여기겠
　　　습니까?

내암: 예전에 양주(楊朱)가 위아(爲我)의 설을 제창하였고, 묵적(墨
　　　翟)이 겸애(兼愛)의 설을 제시했는데, 많은 사람들이 현혹되었
　　　습니다. …… 부모가 자식 사랑하는 도리를 모르고 자식이 부
　　　모 섬기는 의리를 생각지 않습니다. 모두들 구렁텅이 속으로
　　　들어가지만 아무도 구할 수 없어요. 세상의 도를 제대로 부여
　　　잡는 일을 자신의 임무로 삼는 사람이 있어서, 홍수를 다스리
　　　고 이단을 물리치듯이 엄하게 명리(名利)를 물리친다면, 희망
　　　이 있을 겁니다. …… 요즘 사람들의 과거 공부라는 것이 이른
　　　바, 문학(文學)의 잔기술들이니, 공자의 학술이 전혀 아니라고
　　　할 수는 없을 것입니다. 그러나 인심(人心)에 해가 되는 것은
　　　잡초가 곡식 가운데 자라면서 곡식을 해치고 도적이 백성 가
　　　운데서 일어나서 선량한 민중을 해치는 것과 같습니다. 이것이
　　　바로 문학(文學) 가운데 스며있는 하나의 이단(異端)입니다.
　　　게다가 예전에 문학(文學)이라고 했던 것이, 어찌 지금처럼 구
　　　두(句讀)에 신경을 쓰고 운율에 재주를 부리며 시대의 변화에
　　　편승하여 작록 취하기를 좋아하는 그런 것을 말하겠습니까? 『논
　　　어』·『맹자』·『대학』·『중용』을 외면서 그 말만 숭상하고 실천하
　　　기를 숭상하지 않으며, 부귀영화에만 힘쓰고 실제 삶에는 힘쓰
　　　지 않아서 몸과 글이 제각기 따로 놀고 문장과 행실이 서로 관
　　　련이 없게 되었습니다. 처음에는 자기 자신을 그르치고 끝내는
　　　나라를 그르칩니다. …… 유학과 과거 공부는 내용은 같을 수
　　　있으나 결과는 다릅니다. 천리(天理)와 인욕(人欲)이 행하는
　　　것은 같으면서도 실정은 서로 다른 것과 같습니다. 지금 사람
　　　들이 어리석게도 제대로 살피지 못하여 과거 공부를 유학이라
　　　고 인식하고 글재주가 있어 과거에 잘 합격하는 사람을 인재
　　　라고 생각합니다. 그러나 과거에 잘 합격하는 사람은 문인일
　　　뿐이지 인재라고 할 수는 없습니다. …… 만약 과거제도가 역

대로 사람을 뽑는 잣대로 그 유래가 오래되었으므로 없애는
것이 쉽지 않다면 할 수 없지만, 과거 공부를 없앤다고 해서
유학이 몰락할 것이라는 말은 옳지 않습니다. 과거가 실시되지
않았을 때도 성현(聖賢)이 있었으니 어찌 과거제도와 과거공
부를 없앤다고 유학이 몰락하겠습니까?38)

　　내암은 자신을 찾아온 손님과의 대화 형식을 빌려, 과거(科擧) 공부에
대한 이야기를 하면서 학문의 진정성에 대한 자신의 교육철학사상을 드러
낸다. 과거 공부는 과거에 합격하기 위한 수단적인 공부로 명리(名利)를 추
구한다. 게다가 더욱 문제가 되는 것은 문학(文學)－글공부[지식] 자체－
에 치우쳐 있기 때문에 유학이 추구하는 진정한 자기 공부와는 거리가 멀
다. 유학에서 글을 배우는 작업은 애당초 다음과 같이 설정된다.

　　　　자제들은 집에 들어오면 효도하고 나가면 공손하며 언행을 삼가고
미덥게 하며, 여러 사람들을 널리 사랑하되, 어진 사람을 가까이 할 것
이다. 이런 일들을 행하고도 남은 힘이 있거든 글을 배워라.39)

　　공자의 이런 발언에 기초하여, 유학은 개인의 수양과 교육 문제에 관한
기준을 마련한다. 교육에 몰두하는 시기인 젊은이의 경우, 가정에서는 부
모에게 효도하고 사회에서는 공동체의 어른들에게 공손하며, 행동을 조심
하고 신의를 지키며, 나 이외의 타인들을 사랑하고, 훌륭한 사람들과 다양
한 양식으로 교제하는 사명이 부여되었다. 그것은 『맹자』와 『중용』에서
이른바 '오륜(五倫)' 또는 '오달도(五達道)'라는 인간의 보편적 윤리 도덕의

---

38) 『來庵集』 卷12 <問答>: 余問曰, 子治科文有積功, 何遽廢不擧. 客曰, 屢擧不得,
　　實由命薄, 今旣年晩, 尤無興味故也. 余曰, 君有老親, 親若不欲, 豈得自由. ……
　　今人之所謂科業者, 乃所謂文學之餘技, 或不可謂非孔子之術, 而反爲人心之害,
　　正如莨生於穀而害嘉穀. 盜賊起於民而害良民, 此乃文學中一異端也.……
39) 『論語』「學而」: 弟子入則孝, 出則弟, 謹而信, 汎愛衆, 而親仁. 行有餘力, 則以學文.

표준으로 발전되었다. 오륜(五倫)은 인간관계의 수직적·수평적 쌍무질서 체계이다. 그러므로 인간은 누구나 이를 삶의 기준으로 인식하고 실천해야 한다. 유학은 바로 오륜을 핵심으로 하는 일상의 바람직한 삶을 학문(學問)의 근본으로 삼았다. 여기에서 지식을 구하는 학문(學文)은 차후의 문제였다. 학문(學問)은 삶의 지속적 교육과정이고, 학문(學文)은 단위적 지식 습득을 목적으로 하는 기능을 지닌다. 따라서 학문(學問)은 끊임없이 배우고 묻는 그 자체가 본질이자 목적이 되고, 학문(學文)은 글을 배우는 차원의 기능적 수단이 된다.

내암이 인식한 과거 공부는 학문(學文)을 통해 수단을 확보하는 작업이기에, '자신을 어떻게 올바로 닦을 것인가?'라는 본질적 관심에서 멀어질 수밖에 없다. 다시 강조하면, 유학의 교육목적은 자신을 닦고 나아가 이상적인 현실 세계를 이루기 위한 수기치인(修己治人)에 불과하다. 그런데 이상적인 현실 세계를 이룩하기 위한 방법의 하나로 채택된 과거제도가 오히려 사람들을 명리(名利)의 장으로 이끌어 나가 타락시키고 있다. 유학의 참 공부를 의식하고 있던 내암에게 이는 용납할 수 없는 사태였음에 분명하다.

다시 앞의 인용문 속에서 고찰하면, 과거에 합격하기 위해서는 문장에 뛰어나야 하므로 과거 준비 유생(儒生)들은 문장을 잘 쓰는 일에 신경을 집중하기 마련이다. 그러다 보면 일상생활 속에서 성찰(省察)하고 극기(克己)하는 유학의 기본, 즉 수기(修己)는 소홀하기 마련이다. 공자가 수기(修己)를 경(敬)으로 하라고 권고한 이후, 이는 자기 수양의 핵심이 되었는데도 과거 공부는 해독을 끼치는 존재로 전락했다. 내암은 이를 경계했다. 때문에 나라를 경영할 만한 인재는 유학의 참 공부인 자기 수양을 통해 길러질 수 있다고 보고, 과거 시험 준비를 위한 문장에 능통한 기능인, 즉 문인이 필요한 것은 아니라고 강조하였다.

내암의 교육철학사상이 내세우는 교육관은 현실 문제에 접근하는 하나

의 방식이다. 그러나 '경의(敬義)'의 사상에서 볼 때, 위기지학(爲己之學)에
의한 수기치인(修己治人)을 추구하는 자세와 현실을 꿰뚫어 보는 실질적인
자세를 감지할 수 있다.[40] 이러한 자기 수양교육에 관한 내암의 사고와 자
세는 사회적 실천을 통해 구현된다.

2) 의리와 사회적 실천

개체적 인간은 사회(社會, society)라는 공동체, 즉 제도적으로 마련한 현
실 세계에서 살아간다. 그 현실 세계를 조절하는 최고지도자는 왕정시대에
는 왕[君主]이다. 그런 왕은 근본적으로 백성을 토대로 성립한다. 그러기에
맹자는 "백성이 가장 귀중하고 정부가 그 다음이며 군주는 가벼운 것이
다"[41]라고 하였다. 내암은 백성을 다스리는 차원, 다시 말하면 사회·국가라
는 공동체를 책임지는 자리에서 맹자의 왕도(王道)를 적극적으로 권고한다.

> 맹자가 '백성을 보호하여 그들에게 항산(恒産)을 마련해 주어야 한
> 다'는 설을 제(齊)나라·양(梁)나라 등지에서 역설한 행위는 진정으로 현
> 실을 구제하는 작업을 가장 시급한 일로 여겼기 때문입니다. 맹자를 두
> 고 시무(時務)도 모르는 우활한 선비라고 한다면 그만이지만, 그렇지
> 않다면 나라를 다스리는 자가 백성을 보호하는 일을 그만두고 무엇을
> 먼저 하겠습니까?[42]

일정한 생산물[恒産], 이른바 최저생계비용이 보장되지 않던 시대, 생계
문제는 인간에게서 모든 것이라고 해도 과언이 아니다. 그러기에 인간은
스스로 제도를 만들고 문명의 이기를 확산하며 보다 나은 삶을 구상했다.

---

40) 유명종, 『남명 조식의 학문과 사상』, 부산: 세종출판사, 2001, 128쪽.
41) 『孟子』「盡心」: 民爲貴, 社稷次之, 君爲輕.
42) 『來庵集』卷5 <辭二相箚>: 孟子之以保民制産之說, 眷眷於齊梁者, 誠以救時之
務莫急於此也, 若以孟子爲不識時務迂儒則已, 不然, 爲治者, 舍保民何先.

그것을 총체적으로 다스리는 성인·군자의 경지가 바로 왕이자 정치 관료들이다. 내암이 살았던 조선 중기도 이런 의식이 지배적인 시대였다. 내암은 위정자에게 자신이 맡은 본분을 다하라는 충고로 현실 세계의 다스림을 인도한다. 그것은 다름 아닌 백성에 대한 이해와 관심, 배려에 대해 숙고하라는 의미이다.

앞에서도 지속적으로 강조했지만, 유학은 기본적으로 수기치인(修己治人)의 학문이자 성기성물(成己成物), 그리고 내성외왕(內聖外王)의 학문이다. 자기를 완성한다는 차원에서 조선의 유학자들은 '성(誠)'과 '경(敬)' 공부에 집중했다. 그리고 타인을 다스리고 함께 완성하며 더불어 살아간다는 차원에서는 상대적 심각성을 보이지 않은 듯하다. 남명 이전의 조선 유학자 대부분이 '성·경(誠·敬)'의 공부를 핵심으로 하는 수기(修己)를 근본에 두면 자연스럽게 치인(治人)의 차원이 이루어질 것이라는 생각에 잠겨 있었다. 그것은 개인의 수양교육이라는 차원에서 끊임없이 내면으로 파고 들고, 심각한 경우 종교적 차원으로 떨어질 수도 있었다.[43] 여기에서 유학의 궁극 목적이 무엇이냐고 했을 때, 수기(修己)를 기본이자 핵심으로 하지만 그 지향점은 더불어 사는 사회성·공공성을 고려하는 치인(治人)에 있음을 직시해야 한다.[44] 그러기에 내암은 유학사상의 핵심을 간직하고 있는 『대학』을 거론하면서 '위민책(爲民策)'과 '치인(治人)'의 방책을 말했던 것이다.

---

43) 南冥과 동시대를 풍미했던 退溪 李滉의 경우가 그에 해당할 수 있다. 退溪는 晚年에 理到說을 주장하면서 철저한 心學으로 沈潛하였다. 來庵은 『南冥集』을 간행하면서 晦齋 李彦迪과 退溪를 공개적으로 비판하였다. 그것은 그들의 사상 자체에 대한 攻駁이라기보다는 南冥의 出處觀에 대해 退溪가 비평한 부분을 反駁하는 데서 비롯되었다. 來庵의 비판을 깊이 생각해보면, 사실 退溪의 학문과 사상 체계에 따라 나오는 行爲 비판이므로 退溪의 학문에 대한 拒否로 볼 수 있다. 왜냐하면 來庵은 李彦迪과 李滉의 文廟 從享를 誹謗하는 글을 올리는데, 이는 그들의 학문이 유학의 本領을 벗어났다는 판단에 의거하기 때문이다. 그 판단은 바로 修己治人의 올바른 실천으로서 義에 반하고, 진정한 유학을 하지 않았다는 데 기인한다.

44) 권인호, 앞의 책 참조.

내암은 몇몇 '사직소(辭職疏)'와 '차(箚)'에서 수시로 "백성은 나라의 근본이니 근본이 튼튼해야 나라가 튼튼하다"는 『서경(書經)』의 「오자지가(五子之歌)」, "위 사람의 것을 덜어서 아래 사람에게 더해준다"는 『주역』의 「익괘(益卦)」, 맹자의 민본(民本) 사상과 관련된 여러 구절들을 근거로 들어 민중의 삶을 도모하라고 역설하고 있다. 특히 '보민(保民)'이라는 말을 끊임없이 강조한다.

> 백성을 보호하는 것은 올바른 다스림을 위하여 가장 먼저 해야 할 일입니다. 뿐만 아니라 스스로 외적을 제압하는 중요한 방법이기도 합니다. 안으로 백성을 잘 다스리고 밖으로 외적을 물리치는 일은 애당초 두 가지가 아닙니다. 맹자가 이른바 "어진 마음을 베풀어 정치를 하면 몽둥이로도 진나라나 초나라의 견고한 갑옷과 날카로운 병장기를 이겨낼 수 있다"라고 한 것이 바로 이런 뜻입니다. 그런데 지금은 부역이 너무 많아 민중들의 괴로움이 거꾸로 매달려 있는 듯하고, 방납의 폐해와 인정의 폐단이 갈수록 심해져서 백성이 국가의 명령을 감당하지 못하고 있습니다.[45]

'보민(保民)', '애민(愛民)', '생민(生民)', '휼민(恤民)' 등의 용어는 민중을 진정으로 걱정하는 '위민정치'의 핵심 개념이다. 이는 내암의 학문 성향이 현실에 밀착해 있으면서 민중의 삶에 근본 관심이 있음을 보여준다. 내암은 관료와 산림처사를 지내면서 올바름[義]의 표준을 고민했음에 분명하다. 그것은 공동체의 세포인 민중을 탄탄하게 하는 작업으로서 타인에 대한 배려였다.

내암은 『대학』에서 제시한 '자로 재어보는 듯한 보살핌'으로서 혈구지도(絜矩之道), 타인의 입장에서 헤아려보는 '기소불욕 물시어인(己所不欲

---

45) 『來庵集』 卷5 <辭二相箚>: 保民, 不獨爲致治之先務, 亦自爲制敵之要術, 內治外攘, 初非兩項事. 孟子所謂發政施仁之餘, 可制挺撻秦楚堅利之甲兵者, 蓋以此也. 今者賦役煩重, 民草倒懸, 防納之害, 人情之蔽, 愈久愈甚, 而民不堪命.

勿施於人)'의 자세로, 공동체 사회를 형성하고 있는 기층 민중들에 대한 관심이 위정자와 지식인들의 역할임을 분명히 하였다. 마치 유학 정신의 정점에 있는 공자가 평생을 '충서(忠恕)'로 일이관지(一以貫之)했다고 한 것처럼 내암의 삶의 기준은 수기교육으로서의 '경(敬)'과 치인의 사회교육으로서 '의(義)'를 하나로 꿰뚫고 있는 듯하다. 충(忠)은 자기 충실이고, 서(恕)는 타인에 대한 배려이다. 내암은 충(忠)과 서(恕)를 하나로 관통하여 적극적으로 실천하려는 의지를 보민(保民) 정신으로 승화했다. 그러기에 부정과 부패로 얼룩진 당시 조정과 사회에 대해 본분(本分)의 회복을 외치며, 자신은 의(義)에 합당하지 않은 자리에 나아가지 않기 위해 끊임없는 사직소(辭職疏)와 차(箚)를 올렸던 것이다. 그런 간청 가운데 가장 간절한 말은 보민(保民)이었다. "전하, 민중을 보호하는 이 한 가지 일을 가장 우선하는 임무로 삼으소서!"46)

내암의 이런 정신은 임진왜란이 발발하자, 57세라는 나이에도 불구하고 의병을 일으키면서 극치에 도달한다. 위의 인용문에서 본 것처럼 내암은 "백성을 잘 다스리고 밖으로 외적을 물리치는 일은 애당초 두 가지가 아니다"라고 인식했다. 즉 정치에서 내정(內政)과 외치(外治)는 서로 다른 양상을 지니지만, 실제로는 동전의 양면과 같은 것으로 상호연관성을 지니며 영향을 미친다.47) 다시 말하면, 내암이 남명으로부터 물려받은 '경·의(敬·義)'의 교육철학은 기본적으로 사회적 실천 의지와 맞물려 있다. 그리고 그것은 위기지학(爲己之學)을 통한 학자의 내적 수양과 이를 현실세계에 구현하는 의리[義]로 표출될 때 완성된다.

내암의 의(義), 즉 민중에 대한 사랑은 당시 의병을 일으켜 외적을 방어하면서 체험한 부정부패상의 비판에서 엿볼 수 있다.

---

46) 『來庵集』 卷5 <辭二相箚>: 殿下, 以保民一事, 爲急先之務.
47) 『朝鮮王朝實錄』 卷24 <宣祖實錄>: 內治, 以用賢保民爲務, 外養, 以擇將養兵爲急.; 권인호 앞의 책, 206쪽.

　　백성의 삶이 좋아지느냐 나빠지느냐는 지방의 수령에게 달려 있는데 조정에서는 구휼할 줄을 모르고 있습니다. 수령들이 개인적인 이익을 좇아 아무런 근거 없이 민중을 압박하고 괴롭히는 일이 아주 심합니다. …… 그릇된 무리들은 수령의 행동을 단속하거나 충고할 생각은 하지 않고 오히려 이를 본받아 함부로 날뛰니, 백성의 원통함이 곳곳에서 일어납니다. …… 군대의 지휘관들은 백공(百工)을 불러 모아 개인적으로 쓸 물건을 만들어 권세 있는 귀족들을 섬기고 변방을 지키는 병사들을 마음대로 부려 벼슬아치들을 받들고 있으니, 정작 위급할 때 사용할 활과 화살은 전혀 없습니다. 스스로 교만하여 자신을 귀하게 여기면서 병사들을 하찮게 여기고, 군사를 위로하고 어루만지는 일이 무엇인지도 모르면서, 제 멋대로 곯아 떨어져 있습니다.[48]

　　편당 만들기를 좋아하고 옳고 바른 것을 싫어하며, 청백리(淸白吏)나 지조 있는 이들을 천시하고 시세나 이익을 따르며, 명예와 의리를 가벼이 여기고 벼슬과 녹봉을 중시하여 무엇이 우리 가문에 이익이 될 것인가? 무엇이 내 몸에 이로울 것인가? 라고 합니다. 시정 모리배들은 사랑하면서도 임금과 부모는 사랑할 줄 모릅니다. 권세와 요직은 두려워하면서 나라의 법도는 다시 두려워하지 않습니다. 아래 사람의 것을 빼앗아 위에 있는 사람에게 갖다 주는 자를 유능하다고 하고, 제대로 변별하여 물건을 아끼는 사람을 세상 물정에 어둡다고 하며, 나라 일에 대해 걱정하는 사람을 미치광이로 몰아붙이는, 이런 관행이 생긴 지 오래되었습니다. 그것이 당연한 것처럼 되었으니, 외적이 쳐들어와도 막을 수 없음을 알지 못합니다.[49]

　　내암은 단호하다. 민중을 중심에 세우고 그들의 잘 삶을 위한 다스림이 의(義)에 부합된다고 누차 강조한다. 이는 유학이 지향하는 민본주의(民本主義)의 핵심이다. 의(義)－올바름－는 다른 데 있는 것이 아니다. 위정자

---

48) 『朝鮮王朝實錄』 卷24 <宣祖實錄>: 民生之休戚, 大係於守宰, 而朝廷莫之恤. …… 不知撫軍之爲何事, 宴樂沈醉.
49) 『來庵集』 卷2 <辭義將封事>: 好偏黨而惡正直, 賤淸節而趨勢利. …… 自以爲當然, 而不知其不免於致寇也.

의 올바름은 보민(保民)에 있고, 외적이 쳐들어왔을 때는 외적을 막는 데
있으며, 정직(正直)과 청절(淸節), 명의(名義), 전형(典刑)이 그 기준이다. 내
암은 이러한 의(義)의 기준이 무너짐을 통탄하면서, 학문은 반드시 천하국
가에 필요하고 이용할 수 있어야 한다는 유학의 교육철학사상을 실제적으
로 견지하였다.[50] 그것은 내암이 당대의 학문인 유학의 큰 스승으로서, 교
육철학자이자 사상가로서, 공동체를 지속하는 힘인 민중에 대한 이해와 배
려, 사랑의 정신을 실천한 것으로 판단된다.

4. 닫는 글

교육은 개인과 공동체의 조화를 꾀하는 위대한 인간의 문화 작용이다.
아무리 훌륭한 인격으로 개인이 성숙하더라도, 그것이 공동체와 어울릴 수
없고 공동체에 기여하지 못한다면, 교육의 의미는 상쇄(相殺)될 수밖에 없
다. 내암 정인홍은 자기 수양은 물론, '보민(保民)' 정신을 앞세운 공동체의
공공성과 사회성을 강조하였다. 이는 궁극적으로 옳음의 표준인 의(義)가
어떤 특성을 지니는지 일러준다. 유학이 지닌 진정성이 수기치인(修己治
人)이라면, 그것을 어떻게 시대정신과 부합시키느냐의 교육철학이다.

내암은 수기(修己)를 간과하지 않으면서도 치인(治人)이라는 궁극 목적
에 무게 중심을 두었다. 개체로서 인간의 수양교육은 개인의 전체 삶에서
지속적으로 진행되는 과정이다. 그것이 수기(修己)에 해당한다. 그런데 수
기는 반드시 치인(治人)의 실천으로 연결되어 타인에게 다가갈 때, 공동체
와 더불어 호흡할 수 있다. 내암의 강조점은 여기에 있다. 특히, 내암은 사
회적 공공성을 책임지는 지식인으로서 민중들을 보호하고 민중들의 삶을
고민하는 보민(保民)을 강력하게 주장하였다. 경(敬)을 통한 개인교육의 충

50) 권인호, 앞의 책 참조.

실은 물론 의(義)의 실천으로 드러나는 공동체에 대한 책임의식을 모범적
으로 보여주었다.

내암의 이러한 유학정신을 통해 우리는 다음과 같은 교육적 시사점을
도출해 낼 수 있다.

첫째, '경(敬)' 사상을 통해, '개인의 수양은 교육의 핵심이다'라는 유학
의 전통적 견해가 현대 교육에도 여전히 유효하다는 점이다. 자기 수양, 즉
현대적 의미에서 개인의 인격 완성이라는 교육의 본질적 전통은 시대와
상황에 따라 내용과 방법의 차이는 있으나 근본 원리에서는 일치한다. 특
히, 유학의 맥락에서 개인 수양교육의 표준인 경(敬)은 포괄적 의미의 '자
기 깨달음'으로서 개인의 위치를 확인하게 한다. 내암의 경우, 교육철학사
상의 요체가 위기지학(爲己之學)에 있음을 다시 상기시켜 주었다.

둘째, 의(義)의 실천을 통해, '공동체에 대한 책임 의식이 교육의 지향이
되어야 한다'라는 교육의 궁극 목적에 대한 방향성을 확인할 수 있다. 공
동체에 대한 책임의식은 인간이 사회적 개인으로 존재하는 한 모든 사람
이 벗어날 수 없는 교육적 산물이 되어야 한다. 그러나 여전히 교육은 개
인의 차원—인격 성숙이나 직업 확보의 수단, 교양 지식의 획득 정도—에
머무르는 경우가 많다. 내암은 학자 관료에서 산림처사에 이르기까지, 더
구나 임진왜란을 겪으면서 의병을 일으키는 과정에서 올바름[義]이 무엇인
지, 분명하게 보여주었다. 그것은 개인적 수양교육이 사회적 공동체교육의
실천으로 이어져야만 하고, 자신의 위치[지식인]에서 본분을 다하는 일로
요약된다. 이른바 사회에 대한 공공의 책임의식이다. 당시의 교육철학사상
가로서 내암은 교육이 공동체에 대한 책임으로 지향되고 실천될 때 궁극
처에 이를 수 있음을 보여 주었다.

결과적으로 교육은 개인의 온전함과 개인의 공동체에 대한 책임이 일치
될 때, 완성에 가까운 모습으로 드러난다. 달리 말하면, 개인교육과 공동체
교육이 적절하게 조화를 이룰 때, 교육은 극대적 효과를 보인다. 유학교육

으로 말하면, 그것은 '수기치인(修己治人)'이나 '성기성물(成己成物)'이다. 현대 교육적 차원에서는 개인의 완성과 지속가능한 공동체의 삶과도 연관된다. 이런 점에서 내암 정인홍의 '경·의(敬·義)'에 근거한 교육철학사상과 그 실천성은 현대교육의 중심을 확인하는데 다차원적 고민거리를 제시한다. 교육철학사상의 방향이 어떠해야 하는지 교육 실제에 관한 성찰의 기회를 제공한다.

8장 지성인의 교육철학 확장

- 석탄 이신의의 『대학차록』 -

1. 여는 글

석탄 이신의(石灘 李愼儀, 1551~1627)는 조선사상사에서 잘 알려져 있는 인물은 아니다. 문집(文集)이나 저술(著述)이 유실(遺失)되어 남아 있는 작품이 많지 않기 때문에 연구가 제대로 되지 않은 듯하다. 하지만 임진왜란을 전후로 조선 사회에 영향력을 미쳤던 학자이자 정치가이며 애국자이다. 본관(本貫)은 전의(全義)이고 자(字)는 경칙(景則)이다. 호는 석탄(石灘)이며 시호(諡號)는 문정(文貞)이다.

석탄은 효행(孝行)과 학행(學行)이 높은 것을 인정받아 효릉참봉(孝陵參奉)에 천거(薦擧)되었다. 임진왜란(壬辰倭亂)이 발발하자 경기도 고양(高陽) 지역에서 의병(義兵)을 모집하여 적과 싸워 공을 세웠다. 이후 공조좌랑(工曹佐郎), 형조좌랑(刑曹佐郎), 직산현감(稷山縣監), 괴산군수(槐山郡守), 임천군수(林川郡守), 홍주목사(洪州牧使), 해주목사(海州牧使), 형조참판(刑曹參判) 등을 역임하였고, 정묘호란(丁卯胡亂) 때 임금을 모시고 강화(江華)로 가던 도중에 수원에서 노환으로 별세하였다.

석탄은 고양 출신의 명망가이던 행촌 민순(杏村 閔純, 1519~1591)에게 수학하였다. 민순은 화담 서경덕(花潭 徐敬德, 1489~1546)의 문하에서 '주정(主靜)'의 학문을 듣고 감복하여 재실(齋室)의 이름을 '습정(習靜)'이라 짓고, '위기주정(爲己主靜)'의 학문에 전념하였다고 전한다. 석탄도 이러한 학문이나 교육적 분위기를 이어 받았는지, 초기의 교육철학사상은 '수기(修己)'와 '경(敬)'에 집중되어 있다.

그러나 현재 석탄의 학문이나 교육 및 정치 활동에 대한 연구는 매우 미진한 편이다.[1] 학계에서 깊이 있게 연구한 논문이 10편도 채 안 되는 실정이다. 특히, 석탄의 '사우가(四友歌)'나 단가(短歌) 연구를 제외하면, 그의 학문이나 정치 활동, 교육철학사상에 대한 연구는 아주 미미한 상황이다.[2]

하지만 의병(義兵)활동을 비롯한 석탄의 애국자적 활동과 사상의 실천은 그의 심사숙고(深思熟考)가 배어 있는 교육철학을 바탕으로 진행되었음에 분명하다. 왜냐하면 시문(詩文)을 비롯한 여러 글 이외에, 그의 사상을 잘 보여주는 경전(經傳) 연구와 저술은 인생의 초반부에 이루어졌고, 인생의 후반부에는 목민관(牧民官)으로서의 공직 생활을 비롯한 다양한 교육 및 정치 활동을 통해 실천적 경향을 강하게 드러냈기 때문이다.

여기서는 석탄 이신의의 삶이나 목민관으로서의 정치활동보다 그의 학문이나 교육철학 가운데, 사상의 주요 면모를 살펴볼 수 있다고 판단되는

---

1) 石灘이 남긴 資料 가운데 다행히도 2014년에 『大學箚錄』과 『家禮箚錄』 飜譯·解說 되어 出刊되었다. 李愼儀 原著, 신창호 역, 『대학에서 치국의 도를 깨닫다: 『대학차록』 독해』; 임민혁 역, 『주자가례에서 통치이념을 배우다: 『가례차록』 읽기』, 서울: 민속원, 2014 참조.

2) 四友歌나 短歌에 관한 대표적인 연구로 權寧徹, 「石灘 時調에 對하여」, 『李宣根 古稀論文集』, 1974; 李相斐, 「李愼儀의 四友歌와 短歌6首」, 『시문학』 32호, 1974; 李相斐, 「四友歌와 李愼儀에 關한 硏究」, 『圓大 論文集』 제13집, 1979; 李容淑, 「四友歌와 五友歌의 比較硏究」, 『고산연구』, 1988; 尹榮玉, 「孤山의 五友歌」, 『고산연구』, 1988 등이 있고, 생애와 학문, 정치활동에 대한 연구로는 임민혁, 「石灘 李愼儀의 生涯와 思想」, 『민족문화』 5집, 1991; 안동교, 「석탄 이신의의 학문과 정치활동」, 『역사학연구』 제39집, 2010; 임민혁, 「石灘 李愼儀의 위민의식과 정치활동」, 『文貞公 石灘 李愼儀 先生』 학술발표회 자료집, 2012 등이 있다.; 石灘의 後孫인 이창호는 石灘 先生에 관한 硏究成果가 의외로 적은 이유를 다음과 같이 추측·해명하였다. "石灘 先生의 著述이 많이 있었음에도 불구하고, 당시 여러 가지 어려운 상황에 직면하여 집안이 경기도 고양에서 전라도 광주 지역으로 옮기게 되었다. 이 과정에서 후손들이 석탄 선생의 著述을 비롯하여 遺品을 제대로 간수하여 보존하지 못한 결과, 석탄 선생의 학문 활동이나 행적에 대해 후대에 연구 자료를 제공하지 못한 영향이 크다." 2012. 9. 19. 『文貞公 石灘 李愼儀 先生』 學術大會場에서 後孫代表로 의견을 개진함.

『대학차록(大學箚錄)』3)에 대해 분석·검토한다. 특히,『대학』을 바라보는 그의 독창적 교육철학사상을 고찰한다.『대학차록』은 말 그대로『대학』에 관한 수필(隨筆)이나 수록(隨錄)에 해당한다. 주자의『대학장구(大學章句)』를 읽고 얻은 사항을 수시로 적은 기록이다.

주지하다시피『대학(大學)』은 학문의 강목(綱目)으로, 유학교육 철학사상의 알파이자 오메가이다. 석탄은 그런『대학』의 가치를 이해하고『대학장구』의 서(序)와『대학장구대전(大學章句大全)』의 경(經) 1장, 그리고 전문(傳文)의 장구에 대해 독서한 내용을 요점으로 정돈하여 기록으로 남겼다. 그것은『대학장구』를 읽고 난 자신의 느낌이나 학문적 이해를 진솔하게 담고 있는 일종의 '심득기(心得記)'이자 교육철학적 메모이다. 따라서 그가 지향하는 교육사상의 핵심을 발견하는 데 귀중한 자료가 된다.

---

3)『大學箚錄』은 石灘 李愼儀의 나이 37세 때, 官職을 그만 두고 鄕村에 묻혀 學問·敎育활동을 專念할 무렵에 지은 著述이다. 石灘은 이 저서에서 退溪의 學說을 자주 인용하고 있고, 註釋에서도 精深한 것이 있다. 뿐만 아니라 註釋에서 순한글을 사용하기도 하여 그의 學問이 어떠한지를 짐작하게 한다. 石灘은 40세 무렵까지 四書六經을 비롯하여『心經』『近思錄』『大學』『中庸』등에 침잠하여, 性理學者로서 修身에 置重하고 英宦에 뜻이 없었다. 그가 본격적으로 政治活動을 재개한 것은 石灘의 나이 42세(1592년)에 壬辰倭亂이 勃發하면서이다. 그는 鄕兵 300여명을 이끌고 戰場에 나아가 義兵을 이끌면서부터였다. 이러한 그의 政治實踐 능력은 청년시절에 쌓은 學問과 修身이 바탕이 되었을 것으로 추측된다. 權寧徹, 위의 논문, 312쪽; 임민혁, 石灘 李信儀의 위민의식과 정치활동」,『石灘 李信儀 先生 학술발표회 자료집, 2012; 여기에서는 成均館大學校 大東文化硏究院,에서 간행한『韓國經學資料集成』2「大學」二, 서울: 성균관대학교 출판부, 1989에 실린『石灘先生文集』下「箚錄」"大學"을 底本으로 그의 敎育哲學思想을 分析한다. 以下 引用文을 제시할 때는「箚錄」으로 한다.

2. 교육인간학의 재 관찰

석탄이 『대학』을 독해(讀解)하며 요약한 교육철학사상은 분명(分明)하고 체계적(體系的)이다. 자신이 이해한 내용을 명증(明證)하게 분류하여 세밀(細密)하게 제시한다. 『대학장구』「서」의 경우, 여섯 부분으로 나누어 그 단락이 지닌 교육철학사상의 의미를 보여준다.4) 단락을 나누어 제시하기 전에 『대학장구』의 뜻을 일목요연하고 논리적으로 적시(摘示)하고 있다.

석탄은 "『대학』의 핵심은 경(敬)에 있을 뿐이다. 그것은 『소학(小學)』에 이미 갖추어져 있다. 때문에 『대학(大學)』에서 구체적으로 지적하여 언급하지는 않았다"5)라고 언급하며, 『대학』의 가치를 평가한다. 이 지점에서 눈여겨 볼 대목은 『소학』과의 연계성이다. 석탄은 자손들에게 늘 '소학을 공부하라!'고 권고하였다고 한다.6) 그만큼 스스로 '소학'에 충실하여, 『소학』에서 『대학』이라는 유학의 교육적 당위성을 전제로, 『대학』의 사상적 핵심은 '경(敬)'에 있다고 자신의 견해를 밝혔다.

그리고 『대학장구』에서 장(章)과 구(句)의 의미를 명확하게 구분하여, 학문적 명료성을 더하였다. 이는 교육철학을 형성하는 근거가 된다. "장(章)은 의(義: 뜻)를 다한 곳이고, 구(句)는 언(言: 말)을 다한 곳이다."7) 다시 말하면 장(章)은 의리를 드러내는 양식(樣式)이고 구(句)는 말을 보여주는 전범(典範)이다. 이런 구분은 장(章)과 구(句)를 통해 의리(義理)와 말의 차이를 드러내는 일종의 교육철학 방법론을 지적한 것이다.

중요한 독해 가운데 하나는 『대학』의 경문(經文)이나 전문(傳文)에서 보

---

4) 「箚錄」: 序文作六節者, 可得要領.; 新安陳氏라고 알려져 있는 陳櫟(1252～1334)의 경우에도, 『大學』의 序文을 여섯 부분으로 나누어 볼 수 있다고 하였다. 그러나 石灘의 구분은 그것보다 훨씬 細密하게 分析되어 있다.

5) 「箚錄」 "大學": 大旨敬而已, 具於小學, 故於大學不言敬.

6) 權寧徹, 앞의 논문, 312쪽.

7) 「箚錄」 "大學": 義盡處爲章, 言盡處爲句.

여주지 못한 부분을 주자(朱子)가 『대학장구』「서」에서 보충하고 있다는 교육사상적 해석이다. "대학은 인간의 마음인 '심(心)'에 대해서는 말하였지만, 인간의 본성인 '성(性)'에 대해서는 말하지 않았다. 그러므로 주자가 서문에서 '성(性)'에 대해 자세하게 말했던 것이다."[8] 이런 석탄의 『대학』 독해는 『대학』이라는 저작의 가치와 위상이 어떠한지를 보여주는 동시에, 주자가 『대학장구』를 통해 보여주려는 성리학의 교육철학사상을 더욱 공고하게 간파하도록 만든다.

석탄이 분류한 여섯 부분은 다음과 같다.

> 단락①: "하늘이 사람을 내릴 때부터 인의예지(仁義禮智)의 본성(本性)을 부여하지 않은 것은 없다."[9]
>
> 단락②: "그 기질(氣質)을 타고난 것이 사람마다 동등하거나 동일할 수는 없다. 때문에 모든 사람이 그 본성이 있는 것을 알아서 온전히 할 수 있는 사안은 아니었다. …… 백성들을 다스리고 가르치게 하여 그 본성을 회복하게 하고 …… 사도(司徒)의 직책과 전악(典樂)의 관직을 설치하였다."[10]
>
> 단락③: "삼대(三代)가 융성할 때 그 법도가 점차로 갖추어졌다. …… 이것은 후세가 미칠 수 없는 부분이다."[11]
>
> 단락④: "주나라가 쇠하자 성스럽고 어진 임금이 나오지 않았고 …… 책이 남아 있기는 하지만 뜻을 아는 자가 드물었다."[12]
>
> 단락⑤: "이때부터 세속의 유학자들은 사장(詞章)을 외우고 읽는 학습을 했는데 …… 오대(五代)의 쇠퇴기에는 무너지고 어지러운 상황이 극도에 달하였다."[13]

---

8) 「箚錄」 "大學": 大學言心, 不言性, 故朱子於序, 言性詳焉.

9) 『大學章句』「序」: 蓋自天降生民, 則旣莫不與之以仁義禮智之性矣.

10) 『大學章句』「序」: 然其氣質之稟, 或不能齊. 是以, 不能皆有以知其性之所有而全之也. …… 使之治而敎之, 以復其性, 此伏羲神農黃帝堯舜, 所以繼天立極, 而司徒之職, 典樂之官, 所由設也.

11) 『大學章句』「序」: 三代之隆 其法寖備 …… 而非後世之所能及也

12) 『大學章句』「序」: 及周之衰 賢聖之君不作 …… 卽其書雖存 而知者鮮矣

단락⑥: "하늘의 운수가 순환하여 가서 돌아오지 않는 것이 없다. ······ 국가가 백성을 교화하고 좋은 풍속을 이룩하려는 의도와 배우는 자가 자기 몸을 닦고 사람을 다스리는 방법에서 반드시 다소의 도움이 없지는 않을 것이다."14)

위의 '단락①'에서 석탄은 "사람은 누구나 천리(天理)의 이치로서 인의예지(仁義禮智)의 본성을 갖추고 있다"15)라는 성리학의 기본 명제를 확인한다. 그리고 그것을 인식하여 행동으로 나아가는 차원을 구체화 한다. 즉 '지(智)'와 '지(知)의 체용(體用)' 관계를 밝히면서 '지혜'와 '지식'의 문제를 분명하게 구분한 것이다. 이는 자연의 질서이자 이치로 존재하는 '리(理)'와 인간 삶에서 일삼아 전념하는 행동인 '사(事)'로 분석되고, 인간의 본성을 밝히는 원리 원칙과 공부의 방법을 지시한다.16) 즉 유학의 지식교육과 지혜교육의 철학을 제시한 것이다.

'단락②'에서는 '단락①'에 드러난 내용을 전제로 하여, 그 이면에 동시에 존재하는 인간의 본질을 성찰한다. 그것은 "기질적 성품(氣質的 性品)은 사람마다 차이가 있어 본성을 온전하게 보존하지 못 한다"17)라는 구절이 독해의 초점이다. 때문에 석탄은 중간 이하의 능력을 지닌 사람들에게, 스스로 보고 느끼며 동기를 부여하는 과정을 통해, 자신의 재능을 일으키고 배워서, 알고 힘써서 행할 수 있는 공부의 실천적 측면을 고려한다. 다시 말하면, 유학교육의 실천적 사유를 부여한다.

'단락③'에서는 최고지도자인 임금의 모범적 실천과 더불어 백성의 건

---

13) 『大學章句』「序」: 自是以來 俗儒記誦詞章之習 ······ 以及五季之衰而壞亂極矣.
14) 『大學章句』「序」: 天運循環 無往不復 ······ 然於國家化民成俗之意 學者修己治人之方 則未必無小補云
15) 「箚錄」"大學": 得於天之理, 人人皆同.
16) 「箚錄」"大學": 仁義禮智之智是體, 有以知之知是用, 智知之理, 知智之事, 知之於智, 猶愛之於仁也.
17) 「箚錄」"大學": 得於天之氣, 人人皆異.

전한 일상과 윤리적 삶을 요청한다. 특히, 석탄은 '소학(小學)'과 '대학(大學)', '일용(日用)'과 '이륜(彝倫)', '성분(性分)'과 '직분(職分)'의 차이를 분명하게 독해하고, 모든 존재가 '본분(本分)'의 실천에 충실할 것을 요청한다.[18]

'단락④'는『대학』의 가르침이 '다시 세상에 밝혀질 수 있음을 언급하였다'라고 이해했고, '단락⑤'는『대학』의 가르침이 '세상에 크게 밝혀지지 않았다'라고 독해했다. 그리고 '단락⑥'은 정자(程子)를 통해『대학』의 가르침이 '다시 밝아졌음을 강조한 대목이다'라고 해석하였다.[19]

〈표 1〉 석탄과 진력의『대학장구』「서」의 단락 구분 비교

石灘의 區分	陳櫟의 區分	비고
① 蓋自天降生民 ~ 仁義禮智之性矣 ② 然其氣質之稟 ~ 所由設也	① 大學之書 ~ 所由設也	석탄은 이를 본성의 같고 다름의 두 부분으로 나누어 독해함
③ 三代之隆 ~ 而非後世之所能及也	② 三代之隆 ~ 大小之節所以分也 ③ 夫以學校之設 ~ 而非後世之所能及也	석탄은 교화의 과정에서 성분과 직분의 체득에 이르기까지 하나의 과정으로 독해함
④ 及周之衰 ~ 而知者鮮矣	④ 及周之衰 ~ 而知者鮮矣	
⑤ 自是以來 ~ 以及五季之衰而壞亂極矣.	⑤ 自是以來 ~ 以及五季之衰而壞亂極矣.	동일
⑥ 天運循環 ~ 則未必無小補云	⑥ 天運循環 ~ 則未必無小補云	

거시적으로 보면,『대학장구』「서」는 일반적으로 유학의 인간학(人間學)과 교육본질론(敎育本質論), 교육의 원칙과 바탕, 교육의 표준, 학교의 구분과 교육과정, 선발의 의미, 지도자의 모범, 구성원의 윤리적 실천과 본분

18)「箚錄」 "大學": 小學之節文, 大學之八條 …… 日用謂飲食起居, 彝倫謂父子之等 …… 性分是從天理大原頭來底, 職分是見處地位, 君臣父子長幼朋友隨事合當做底.
19)「箚錄」 "大學": 大學之敎, 復明於世 …… 大學之敎, 大不明於世 …… 人存政擧, 大學之敎, 復明於世, 謂程子應運而生 …….

의 이행 등을 체계적으로 다루고 있다. 즉 유학교육의 철학사상을 종합적으로 정돈하고 있는 것이다. 이에 비해 석탄은 자신이 스스로 『대학장구』「서」를 읽으면서 체득한 내용의 핵심을 미시적 관점에서 기록하였다. 그것은 석탄이 터득한, 조선 유학교육의 철학사상이다.

석탄은 무엇보다도, 『대학장구』「서」를 읽은 마지막 부분에서, 장자(張子: 張載)와 주자(朱子), 그리고 퇴계(退溪)의 견해를 빌어, "『중용(中庸)』은 덕(德)을 이루는 데 요긴하나 가르치는 사람이 전심(專心)해야 하는 저술이다. 때문에 먼저 존양(存養)하고 나중에 성찰(省察)한다. 반면, 『대학(大學)』은 덕(德)을 이루는 데 요긴하나 배우는 사람이 전심해야 하는 저작이다. 때문에 함부로 다루거나 머뭇거려서는 안 된다. 그리고 존양은 마땅히 역동적으로 움직이는 가운데 공부해 나가야 한다"[20]라고 『대학』의 교육철학을 자리매김하였다. 이는 조선 중기, 중국의 학문적 분위기로 이해되어 온 『대학』을, 조선인의 시선에서 학문을 전개하여 성리학을 한층 발전시키는 계기로 작용한다. 다시 말하면, 성리학의 유학교육을 조선의 시선으로 수용한 교육철학사상이다.

3. 인간학의 본질과 작용의 실천성

석탄은 『대학장구대전』을 바탕으로 경문(經文)을 독해하였는데, 매우 분석적(分析的)이다. 주자의 『대학장구』 주석(註釋)은 '훈고(訓詁)'와 '의리(義理)'가 혼합된 상황에서 의미를 드러내는 데 치중하고 있다. 그런데 석탄은 주자 '장구(章句)'의 의미를 넘어 그 체제와 관계를 명확하게 나누어 설명한다. 그것은 후학들이 『대학』을 이해하는 데 분명한 논리를 제시하

---

20) 「箚錄」 "大學": 中庸, 成德之書, 敎者事, 故先存養, 後省察 …… 退溪曰, 大學, 修身之本, 入德之文門 故曰, 學者事, 中庸, 明道之書, 傳心之法, 故敎者事也 ……

는 근거가 될 수 있다는 점에서 학문적 유용성을 담보한다. 그는 『대학장구』「서」에서와 마찬가지로 『대학』 경문(經文)의 핵심도 '경(敬)' 공부 하나에 있다고 강조한다. 3강령(三綱領)의 경우에도, 그 핵심은 '밝히고' '새롭게 하고' '머물다'라는 의미의 '명(明)─신(新)─지(止)'에 달려 있다고 독해하였다.[21] 그러니까 '명명덕(明明德)'─'신민(新民)'─'지어지선(止於至善)'에서 '명덕(明德)'이나 '민(民)'이나 '지선(至善)'이라는 '이론'이나 '명사적' 사항에 무게중심을 둔 것이 아니라 '동사적'인 '실천'을 강조하고 있다.

석탄은 『대학』 경문(經文)의 내용을 주자의 『대학장구』에 충실하여 일곱 단락으로 나누어 해석하였다. 그것은 정자(程子)가 "『대학』은 초학자들의 입덕지문(入德之門)이다"라는 구절의 해독으로부터 시작한다. '입덕지문(入德之門)', 즉 '덕에 들어가는 문'이라고 했을 때, '입덕(入德)'의 기준은 "이치를 캐묻고 마음을 바르게 하여 기질(氣質)을 변화시키는 작업이다."[22] '대학'의 길은 그것으로부터 출발한다.

> 단락①: "대학의 길은 밝은 덕인 마음을 밝히는 데 있고, 백성을 새롭게 하는 데 있고, 지극히 착한 곳에 머무르는 데 있다."[23]
> 단락②: "머무를 데를 안 뒤에 …… 얻을 수 있다."[24]
> 단락③: "물건에는 근본과 말단이 있고 …… 도에 가까울 것이다."[25]
> 단락④: "옛날 명덕을 밝히고자 …… 사물에 이르는 데 있다."[26]
> 단락⑤: "사물의 이치가 이른 뒤에 …… 세상이 바로잡힌다."[27]
> 단락⑥: "천자로부터 …… 몸 닦는 일을 뿌리로 삼는다."[28]

---

21) 「箚錄」 "大學大全": 大旨敬一字工夫, 在明新止三字上.
22) 「箚錄」 "大學大全": 窮理正心, 變化氣質, 故曰入德.
23) 『大學章句』「經1章」: 大學之道 …… 止於至善.
24) 『大學章句』「經1章」: 知止而后 …… 能得.
25) 『大學章句』「經1章」: 物有本末 …… 近道矣.
26) 『大學章句』「經1章」: 古之欲明明德 …… 在格物.
27) 『大學章句』「經1章」: 格物而后 …… 天下平.
28) 『大學章句』「經1章」: 自天子 …… 修身爲本.

단락⑦: "그 뿌리가 어지러운 데 …… 있지 않다."[29]

'단락①'에서 석탄은 '대학지도(大學之道)'에서 '도(道)', '명명덕(明明德)'에서 '명(明)'과 '덕(德)'의 맥락을 구체적으로 적시한다. 대학을 어른의 학문으로 보고, 어른의 길이 무엇인지 분명하게 보여준다. 먼저 '도(道)'와 '덕(德)'의 문제를 살펴보자. 석탄은 백운허씨(白雲許氏)[30]의 학설을 인용하여, 도(道)에는 두 가지 의미가 담겨 있다고 본다. 하나는 천(天)으로 상징되고 다른 하나는 인(人)으로 표현된다. 전자는 자연의 질서 원리와 변화 운동이 지속되는 것을 말하고, 후자는 사람이 의리로 말미암아 실천하는 영역이다. 그런데 대학에서 말하는 도(道)는 사람이 실천해야 하는 길이다.[31] 명덕에서 덕(德)의 문제도 마찬가지이다. 하나는 "천리를 얻어 마음에 보존하는 일이고, 다른 하나는 길을 가서 마음에 얻음이 있는 사안이다."[32] 이런 점에서 석탄은 『대학』의 독서 과정을 통해, 대학의 도(道)가 자연의 길이 아닌 '인간의 길'임을 분명하게 읽어냈다. 그것은 대학이 철저하게 인간학(人間學)이나 인문정신(人文精神; humanity)에 초점을 맞추고 있음을 일깨워 준다.

다음으로 '명(明)'의 문제이다. 일반적으로 '명명덕(明明德)'과 '신민(新民)'은 3강령(三綱領)의 하나로 제각기 설명되면서도, 유기체처럼 연관되어

---

29) 『大學章句』「經1章」: 其本亂 …… 未之有也.
30) 백운허씨(白雲許氏)는 '東陽許氏'라고도 하는데, 許謙(1269~1337)을 말한다. 허겸은 원나라 때의 학자로 字가 益之이고, 號가 白雲山人이며, 浙江省 東陽 사람이다. 晉나라 때 許孜의 後裔로, 어려서 아버지가 죽자 어머니 陶氏가 『孝經』·『論語』 등을 말로 전하여 가르쳤으며, 6세에 叔父 許航의 嗣子가 되어 金履祥을 스승으로 삼고 배웠다. 官職을 辭讓하고 學問에 전념하였는데, 옛것에 얽매이지 않고 時流에 휩쓸리지 않으며 평소의 뜻이 淸淨하고 淡白하여 道로써 스스로 즐거워하였다. 저서로는 『白雲集』 외에 『四書總說』·『詩集傳名物鈔』·『觀史治忽機微』 등이 있다.
31) 「箚錄」 "大學大全": 天之理氣流行不息者謂之道, 人之由義理行亦謂之道.
32) 「箚錄」 "大學大全": 得天理而存於心者德也. 行道而有得於心者亦德也.

있는 내용으로 이해된다. 그런데 석탄은 '명명덕(明明德)' 자체에 원초적으로 '신민(新民)'을 포괄하여 독해하고 있다. 즉, "명명덕(明明德)의 측면에서 앞의 '명(明)'자는 '지(知)'와 '행(行)'을 아우르고 있다. '명덕'과 '신민'의 측면에서 세분하여 말하면, '명덕(明德)'은 '지(知)'에 해당하고 '신민(新民)'은 행(行)에 해당한다"[33]라는 것이다. 이는 명명덕이 공부의 전체이자 근본임을 더욱 강조한 차원이다.

『대학』의 체계를 "명명덕(明明德)－신민(新民)－지어지선(止於至善)"이라는 3강령(三綱領)의 병렬적 나열이 아니라, '명명덕'이라는 하나의 이치로 수렴(收斂)되고 통합(統合)되는 양식으로『대학』을 독해했다.

〈표 2〉 3강령의 관계

明明德	明	知	明德	體	至善
		行	新民	用	

그런 차원에서 석탄은 3강령(三綱領)의 '체용(體用)' 관계 및 그 표준(標準)과 방도(方途)를 체계적으로 제시한다. "본체에 해당하는 체(體)는 명덕(明德)에 있고, 작용에 해당하는 용(用)은 신민(新民)에 있으며, 본체와 작용의 표준, 또는 기준은 지선(至善)에 있다. 그리고 이들을 실제로 작용하게 만드는 힘은 지행(知行)에 있다."[34] 이런 인식은 3강령의 의미를 분명하게 만드는 지렛대 역할을 한다. 예컨대, '명덕(明德)'은 본체의 역할과 기능에 충실하다. 그에 비해 '신민(新民)'은 명덕을 바탕으로 적용하고 펼쳐나가는 작업에 해당한다. 그 표준이나 기준에 해당하는 법도는 '지선(至善)'에서 확인된다는 논리이다. 거기에다 그것은 "알고 깨닫는 '지(知)'와 일하고 베풀며 쓰는 '행(行)'을 통해 실제 힘을 발휘할 수 있다"라는 교육

---

33) 「箚錄」 "大學大全": 明明德, 上明字, 兼知行. 分言, 則明德知也, 新民行也.
34) 「箚錄」 "大學大全": 體在明德, 用在新民, 體用之準在至善, 用力之方在知行.

과정 전체를 유기적이고 체계적으로 보여준다. 석탄은 그 지행(知行)의 모습을 『중용(中庸)』의 3달덕(三達德)인 '지(知)·인(仁)·용(勇)'으로 독해한다. "명명덕은 자기를 이루는 인(仁)이고, 신민은 사물을 이루는 지(知)이며, 지선은 명덕과 신민의 용(勇)이다."35)

'단락②'에서는 마음이 펼쳐지는 과정을 '공효(功效)'와 '공부(工夫)'의 차원에서 정돈한다. 그것은 '지선(至善)'으로 나아가는 절차이다.36) "지지이후유정(知止而后有定), 정이후능정(定而后能靜), 정이후능안(靜而后能安), 안이후능려(安而后能慮), 려이후능득(慮而后能得)!" 여기에서 고요하게 되는 상황인 '정(靜)'은 공자가 말한 '불혹(不惑)'과 통한다. 편안하거나 차분한 양상인 '안(安)'은 맹자가 말한 '부동심(不動心)'과 동일하다. 석탄은 주자가 '불혹(不惑)'으로 '부동심(不動心)'을 풀이하였다고 이해한다.37)

석탄은 백운허씨(白雲許氏)의 이론을 빌어, 그 과정을 다시 지(知)와 행(行)으로 구분한다. 즉 "'정(定)·정(靜)·안(安)'은 '지(知)'에 속하고, '려(慮)·득(得)'은 '행(行)'에 속한다."38) 이는 다시 일의 진행 과정에 비유된다. '정(定)·정(靜)'은 일이 이르기에 앞선 단계에서 진행되는 사안이고, '안(安)'은 일이 이를 무렵의 경계에서 이루어지며, '려(慮)'는 일이 이를 때의 작업이고, '득(得)'은 일에 대응하거나 응낙한 후에 터득되는 것이다.39) 이 모두는 '지선(至善)'의 터전을 담보한다.40)

'단락③'에 대한 석탄의 독법(讀法)은 상당히 독창적이다. "물유본말(物有本末), 사유종시(事有終始), 지소선후(知所先後), 즉근도의(則近道矣)!"에서, '물(物)'과 '사(事)'에 대해 구체적으로 지적한다. 이 대목에서 그의 교

---

35)「箚錄」 "大學大全": 明明德, 成己之仁, 新民, 成物之知, 至善, 明德新民之勇.
36)「箚錄」 "大學大全": 定靜安慮得, 五者, 至善之節次也.
37)「箚錄」 "大學大全": 靜如不惑, 安如不動心, 朱子以不惑解不動心.
38)「箚錄」 "大學大全": 定靜安屬知, 慮得屬行.
39)「箚錄」 "大學大全": 定靜在事至之先, 安在事至之際, 慮在事至之時, 得在應事之後.
40)「箚錄」 "大學大全": 皆至善之地.

육철학적 사유가 빛을 발한다. '물(物)'은 형체를 가리킨다. '명덕'은 자기
에게 있고 '신민'은 타인에게 있다. 자기와 타인이 서로 대면하고 있기 때
문에 형체로 드러난다. '사(事)'는 만들어지고 인위적인 사항을 가리키는
뜻으로 그칠 데를 아는 것을 말한다. 그것은 힘써야 성공을 얻을 수 있다.
공력(功力)을 통해 서로가 원인이 되어, 다시 형체를 만들어 간다.[41] 주자
(朱子)의 경우, '본말(本末)'과 '종시(終始)'를 중심으로 해석했다. 그러나
석탄은 '물(物)'과 '사(事)'의 문제를 분명하게 밝히는 방식으로 독해하였
다. 이는 의리를 밝히는 과정에서 주어나 주체를 분명하게 인식하려는 교
육적 태도이다.

'단락④'에서 석탄은 공부의 과정을 '격물(格物)'에서 '치국(治國)'에 이
르는 단계가 아니라, 거꾸로 '치국(治國)'에서 '격물(格物)'에 이르는 단계
를 설정하였다. 즉 '격물-치지-성의-정심-수신-제가-치국-평천
하'의 과정에서, '격물'에서 '치국'의 순서가 아니라, 그것을 거슬러 옮겨가
는 '역추(逆推)'의 공부 과정으로 독해했다. 이때 석탄은 8조목(八條目)을
세 부분으로 나누어 읽는다. '치국(治國)'의 '치(治)'와 '제가(齊家)'의 '제
(齊)', 그리고 '수신(修身)'의 '수(修)'이다. 즉 '치(治)-제(齊)-수(修)'의 세
영역이다. '치(治)'의 영역인 '다스림'은 '교화와 법령을 베풀고 착한 일은
상을 주고 악한 짓은 벌을 주는 정치' 행위이다. '제(齊)'의 영역인 '가지런
함'은 '엄숙하고 가지런하게 정돈'된 모습을 말한다. 그것은 부모는 부모답
고 자식은 자식다우며 형은 형답고 아우는 아우다운 모습으로 하나같이
가지런하지 않음이 없는 상황이다. '수(修)'의 영역인 '닦는 일'은 '자신의
결점을 다스려 없애는' 작업이다.[42]

눈여겨 볼 대목은 석탄이 8조목(八條目)의 전개 과정에서 드러나는 세부

---

41) 「箚錄」 "大學大全": 物者, 指形體, 而言明德在己, 新民在彼, 彼己相對而形體見焉,
   故曰物. 事者, 指作爲, 言知止, 其用力能得其成功, 功力相因作爲形焉, 故曰事.
42) 「箚錄」 "大學大全": 治者, 敎條法令之施, 賞善罰惡之政. 齊者, 肅然整然之謂,
   父父子子兄兄弟弟, 無一不齊之謂也. 修者, 治其疵隙而去之也.

조목을 참신하고 신선하게 읽고 있다는 점이다. 예를 들면, '정심(正心)'의 경우, '치우친 마음의 쓰임을 바르게 하는 것'으로 해석하고, '격물(格物)'의 경우, '마음을 다하여 그 표준에 이르는 것'으로 이해하였다.[43] 그것은 『대학』의 본질이 '마음의 일깨움'과 '바르게 함'에 있다는 것을 반증하는 교육철학사상의 발산이다. 그리하여 사물은 마음에 바탕하고, 마음은 몸[개인]에, 개인은 집안에, 집안은 나라에, 나라는 천하에 유기체적으로 연관된다. 세상의 모든 존재와 운동이 근원으로부터 나아가 맡기고, 본체로부터 작용에 도달하는 일이 된다. 그것이 다름 아닌 바르게 하는 작업이다. 이는 얕은 곳에서 깊은 곳으로 들어가고, 작은 것에서 큰 것을 이루는 사물의 운동 법칙이나 교육의 양식과 통한다.[44]

이런 『대학』 8조목의 이해를 바탕으로, 석탄은 '격물·치지(格物·致知)'와 '성의·정심(誠意·正心)', '수신(修身)', '제가(齊家)'와 '치국(治國)'의 핵심을 현실감 있게 제시한다. '격물·치지(格物·致知)'의 핵심은 도(道)를 밝혀 아래 사람이 이를 실천할 수 있도록 도모하고, 인재를 잘 등용하여 다스리며, 백성의 정황을 몸소 살피는 작업이다. '성의·정심(誠意正心)'의 핵심은 경(敬)을 높이고, 삶의 자세에서 늘 경계하고 두려워하며 욕심을 없애는 일이다. '수신(修身)'의 핵심은 말을 삼가고, 바르게 함을 실천하며, 거동에 위엄을 갖추어 행동하는 것이다. '제가(齊家)'의 핵심은 배필(配匹)을 중시하고, 내외(內外)를 엄격하게 하는 작업이고, '치국(治國)'의 핵심은 나라를 정하고 가르침을 근본으로 하여 구성원들을 서로 친하게 만드는 일이다.[45] 여기에는 교육철학을 기초로 정치사상도 깊이 녹아들어 있다.

---

43) 「箚錄」 "大學大全": 正者, 正其心之用, 言其偏處也. 格物者, 心窮之而至其極也.

44) 「箚錄」 "大學大全": 物則心, 心之於身, 身之於家, 家之於國, 國之於天下, 皆自源徂委, 自體達用事, 則正 …… 自淺入深, 自小成大.

45) 「箚錄」 "大學大全": 格致之要, 明道術下, 人材審治, 體察民情, 誠正之要, 崇敬畏戒逸欲, 修身之要, 謹言行正威儀, 齊家之要, 重配匹嚴內外, 治國之要, 定國本教親屬也.

'단락⑤'에서 석탄은 '격물(格物)'에서 '평천하(平天下)'까지의 과정을, '단락④'에 상대하여 '순추(順推)'의 공부 효과로 독해하였다. '물격(物格)'에서 '신수(身修)'에 이르는 과정은 '명덕(明德)'이 된다. 그것은 밝혀지면서 '신민(新民)'의 본체가 되고, 나아가 '가제(家齊)'와 '천하(天下)'에 이르기까지 확고하게 세우는 근거가 된다. 이렇게 하여 백성은 새롭게 되고 명덕의 작용과 실천성이 구체적으로 입증된다.46)

'단락⑥'의 경우, 인간의 잠재능력이 솟구쳐 미루어 나가는 '병추(迸推)'의 공부이다. 이는 마음을 점검하는 데서 시작하여 몸을 닦아 바르게 하는 데서 마무리 된다.47) 그리고 '단락⑦'은 도리를 따르고 이어 받는 차원에서, "순추(順推)의 공효에 해당한다."48)라고 보았다.

4. 「전문」의 해석

석탄은 『대학장구』의 전문(傳文)에 대해 자세하게 독해하고, 자신의 견해를 「차록(箚錄)」에 수록하고 있다. 『대학장구』 「전9장(傳9章)」의 몇몇 구절을 제외하고49) 「전1장」에서 「전10장」의 50여구에 걸쳐 하나하나 분석적으로 검토하였다.

주지하다시피 「전1장」은 '명명덕(明明德)'을 해석한 부분이다. 여기에서 석탄은 '명명덕'의 발단이 '스스로 밝히는' 작업인 '자명(自明)'에 있음을 재차 강조한다. 그것은 인간의 주체성(主體性)과 능동성(能動性), 그리고 자발성(自發性)을 중시한 것이다. 석탄은 다음과 같이 독해한다. "명명덕의

---

46) 「箚錄」 "大學大全": 物格至身修則明德. 明而新民之體, 立家齊至天下. 民新而明德之用行.

47) 「箚錄」 "大學大全": 迸推工夫, 中點出修身正結.

48) 「箚錄」 "大學大全": 順推功效.

49) 傳9章의 2句와 5,6,7,8句에 대한 독해는 누락되어 있다.

단서는 바로 스스로 밝히는 일에서 시작되고, 명명덕의 방법은 다름 아닌 스스로 밝히는 공부에서 드러나며, 명명덕의 효과는 스스로 밝히는 일에서 마무리 된다."50)

전2장은 '신민(新民)'을 해석한 부분인데, 여기에서도 석탄은 '신민'의 단서를 펼친 곳과 '신민'의 방법을 보여준 곳을 적시(摘示)하고, "군자가 그 표준을 쓰지 않는 것이 없다."51)라는 부분에서, '표준[極]'을 자세하게 검토하고 있다. 석탄에 의하면, 교육받은 사람이자 교양을 갖춘 존재로서 군자(君子)는 덕(德)을 이룬 사람이고, '극(極)'은 지선(至善)의 경지로서 삶의 표준이자 정상을 의미한다. 그런데 지선을 언급하지 않고 '극(極)'이라고 한 이유는, '극'이 '지극하다'는 뜻을 지니고 있을 뿐만 아니라 '표준(標準)을 가리키는 명칭'이며, '명덕'과 '신민'의 '표적(標的)'을 가리키기 때문이다. 이는 하나의 기준(基準)이나 중심(中心), 상징(象徵)을 의미한다. 예컨대 모든 별자리의 기준이 되는 북극성(北極星)이나 모든 사물의 중심이 되는 황극(皇極)의 극(極), 지붕의 용마루와 같은 옥극(屋極)의 극(極)처럼, 일종의 형상(形象)과 표적(標的)에 해당한다. 따라서 인간의 삶을 기약하고 멀리 내다보는 역할을 한다.52)

전3장은 '지어지선(止於至善)'을 해석한 장인데, 석탄은 시(詩)를 인용한 각 구절을 읽으면서, 사물이 제각기 머물러야 할 곳이 있음을 지적하고, 머물러야 할 곳을 알아야 함을 재차 확인하였다.53) 그리고 '명덕(明德)'과 '신민(新民)', '지어지선(止於至善)'의 관계를 재검토하며 정확하게 자리매김한다. 다시 말하면, '명덕(明德)'과 '지어지선(止於至善)'은 지선(至善)의

---

50) 「箚錄」 "凡傳文章句": 明明德之端, 卽自明之始事 …… 明明德之方, 卽自明之工夫 …… 明明德之效, 卽自明之終事.
51) 『大學章句』「傳九章」: 君子, 無所不用其極.
52) 「箚錄」 "凡傳文章句": 君子, 成德者也. 極則至善, 不曰至善而曰極者, 至極之義, 標準之名, 指明德新民之標的也. 如北極之極, 皇極之極, 屋極之極, 有形象標的, 期望之謂也.
53) 「箚錄」 "凡傳文章句": 物之各有所止也.

본체이고, 신민(新民)의 단서를 세우고 펼치는 까닭이라는 것이다. 그것을 위한 공부에서도 '지(知)'와 '행(行)'의 연속선상에서 이해하였다.

『대학』에서는 이런 지선(至善)의 경지에 도달하는 지도자의 학문과 교육과정 및 방법을 '절차탁마(切磋琢磨)'와 '슬한혁훤(瑟僩赫喧)'으로 표현한다. "자르는 듯하고 깎는 듯하며, 쪼는 듯하고 가는 듯하다! 엄밀하고도 굳세며, 빛나고도 점잖다!"54) 이는 학문과 교육의 과정에서 스스로 행실을 닦고 마음이 두려워하는 것, 겉으로 드러나는 전체 상황을 상징적으로 보여준 것이다.

삶과 공부의 과정에서 '절(切)'은 자르는 데 칼과 톱을 이용하고, '탁(琢)'은 망치와 끌로 쪼고 다듬는 일이다. '차(磋)'는 줄과 대패로 갈고, '마(磨)'는 모래와 돌로 가는 작업이다. 뼈나 뿔과 같은 재료를 다스리는 사람은 자른 후에 다시 간다. 옥이나 돌과 같은 재료를 다스리는 사람은 쪼아 놓은 후에 다시 간다. 자르는 데 칼과 톱을 이용하고 가는 데 줄과 대패를 이용하는 것은 물건을 매만져 형체를 만드는 작업이다. 쪼는 데 망치와 끌을 사용하고, 가는 데 모래와 돌을 사용하면 물건을 윤택하게 할 수 있다. 형체를 만들고 그것을 다시 윤택하게 하는 일은, 비유하자면, 내면적으로 엄밀하고 꿋꿋하며 외면적으로는 성대하게 드러내는 모양이다. '슬(瑟)'은 조심하고 공경하는 모습이고, '한(僩)'은 웅장하고 위엄 있는 모양이며, '혁(赫)'은 불빛이 활활 타오르는 형태이고, '훤(喧)'은 그 불빛이 크게 비치는 형상이다. 이는 아름다운 덕행(德行)과 옥석(玉石)의 조용하고 우아함을 형용한 말로, 그것이 불빛처럼 환하게 밝아짐을 의미한다.

지선에 머무르는 최고선의 상황은, 끊임없는 노력을 바탕으로 도달되는 경지이다. 마땅한 것, 사물에 걸 맞는 어떤 사항이 있고, 그것을 제대로 쓰는 동시에, 빛나는 사물을 만들기 위해 적절한 방법으로 노력하는 일 자체이다. 교육의 과정도 이와 마찬가지이다. 교육의 기본적인 틀을 배우고 익

---

54) 『大學章句』「傳三章」: 如切如磋, 如琢如磨, 瑟兮僩兮, 赫兮喧兮.

히고 습득한 후에는, 그것을 세련되게 만드는 작업, 즉 응용하고 적용하고 새로운 것을 창조하는 정교화 작업이 수반되어야 한다.

이런 노력의 과정은 '배움'과 '스스로 닦음'이라는 '학(學)'과 '자수(自修)'로 실천되고, 내면적 덕(德)과 외면적 용모(容貌)는 순율(恂慄)과 위의(威儀)로 드러난다. '학(學)'은 위에서 말한 '절차(切磋)'이고 '자수(自修)'는 '탁마(琢磨)'이다. '순율(恂慄)'은 '슬한(瑟僩)'이고 '위의(威儀)'는 '혁훤(赫喧)'에 해당한다.[55] 배움은 교육의 기본이자 틀을 형성하는 핵심이다. 이에 비해 '스스로 닦는 일'은 몸소 체득하고 자기화하는 작업이다. 그런 노력을 통해 삼가고 두려워하며 몸을 움츠리면서도 엄격한 용모를 갖추게 되고, 존경하지 않고는 견딜 수 없을 정도의 법도에 맞는 행위자로 거듭난다. 이는 목민관(牧民官)으로서의 정치 지도자를 함양하는 교육의 구체적 원리인 유학교육의 철학을 응축하고 있다. 인간으로서 최고선을 지향하는 근본 이유를 가르쳐주고, 그 교육의 실천 방안을 마련해 주며, 교육의 효과로서 성취의 모습을 보여준다. 석탄이 이렇게 『대학』을 면밀하게 독해한 것은 그의 교육철학사상 형성의 기초가 되었다.

석탄은 유학교육의 과정을 다음과 같이 간략하게 정돈한다. '절차탁마(切磋琢磨)'의 경우, '절차(切磋)'는 '격물치지(格物致知)'의 공부로 '지(知)'에 속한다. '탁마(琢磨)'는 '성의정심(誠意正心)' 및 '수신(修身)'의 공부로 행(行)에 속한다. '순율(恂慄)'과 '위의(威儀)'는 '정심(正心)'과 '수신(修身)' 공부의 효과이고, '슬한(瑟僩)'과 '혁훤(赫喧)'은 실천 이후에 덕(德)이 무성한 모습이다.[56] 이는 지행(知行)의 합일과 실천, 그로부터 자연스럽게 우러나오는 교육의 효과, 그 효과의 지속 가능성을 염두에 둔 실천적 교육철학

---

55) 『大學章句』「傳三章」: 如切如磋者, 道學也, 如琢如磨者, 自修也, 瑟兮僩兮者, 恂慄也, 赫兮喧兮者, 威儀也.

56) 「箚錄」 "凡傳文章句": 明德止於至善, 乃至善之體, 所以立發新民之端 ······ 工夫在知行, 切磋, 格致工夫, 屬知, 琢磨, 誠正修工夫, 屬行 ······ 恂慄 ······ 正心之功效 ······ 威儀 ······ 修身之功效 ······ 瑟僩赫喧, 皆是踐履之後 ······ 盛德.

을 상정한다.

전4장은 '본말(本末)'을 해석한 것이다. 석탄은 '본말'을 해석할 때, 공자가 말한 '송사(訟事)'의 문제만을 들었는지,[57] 그 이유를 구체적으로 읽어낸다. 특히, 송사에 관해 언급한 이유를 명료하게 지적한다. 그것은 "사람은 그 사람의 기품에 따라 구애되고 세상의 사물은 모두 동일할 수 없다. 때문에 각각의 욕망을 채우려다 보면 다투지 않을 수 없다"[58]라는 인식이다. 이는 사람과 사람 사이에 서로 다른 생각이 개입할 수 있고 사물과 사물 사이의 특성에 차이가 있음을 간파한 '과학적 통찰(科學的 洞察)'이다. 그것은 긍정적으로 진행될 때, 『주역(周易)』「송괘(訟卦)」의 "대인을 만나는 이로움이 있다."[59]라는 차원에서 갈무리 된다.

전5장의 경우, 그 유명한 주자의 "격물보전(格物補傳)"장이다. 석탄도 본문의 궐문(闕文)을 인정하고 이 장을 세 부분으로 나누어 해독한다. 1절은 "치지가 격물에 있다."라는 이론으로, "사물이 이르지 않으면 앎이 이르지

---

57) 『大學章句』「傳4章」: 子曰, 聽訟吾猶人也. 必也使無訟乎.(『論語』「顏淵」)

58) 「箚錄」 "凡傳文章句": 釋本末而特言訟者, 氣稟所生之拘, 天地間之物, 不能各, 充其欲, 則勢不能無爭..

59) 「箚錄」 "凡傳文章句": 訟卦, 利見大人.; 『周易』「訟卦」<傳>에는 다음과 같이 설명한다. "訟事를 하는 道는 반드시 믿음과 진실이 있어야 한다. 속에 진실이 없으면 속이고 망령된 것이니 흉한 도리이다. 卦의 가운데 爻가 이어져 있으니 '믿음이 있는' 象이다. '訟事'라는 것은 다른 사람과 다투고 변론하여 남에게 판결을 기다리는 것이다. 비록 믿음이 있더라도 또한 막혀서 통하지 않는 것이며, 막히지 않았다면 이미 분명하여 송사가 없을 것이다. 일이 분변되지 못해서, 吉하고 凶함을 반드시 期必할 수 없기 때문에 두려움이 있는 것이다. '中道를 지키면 길하다'라 함은, 中道를 얻으면 吉하다는 것이고, '끝까지 하면 凶하다'라는 말은, 訟事를 끝까지 하면 凶하다는 뜻이다. 訟事라는 것은 잘못되고 잘된 것의 判別을 얻고자 하는 것이다. 그러므로 '大人을 봄이 이롭다'고 말하였다. 대인은 군세고 현명하고 中正으로써 訟事하는 바를 판결할 수 있다.(訟之道, 必有其孚實. 中无其實, 乃是誣妄, 凶之道也. 卦之中實, 爲有孚之象. 訟者, 與人爭辯而待決於人. 雖有孚, 亦須窒塞未通, 不窒則已明无訟矣. 事旣未辯, 吉凶未可必也, 故有畏惕. 中吉, 得中則吉也. 終凶, 終極其事則凶也. 訟者, 求辯其曲直也. 故利見於大人. 大人則能以其剛明中正決所訟也.)"

않는다."라는 의미를 담고 있다. 따라서 이치가 캐 물어지지 않은 즉 사물이 이르지 않고, 앎이 다하지 않음이 있은 즉 앎이 이르지 않는다.[60] 그 다음에 이어 나오는 2절은 개별 사물에 따라 나아가 격물치지(格物致知)하는 공부이다. 그런 공부는 사물을 모두 파악했을 때, 사물의 이치를 터득하게 한다.[61] 3절은 모든 사물에 나아가서 '물격지지(物格知至)'하여 나타나는 효험이다. 이 가운데 '활연관통(豁然貫通)'은 앎이 바로 이른 경우이다.[62]

〈표 3〉 격물의 구조

과정·단계	存在	工夫	效驗	生成
내용	事物理致	格物致知	物格知至	豁然貫通

전6장은 '성의(誠意)'를 풀이한 것인데, 석탄은 '성의(誠意)'의 방법이 '신독(愼獨)' 공부에 있음을 확인하고, '자기를 속이지 않은 일'이 '성(誠)' 공부의 핵심임을 거듭 강조하였다.

전7장은 '정심(正心)'과 '수신(修身)'을 해석한 것으로, 석탄은 '유심자(有心者)'와 '무심자(無心者)'의 병통으로 분류하여 지적하고, 마음의 올바름과 마음의 존재 상황을 의리와 지각의 차원에서 이해하였다.[63] 이는 석탄의 세밀한 분석적 학문 태도를 보여주는 전형적 사례이다.

전8장과 전9장에 대한 독해는 다른 장에 비해 상대적으로 무난하다. 그것은 "마음이 바르지 않은 병통"과 "집안[가문]이 가지런하지 않은 병통"의 나열을 통해 수신(修身)이 명명덕(明明德) 공부의 요체임을 밝히고, 제

---

60) 「箚錄」 "凡傳文章句": 第一節, 致知在乎格物, 物未格則知未至. 理有未窮卽物未格, 知有不盡卽知未至也.
61) 「箚錄」 "凡傳文章句": 第二節, 是就逐物上, 格物致知工夫, 至乎其極卽物理之極.
62) 「箚錄」 "凡傳文章句": 第三節, 就衆物上, 物格知至效驗.
63) 「箚錄」 "凡傳文章句": 所謂修身…… 不得其正; 此言, 有心者之病 …… 心不在焉…… 不知其味; 此言, 無心者之病 …… 心不正以義理言, 心不在以知覺言.

가(齊家)로 연결되는 의미나 의의까지도 고려하고 있다.64) 전9장의 경우,
석탄은 5개의 구절에 대해 구체적으로 독해하지 않고 있다. 하지만 '화추
(化推)'의 논리를 통해 가문과 국가의 다스림을 제시한다. 단순한 교화(敎
化)나 유추(類推)의 차원이 아니다. '화(化)'는 스스로 가르쳐 움직이면서
모양이 바뀌어 나가는 일이고, '추(推)'는 올바른 길을 미루어 넓히고 채워
나가는 작업이다.65) '교화(敎化)'라기보다는 '자화(自化)'이고, '유추(類推)'
라기보다는 '확추(擴推)'에 가깝다. '화(化)'는 자기충실을 통한 학습과 성
숙을 의미하고, '추(推)'는 타자에 이르기까지 확장되고 배려되는 차원이
다. 그것은 가문과 국가라는 공동체가 살아나가는 교육의 방향과 효험을
일러 준다.

　전10장을 독해하면서, 석탄은 그의 정치사상이 어디에 기반하고 있는지
를 보여준다. 그것은 한마디로 말하면, '혈구(絜矩)'의 길이다. 석탄은, 분
량으로 보아도 그리 많지 않은 전10장의 독해 가운데, 무려 15회에 걸쳐
'혈구(絜矩)'의 도리를 강조하고 있다.

　'제가(齊家)'로부터 시작되는 '혈구(絜矩)'의 핵심은 '효(孝)·제(弟)·자
(慈)'이다. 그 관건(關鍵)은 임금인 지도자가 교화(敎化)를 베풀 수 있는 자
질과 백성의 반응(反應)과 적응(適應)이다. 위에서 지도자가 선(善)을 베풀
어 감동을 연출하면 백성은 아래에서 이에 호응하여 재빠르게 감응한다.
그 원리가 다름 아닌 '혈구(絜矩)'의 길이다. 앞에서도 언급했지만, '혈구'
는 자기를 중심으로 상하전후좌우(上下前後左右)에 대해, 길고 짧고 넓고
좁고 크고 작고 할 것 없이, 상황에 맞게 방정하게 만드는 정치의 실천 양
식이다. 이런 마음의 헤아림을 통해, 상하사방(上下四方)이 고르고 가지런
하며 방정해져서, 넘치거나 모자람이 없게 된다.

---

64) 「箚錄」 "凡傳文章句": 所謂齊其家 …… 鮮矣; 此言, 心不正之病 …… 故諺有
　　之 …… 其苗之碩; 此言, 家不齊之病 …… 不曰齊其家在修其身者, 承經文結
　　語分本末.
65) 「箚錄」 "凡傳文章句": 化者, 自身敎而動化也 …… 推者, 推此道而擴充之也.

이런 '혈구'의 길 가운데 큰 것은 '재물을 어떻게 쓰느냐'의 문제이다.
왜냐하면, 지도자는 덕(德)이 있게 마련인데, 덕이 있으면 사람이 있게 되
고 사람이 있으면 땅이 있게 되며 땅이 있으면 재물이 있게 되고 재물이
있으면 쓰임이 있게 되기 때문이다. 그런 덕(德)의 획득은, 앞에서 언급하
였던, 격물치지(格物致知)와 성의정심(誠意正心), 수신(修身)을 통하여 이
루어진다. '혈구'의 근본은 덕을 삼가고 그것을 조절하는 과정에 있다. 덕
이 있게 되면 세상 사람들의 마음에 감동을 주어 사람들이 모이게 되고,
사람이 모이면 덕 있는 임금의 땅은 그 만큼 넓어진다. 그리고 땅이 있으
면 땅을 맡겨서 공물을 받게 되고, 그것이 바로 재물이 된다. 그 재물은 이
제 나라를 다스리고 운영하는 경비의 원천이 되어, '쓰임'이 있게 되는 것
이다. 때문에 '혈구'의 실천 양식에서 "덕은 근본이고 재물은 말단이다."66)
이때 재물은 세상을 화평하게 하는 주요한 관건이 된다.67)

여기에서도 '화추(化推)'의 논리가 반영된다. "윗사람이 늙은이를 늙은
이로 대우함에 백성들이 효를 일으키고, 윗사람이 어른을 어른으로 대우함
에 백성들이 공경을 일으키며, 윗사람이 고아를 구휼함에 백성들이 저버리
지 않는다. 때문에 군자는 곱자로 재는 도가 있는 것이다."68)라는 대목에
서, 앞의 세 구절은 '화(化)'에 해당하고 '혈구의 길'은 '추(推)'에 해당한
다.69) 이는 『주역』「겸괘(謙卦)」의 "물건을 저울질하여 바로 잡는 상황"을
빌어 설명된다.70)

---

66) 『大學章句』「傳十章」: 德者, 本也, 財者, 末也.
67) 신창호, 『『대학』, 유교의 지도자 교육철학』, 서울: 교육과학사, 2010, 168~169쪽.
68) 『大學章句』「傳十章」: 上老老而民興孝, 上長長而民興弟, 上恤孤而民不倍, 是
   以, 君子有絜矩之道也.
69) 「箚錄」"凡傳文章句": 首三句, 化也, 絜矩, 推也.
70) 「箚錄」"凡傳文章句": 謙卦, 稱物平弛也.; 『周易』「謙卦」<傳>에는 다음과 같이
   설명하고 있다. "땅의 몸체가 낮아서 아래에 있는데 산이 높고 크면서 땅 속에 있
   다. 밖으로는 낮고 아래에 있어도 안으로는 높고 큼을 간직하는 상이기 때문에 謙
   卦가 된다. '산이 땅속에 있다'라고 하지 않고, '땅 속에 산이 있다'고 말함은, 낮
   고 아래에 있는 것 속에 숭고함이 간직되었음을 말한 것이다. 만약 숭고함이 낮

5. 닫는 글

석탄의 글은 많이 남아 있지 않다. 하지만, 청년시절 석탄의 학문적 열정을 볼 때, 그의 교육철학사상은 상당한 깊이가 있었을 것으로 판단된다. 또한 임진왜란을 겪으며 실천한 그의 애국적 삶을 돌아볼 때, 행동을 통해 실천하는 지성인의 모습을 보여주었다. 『대학차록』은 석탄이 목민관이자 정치 지도자로서 기초를 다지는 공부의 과정에서 탄생되었다고 판단된다. 스스로 지도자 수업을 통해 학문의 중요성을 명확하게 언급한, 교육철학사상을 담았다고 생각된다. 특히, '경(敬)'을 중심으로 하는 『소학(小學)』과 『대학(大學)』의 연계를 비롯하여, 대학이 지닌 학문과 정치적 실천성을 자신의 시각에서 창의적으로 독해하였다. 지성인의 교육철학을 펼친 것이다.

석탄의 『대학차록』은 중요한 용어나 개념 정의는 송대(宋代) 성리학자와 주자(朱子)의 학설을 준수하고 있다. 그러나 『차록』의 상당 부분이 자신의 견해로 채워져 있고, 주자의 『대학장구』 주석에서 부족하다고 생각되거나 자세한 설명이 요청되는 부분에서는 나름대로의 해설을 곁들이고 있다.[71] 이는 조선의 유학자로서 독특한 교육철학사상의 전개를 보여준다.

아래에 있는 것 속에 간직되어 있다고 한다면, 글이 이치에 맞지 않는다. 여러 象들도 모두 마찬가지이니, 글을 보면 알 수가 있다. '君子가 본받아서 많은 것을 덜어내 적은 데 더해 주어, 물건을 저울질하여 베풂을 고르게 한다'는 것은 君子가 謙卦의 象은 산이 땅의 아래에 있는 것을 보고 높은 것을 낮추고 낮은 것을 높이는 것이다. 높은 것을 눌러 낮추고 낮은 것은 들어 올리며 지나친 것을 덜어내고 모자란 것은 보태주는 뜻을 알아서 일에다 시행한다면, 많은 것을 덜어내어 적은 데 더해주고 물건의 많고 적음을 저울질하여 베풀어 줌을 균등하게 만들어 가지런하게 되도록 할 것이다.(地體卑下, 山之高大而在地中, 外卑下而內蘊高大之象, 故爲謙也. 不云山在地中, 而曰地中有山, 言卑下之中, 蘊其崇高也, 若言崇高蘊於卑下之中, 則文理不順. 諸象皆然, 觀文可見. 君子以裒多益寡稱物平施, 君子觀謙之象, 山而在地下, 是高者下之, 卑者上之, 見抑高擧下損過益不及之義, 以施於事, 則裒取多者, 增益寡者, 稱物之多寡, 以均其施與, 使得其平也.)"
71) 안동교, 「석탄 이신의의 학문과 정치활동」, 호남사학회, 『역사학연구』 제39집,

앞에서 살펴본 것처럼, 석탄은 『대학장구』「서」를 풀이하면서 대학의 핵심이 경(敬)에 있음을 강조하였고, 『대학장구』에서 장(章)과 구(句)의 의미를 명확하게 구분하여 분석적인 교육철학사상의 새 지평을 열었다. 아울러 『대학』이 심(心) 뿐만이 아니라 성(性)도 함께 다루고 있다는 사실을 서문의 분석을 통해 일러 주었다. 그리고 덕(德)을 이루는 데 요긴한 저술인 『대학』을 배우는 사람이 전심해야 하는 책이자 존양(存養)의 텍스트로서 자리매김하였다.

『대학대전』의 경문(經文)을 독해하는 과정에서는, 3강령(三綱領)의 핵심을 '밝히고' '새롭게 하며' '머물다'라는 의미의 '명(明)－신(新)－지(止)'에 달려 있다고 독해하였고, 대학의 '도(道)', '명(明)'과 '덕(德)'의 맥락을 구체적으로 읽어 내었다. 또한 명명덕(明明德)과 신민(新民)을 비롯한 『대학』의 여러 개념과 의미를 '지행(知行)'과 '체용(體用)'의 관계로 읽어내며, 성리학의 교육철학을 한층 발전시키는데 기여하였다.

『대학장구』 전문(傳文)의 독해에서도 전10장 전체에 걸쳐 50여구 하나하나를 분석적으로 검토하였다. 주자의 '격물(格物)'이론이 담겨 있는 전5장의 경우, 세 부분으로 나누어 해독하면서, 이치의 궁구(窮究)와 개별 사물에 대한 격물치지(格物致知), 모든 사물에 대한 물격지지(物格知至)로 나누어 '이치－공부－효험'의 순서로 정돈하였다. 그리고 정치사상의 핵심으로 전10장의 '혈구(絜矩)'의 길을 강조하며, 교육철학사상가인 동시에 정치가로서, 그의 목민관의 면모를 여지없이 보여주었다.

2010, 75～77쪽.

9장 성리학 교육의 철학사상 심화

- 여헌 장현광의 학문적 독특성 -

1. 여는 글

여헌 장현광(旅軒 張顯光, 1554~1637)은 조선 중기 영남학파의 핵심으로서 여헌학단(旅軒學團)을 이끌었던 산림처사(山林處士)였다. 영남학파의 태두로 볼 수 있는 퇴계(退溪)와의 사승(師承) 관계가 논의되기도 하지만, 퇴계의 학설과 상당히 다른 측면에서 독창적인 교육철학사상가로 평가받는다.[1]

그러나 여헌은 그의 학문적 성과에 비해 한국교육사상사에서 매우 소외된 학자이다. 기존에 통용되는 대부분의 한국교육사는 여헌의 교육을 별도로 다루지 않았다. 이유는 간단하다. 19세기 후반 이후, 서구 근대교육이 유입되면서 유학의 전통교육은 무너지기 시작했고, 개화기(開化期) 또는 애국계몽기(愛國啓蒙期) 무렵부터 받아들인 교육학은 서구의 내용이 주축을 이루게 되었다. 그런 상황에서 동양이나 한국교육학을 연구하는 학자들이, 중국의 경우에는 원시유학(原始儒學)이나 주자(朱子)·양명(陽明)을, 한국의 경우에는 퇴계(退溪)·율곡(栗谷)을 다루기에 급급한 실정이었기 때문이다. 이런 차원에서 여헌의 교육철학사상을 구명해보는 시도 자체만으로도 의미가 있다.

교육철학이나 교육사상 측면에서 여헌을 한 번도 다루지 않았던 것은 아니다. 정낙찬은 「여헌 장현광의 교육사상」과 「여헌 장현광의 도덕교육

---

1) 이병도, 『한국유학사』, 서울: 아세아문화사, 1987; 유명종, 『한국유학연구』, 대구: 이문출판사, 1988; 김학수, 「17세기 영남학파 연구」, 한국학대학원 박사논문, 2008 참조.

론」이란 두 편의 논문을 연속적으로 발표한 적이 있다.[2] 그것은 명목상으로는 선구적인 업적이긴 하지만, 내용상으로 볼 때, 여헌의 교육사상적 특징을 구체적으로 부각하지 못했다. 왜냐하면, 기존의 한국철학계에서 연구한 내용과 대동소이하고, 교육학적 해석이나 시각을 투철하게 투영하지 못하여 교육사상으로서의 의미부여에 소극적이기 때문이라고 생각된다.

최근, 몇몇 학자들이 여헌의 철학사상을 독창적(獨創的)이라고 주장한다. 최영성은 여헌의 유학이 정주학(程朱學)에 근거했지만 상당 부분 독창적인 경지를 개척하여 조선유학사에서 이채를 띤다고 하였다.[3] 이희평의 경우, 퇴계(退溪)와 율곡(栗谷)의 학설을 부분적으로 수용하면서도, '리기경위설(理氣經緯說)'과 같은 독특한 학설을 남긴 것으로 평가했다.[4] 조장연은 여헌이 14세 때 문중 어른이었던 장순(張峋)에게 수학하였으며, 『성리대전(性理大全)』「황극(皇極)」편을 읽고 스스로 이해가 가능해지면서, 그 길로 성리학에 심취한 이후부터 다른 스승에게 별도의 배움을 청하지 않고 스스로 독창적인 이론 체계를 세웠다고 보았다. 그 근거로 여헌이 18세 때 지은 「우주요괄첩(宇宙要括帖)」을 들고 있다. 즉 여헌의 사유는 선배학자인 퇴계나 율곡을 비롯하여, 그 외 여러 학자들의 사유와 다른 특성을 지닌다고 구명했다.[5] 그러나 『성리대전』을 파고들면서 자신의 학설을 세워 나간 데서도 볼 수 있듯이, 여헌은 누구보다도 철저한 성리학자였다. 따라서 그의 독창적 이론은 성리학을 심도 있게 확장하는 가운데 발현된 교육철학사상 체계이다.

여기에서는 이런 점에 착안하여 여헌의 교육철학사상[6]을 다음과 같은

---

2) 정낙찬, 「여헌 장현광의 교육사상」, 한국교육철학회, 『교육철학』 30집, 2006; 「여헌 장현광의 도덕교육론」, 『교육철학』 31집, 2007 참조.

3) 최영성, 『한국유학통사』, 서울: 심산, 2006 참조.

4) 이희평, 『여헌 장현광의 철학사상』, 서울: 월인, 2006 참조.

5) 조장연, 「여헌 역학의 연원과 성격」, 고려대 민족문화연구원 한국사상연구소 편, 『여헌 장현광의 학문 세계』 2, 서울: 예문서원, 2006 참조.

6) 엄밀하게 말하면, 『孟子』의 '君子三樂章'에 등장하는 "得天下英才而敎育之"에

두 차원에서 조명해보려고 한다. 하나는 성리학[주자학]이 지니고 있는 교육철학의 기본 체계에 터하여 그의 사유를 조망하고, 다른 하나는 여헌이 나름대로 제시한 사유를 성리학의 보편적 교육철학사상에 비추어 구명한다.

여헌의 교육철학은 기본적으로 성리학의 교육적 사유를 담고 있다. 그것은 『역학도설(易學圖說)』에서 「교학(敎學)」한 편을 따로 정리한 데서 잘 드러난다. 그러나 「만학요회(晚學要會)」를 비롯한 각종 「소(疏)」등 여헌의 여러 저작은 교육의 기준과 목적, 방법의 차원에서는 여타의 성리학자들과 강조점이 다름을 보여준다.

2. 교육철학사상 형성의 기저

여헌은 교육과 관련하여 독자적으로 체계적인 저술을 하지는 않았다. 그러나 앞에서도 언급한 것처럼, 『역학도설』「교학」에서 그의 교육철학사상이 어디에 기반하고 있는지 가늠할 수 있다. 여헌은 『서경(書經)』과 『주례(周禮)』를 비롯하여 『예기(禮記)』의 「학기(學記)」·「왕제(王制)」, 『논어(論語)』, 『맹자(孟子)』, 정자(程子), 장남헌(張南軒), 여동래(呂東萊), 서진산(西眞山), 허노재(許魯齋), 오임천(吳臨川) 등을 인용하여 교육사상을 편집

서 "敎育"이라는 용어가 언급된 후, 儒學에서 敎育이라는 말은 보편적인 쓰인 것은 아니었다. 따라서 儒學에서 文字그대로의 '敎育'論 自體를 究明하는 데는 限界가 있다. 대신, 儒學에서는 다른 용어를 구사한다. 政治的 의미에서는 敎化에 대해 고심하고, 敎育的 차원에서는 學問을 핵심에 둔다. 이런 점에서 儒學은 政治와 敎育의 有機體이다. 현대적 의미에서 교육과 가장 가까운 내용은 『性理大全』에서 가장 많은 부분을 차지하는-全體 70卷 가운데 14卷(卷43~56)-「學」편이다. 「學」편에서 논의되는, '爲學之方'을 비롯하여 '存養', '省察', '知行', '致知', '力行', '敎人', '人倫' 등은 교육의 핵심을 담고 있다. 여기서는 宇宙論이나 人間論보다는 修養論과 보다 깊게 결부되는 '學'을 '敎育'과 동일한 의미로 이해한다. 실제로 旅軒도 易學의 大家로서 『性理大全』의 여러 편을 읽으면서 '自修道學'을 성취한 것으로 판단된다.

해 놓았다. 그것은 유학의 교육철학에 대한 보편적 정리이다. 다시 말하면, 자신의 독창성을 담보한 실험적 연구에 의한 저술이라기보다 유학교육사상에 관해 학습한 지식을 정리한 형식을 띠고 있다.7)

그것은 교육의 필요성과 학교의 설치, 교육의 내용과 과정, 인재 등용 등 교육의 전반에 대한 간략한 집대성이다. 예컨대, 옛날의 교육제도(또는 교육기관)로 가문(家門)에는 '숙(塾)'이 있었고, 마을에는 '상(庠)'이 있었으며, 나라에는 '학(學)'이 있었다는 내용을 비롯하여, '부자유친(父子有親)'에서 '붕우유신(朋友有信)'에 이르는 오륜(五倫)을 교육의 핵심 내용으로 한다는 것, 8세에 소학(小學)에 입학하고 15세에 대학(大學)에 입학한다는 내용 등 종합적으로 요약 인용하여 편집하고 있다. 특기할 사항은 정자(程子) 이후, 주요한 성리학자들[장남헌, 여동래, 서진산, 허노재, 오임천]의 학설을 집중적으로 길게 인용하고 있다는 점이다.8) 그것은 교학(敎學)에 관한 유학의 보편적 내용을 정돈한 것으로, 『성리대전』「학(學)」에서 언급하는 내용들과 거의 일치한다.

주지하다시피, 유학의 교육철학사상은 주자(朱子)의 『대학장구(大學章句)』와 『중용장구(中庸章句)』로 집대성되었다고 볼 수 있다. 실제로 여헌의 경우, 자신의 교육철학을 『대학』과 『중용』에서 강조하는 내용을 심도 있게 확장하는 모습을 보인다. 그것은 여헌의 교육사상이 『대학』과 『중용』의 기본 체계로 하는 텍스트임을 증명한다.

---

7) 김낙진, 「여헌의 자연 인식방법」, 고려대 민족문화연구원, 『여헌 장현광의 학문세계』, 서울: 예문서원, 2004, 252쪽.

8) 南軒張氏는 宋나라 때의 학자인 張栻(1133~1180)이고, 『易說』『論語說』『孟子說』 등 여러 저술을 남겼다. 呂東萊는 呂祖謙(1137~1181)을 말하는데 性理學의 基本書인 『近思錄』을 편찬하였다. 西山眞氏는 宋나라 때의 학자로 眞德秀(1178~1235)이고, 『大學衍義』를 지었다. 許魯齋는 元나라 때의 학자로 許衡(1209~1281)을 말하는데, 高麗末 安珦의 性理學 導入過程에 큰 영향을 미쳤다. 吳臨川은 元나라 때의 程朱學者인 吳澄(1249~1333)으로 臨川吳氏라고도 하는데 저서에 『草盧集』이 있다.

주자는 『대학장구』와 『중용장구』를 통해 성학(聖學)9)의 전모를 드러내고 있다. 『대학』은 3강령(三綱領)과 8조목(八條目)을 통해, 이러한 교육의 전 체계를 규정하였고, 『중용』은 머릿장의 세 구절을 통해 유학교육의 핵심을 적시(摘示)하였다.

『대학』3강령에서 '명명덕(明明德)'은 제왕(帝王)이 자기의 마음을 밝히는 성찰이자 깨달음이다. 그것은 '수기(修己)'의 차원에서 '자기교육'으로 읽을 수 있다. '신민(新民)'은 타자를 다스리고 교육하는 '치인(治人)'에 해당하는 교육양식으로, '타자교육'에 해당한다. 아울러 '지어지선(止於至善)'은 '명명덕'과 '신민'의 실천, 그 최고선의 경지에 멈추어 옮기지 않는 '일상교육'의 차원이다. 물론, 이 3강령의 궁극은 스스로 새로움을 추구하는 자기혁신 또는 자기수양에 있다.10) 여헌은 3강령에서도 핵심이 되는 '명덕(明德)'을 인간의 성품으로 이해하고 교육의 표준으로 설정한다.11)

8조목에서 '격물·치지(格物·致知)'는 사물의 이치를 연구하여 궁극적 진리에 이르는 일, 각각의 사물에 따라 그 사물의 이치를 탐구하고, 그런 이치의 핵심을 파악하는 탐구 행위였다. 그리고 '성의(誠意)'는 그런 마음이 펼쳐지는 것을 알차게 하는 작업이었다. '정심(正心)'은 이런 마음이 사물과 마주치더라도 흔들리거나 더럽혀지지 않고 바르게 해나가는 공부이고, '수신(修身)'의 기초가 된다. 이런 '수신'이 바탕이 되어 '제가(齊家)' - '치

---

9) 앞에서 다루었던 것처럼, 장숙필은 栗谷의 견해를 인용하여 聖學의 의미를 다음과 같이 해석한다.; '聖人이 되는 것을 배우는 학문'이면서 동시에 '聖王이 되는 것을 배우는 학문'으로서의 帝王의 학문을 포함하는 것이다. 이 聖學의 내용이 곧 儒學이다. 구체적으로 말하면 程朱系의 性理學이야말로 聖學의 내용이다. 旅軒의 경우에도 聖學은 程朱系의 性理學이고, 그것은 교육의 전 체계이다. 장숙필, 『栗谷 李珥의 聖學 硏究』, 서울: 고려대 민족문화연구소, 1992, 11쪽.

10) 『大學』 經1章: 大學之道, 在明明德, 在新民, 在止於至善.

11) 『旅軒先生全書』「晩學要會」: 德者有善之謂, 仁義禮智信之五常, 受于天而性於己, 則謂之明德. 이하 旅軒 先生 관련 자료는 著述의 篇名만을 '「 」'로 표기하고 原文을 제시한다.

국(治國)' -'평천하(平天下)'라는 '치인'의 실천과 응용이 가능하다. 여기에
서 여헌은 '성의(誠意)'의 문제를 무게중심에 둘 것을 강조한다. 왜냐하면
마음은 의지와 신체의 주체가 되기 때문에 '알참(誠; 진실함, 성실함)'으로
가르쳐야 교육의 바탕을 다질 수 있기 때문이다.12) 그리하여 '수신(修身)'
의 '수(修)'를 근거로 '제(齊)·치(治)·평(平)'으로 나아가는 대학의 교육철
학은 여헌의 학문에서 궁극적 목표인 우주적 대사업으로 설정된다. '가제
(家齊)' -'국치(國治)' -'천하평(天下平)'은 우주(宇宙)의 계왕개래(繼往開
來)라는 대사업을 구상한다. 이 교육철학사상은 인간의 길에서 공용(功用)
을 불러일으키는 핵심이다.13)

3강령과 8조목은 독립된 개념이라기보다 유기체적 특성으로 연결되어
교육의 원리와 과정, 실천적 성격을 드러낸다. 즉 3강령의 '명명덕-신민
-지어지선'에서 '지어지선'은 '명덕'과 '신민'으로 녹아 들어가서 '자기교
육'과 '타자교육'의 중심에 자리한다. 그것은 하나의 교육 유기체로 교육의
본질과 이상, 원리를 담은 유학의 교육철학이 된다. 8조목은 교육의 유기
체적 과정으로 삶의 기술을 증진하는 데 능동적으로 작용한다.14)

한편, 『중용』의 첫머리는 하늘[자연]과 인간의 본성, 그리고 인간의 길,
인간이 만들어 놓은 문화 세계의 질서가 어떻게 구축되는지, 삶과 교육의
전 체계를 보여준다. "하늘이 명한 것을 본성이라 하고, 본성을 따르는 것
을 길이라고 하고, 길을 닦는 것을 가르침이라고 한다!" 이 짤막한 선언에
는 유학교육이 지향하는 철학사상의 전모가 응축되어 있다. 하늘은 인간을
비롯한 모든 생명체를 낳았고, 그 생명들에게 각기 나름대로 살아갈 수 있

---

12) 「晩學要會」: 著意之誠, 植本而已, 及其道盡, 然後乃爲全體之誠, 此則誠之始終,
    而極功在後也.
13) 금장태, 「여헌 장현광의 사상」, 고려대 민족문화연구원 한국사상연구소, 『여헌 장
    현광의 학문세계』 3, 서울: 예문서원, 2008, 31쪽.
14) 신창호, 「『大學』의 주요 개념에 대한 교육학적 해석」, 동양고전학회, 『동양고전연
    구』 제31집, 2008 참조.

는 능력을 부여하였다. 그것이 선천적 본성인 '성(性)'이다. 인간의 경우, 그 본성을 잘 가꾸고 길러 인간다운 문화를 만들 수 있는 방법과 과정을 거쳐야 한다. 그것이 길[道]이다. 인간은 그런 길을 끊임없이 오고 가며 문명과 질서를 배우고 익히며, 삶의 틀인 제도를 정비해야 한다. 그것이 가르침[敎]이다.[15]

자연의 질서[天命]에서 '본성[性]→ 길[道]→ 가르침[敎]'으로 이어지는 인간성[性]은 그 자체가 천명(天命)이라는 점에서 거역할 수 없는 규범을 나타낸다. 여기에서 도(道)는 규범으로서 성(性)을 따르는 방법 또는 과정을 말하며, 교(敎)는 그 성(性)을 따르도록 가르치는 실제적 활동을 가리킨다. 이는 성(性)의 의미를 확충하고 실현하는 과정으로 교(敎)에 무게중심이 있다. 따라서 『중용』 머릿장 세 구절은 교(敎)의 차원에서 완결성을 갖는다. 여헌도 이러한 『중용』을 집중적으로 거론하며, 자신의 교육관을 다듬고 있다.[16]

3. 유학교육 철학사상의 재확인과 확장

1) '성인-군주'의 자기교육

교육은, 어떤 수식어를 동원하던 관계없이, '인간의, 인간에 의한, 인간을 위한,' 인간 완성을 추구하는 인간만의 행위이다. 그런 차원에서 유학은 하나의 기준을 정한다. 이른바 '성학(聖學)'이 그것이다. 즉 유학의 교육은

---

15) 김충렬, 『대학중용강의』, 서울: 예문서원, 2007; 신창호, 「『중용』수장의 교육학적 해석」, 한국교육철학회, 『교육철학』 34집, 2008 참조.
16) 「晚學要會」: 中庸曰, 誠者, 天之道也, 誠之者, 人之道也. 又曰, 惟天下至聖爲能盡其性, 能盡其性, 則 能盡人之性, 能盡人之性, 則 能盡物之性, 能盡物之性, 則可以贊天地之化育, …… 苟不固聰明聖知, 達天德者, 其孰能知之.

성인(聖人)이 되기 위한, 성왕(聖王)의 요건을 갖추기 위한 지도자 교육으로 지성인의 꾸준한 자기노력이다. 여기에는 이론(異論)이 없다. 이론(異論)이 있다면 유학이 아니다.

여헌에게서 학문, 또는 수양, 다시 말하면, 교육의 표준 또한 이를 벗어나지 않는다. 교육의 궁극은 최고지도자로서 군주인 성인(聖人)의 수양을 도모한다. 그것은 본질적으로 "나의 사욕(私欲)을 극복하여 천리(天理)를 온전히 실현되도록 할 수 있는 수양(修養)"이다.[17] 유학의 성학(聖學) 구조가 그렇듯이, 여헌도 '성인군주론(聖人君主論)'에 근거하여 도덕적 각성(覺醒)과 덕치(德治)를 강조한다.[18] 이는 왕정 사회의 질서 체계를 옹호하는 교육의 근간이 된다.

그 기준은 이른바 『서경(書經)』「홍범(洪範)」의 '황극(皇極)' 사상에서 찾을 수 있다.[19] 즉 인간의 교화(敎化), 교육의 최고책임자인 제왕(帝王)은 어떠해야 하는가? 군주에게는 어떤 교육적 기준이 적용되는가? '황극'은 최고의 표준, 또는 모범을 이른다. 이를 체현한 군주만이 최고의 교육을 펼칠 수 있다.[20] 최고의 표준을 세우는 도(道)는 '오행(五行)'을 따르고, '오사(五事)'를 공경하고, '팔정(八政)'을 두터이 하고, '오기(五紀)'를 잘 맞추는 데 있다. 이를 통해 제왕은 '인륜(人倫)'이라는 보편적 도덕 윤리 질서

---

17) 장숙필, 「여헌 장현광의 중용철학」, 고려대 민족문화연구원 한국사상연구소, 『여헌 장현광의 학문세계』 2, 서울: 예문서원, 2006, 39쪽.

18) 박학래, 「여헌 장현광의 시대인식과 경세론」, 고려대 민족문화연구원 한국사상연구소, 『여헌 장현광의 학문세계』 2, 서울: 예문서원, 2006, 147쪽.

19) 신창호, 「『書經』「洪範」의 이해와 교육적 의의」, 동양고전학회 『동양고전연구』 제10집, 1998 참조.

20) 『書經』「洪範」: 皇極, 皇建其有極, 念時五福, 用敷錫厥庶民, 惟時厥庶民, 于汝極, 錫汝保極. 凡厥庶民, 無有淫朋, 人無有比德, 惟皇作極. 凡厥庶民, 有猷有爲有守, 汝則念之, 不協于極, 不罹于咎, 皇則受之, 而康而色, 曰予攸好德, 汝則錫之福, 時人, 斯其惟皇之極. 無虐煢獨, 而畏高明. 人之有能有爲, 使羞其行, 而邦其昌 …… 無偏無陂, 遵王之義, 無有作好, 遵王之道, 無有作惡, 遵王之路. 無偏無黨, 王道蕩蕩, 無黨無偏, 王道平平, 無反無側, 王道正直, 會其有極, 歸其有極.

를 교육의 표준으로 제시할 수 있다.21) 군주가 교육을 통해 체득할 일은
다른 것이 아니다. 덕(德)을 갖추어 백성이 행복한 삶을 누리도록 교화하는
작업이다.

이런 맥락에서 여헌은 '건극(建極)', 이른바, 군주로서 표준을 세우고 덕
을 갖추는 자기교육을 중시한다. 그것은 "자신의 본성을 다하고 사람들에
게 법도로 드러내는 작업"이었다.22) 자신의 본성을 다하는 일, 이른바 '진
성(盡性)'은 공자의 일관지도(一貫之道)라고 하는 '충서(忠恕)'의 '충(忠)'이
자, 『대학』의 '명명덕(明明德)'이며, 『중용』의 '성(性)―도(道)―교(敎)'의
실천이다. 여헌은 '진성(盡誠)'의 자기교육을 다음과 같은 차례와 조목으로
구성하였다. "배움에 나아가고 행실을 닦으며, 도를 완성하고 덕을 순수하
게 한다. 덕은 도가 이루어져서 순수해지고, 도는 행실이 닦여져 이루어지
며, 행실은 배움에 나아가서 닦여진다."23) '학(學)―행(行)―도(道)―덕
(德)'이 유기체적 연관에서 실천될 때, 군주(君主)로서의 성학(聖學)을 확보
할 수 있다는 뜻이다. 다시 말하면, 여헌은 배움과 실천, 도리와 덕성의 구
유라는 '건극론(建極論)'을 통해 자기교육을 축으로 하는 교육철학사상의
표준을 명시하였다고 볼 수 있다.

이는 여헌의 독특한 학설로 거론되는 '경위설(經緯說)'에서 명확하게 증
명된다. 여헌은 성인(聖人)들이 인간 세계를 비롯한 우주의 표준을 세우는
일을 '주경치위(主經治緯)'라고 하였다. 여기에서 성인(聖人)의 학문은 사

---

21) 『洪範衍義』: 夫建極之道, 固不出, 順五行, 敬五事, 厚八政, 協五紀之外. 人君,
能立人倫之極, 爲天下之標準.; 旅軒도 교육의 핵심으로서 人倫을 적극적으로 강
조한다. 旅軒은 『易學圖說』「敎學」에서 『孟子』를 비롯하여 여러 性理學者들의
學說을 引用하면서 백성을 가르치는 조목[敎民之目]으로 五倫을 여러 차례 언급
하고 있다. 五倫뿐만 아니라 그것을 미루고 넓혀서 君臣, 上下, 人民, 事物들이
제각기 分數에 맞는 位相을 갖출 수 있도록, 그 標準을 고민한다.
22) 「告歸進言疏」: 惟能盡己之性, 而爲表準於人也.
23) 「告歸進言疏」: 盡性次第其目有四, 曰學之就也, 行之修也, 道之成也, 德之純也.
德以道成而純, 道以行修而成, 行以學就而修, 則是一理中事業也.

람의 표준, 즉 인간 삶의 질서 체계를 확보하는 일이다. 그것은 변하지 않는 본성(本性)을 중심으로 하여 자신의 기질(氣質)을 다스려 나가는 수양(修養)이다.24)

이런 차원에서 여헌이 강조한 교육철학사상의 표준은 '성인(聖人)이 되기 위한 군주의 자기 수양'이다. 그것은 우주의 사업인 도덕 사업이고, 정해진 바, 품수한 바의 기질에 따라 도리에 한계가 있는 분수(分數)의 자기실현을 통해 구현된다.25) 다시 말하면 그것은 성학(聖學)을 최고의 기준으로 하되, 모든 인간의 자기반성, 즉 통찰(洞察)과 수렴(收斂)을 통해서 일원(一元)의 도리(道理)를 자득하는 출발점으로 확대된다.26)

그러므로 여헌은 교육을 '자기수양을 타인에게 미루어 나가는 일'로 보았다. 이른바 '수기치인(修己治人)'의 차원에서 자기수양의 문제는 궁극적으로 교화의 차원이 되고 정치로 나아간다. 쉽게 말하면, 교육을 통해 어리석은 사람은 총명하게, 부드러운 유약한 사람은 강하게, 사나운 사람은 순하게, 굽은 사람은 곧게 만드는, 사람 만들기에 몰두한 것이다.27) 이런 점에서 교육철학은 정치사상과 일체를 형성한다. 그것이 유학의 '정교(政敎)' 사상이다.

2) '성-경'의 공부철학

성리학의 교육철학은 기본적으로 '성(誠)-경(敬)-의(義)'의 공부철학을 제시한다. 일반적으로 조선 유학에서 퇴계는 '경(敬)', 남명은 '의(義)',

---

24) 이희평, 앞의 책, 236쪽.
25) 김낙진, 「여헌의 학문에 나타난 우주사업과 심신의 문제」, 고려대 민족문화연구원, 『여헌 장현광의 학문세계』, 서울: 예문서원, 2004, 120쪽.
26) 유권종, 「여헌의 역학과 성리학의 철학적 연관성」, 고려대 민족문화연구원, 『여헌 장현광의 학문세계』, 서울: 예문서원, 2004, 88쪽.
27) 「學部名目會通旨訣」: 推及諸人曰敎. 愚者, 得是敎而明, 柔者, 得是敎而剛, 戾者, 得是敎而順, 枉者, 得是敎而直, 故曰化.

율곡은 '성(誠)'에 비중을 두고 철학을 전개하였다고 구명해 왔다. 물론, 유학의 구조에서 '성－경－의'는 분리할 사안이 결코 아니다. 더구나 어느한쪽을 소홀히 할 수 있는 성질의 것은 절대 아니다. 공부의 과정에서 강조점이 조금씩 달랐을 뿐이다. 여헌의 경우, "마음[心]에 '성(誠)'과 '경(敬)'을 세우라!"고 하였는데, 이는 '경'과 '성'의 차별성을 인정하면서도, '경'과 '성'이 동일한 맥락에서 이해되어야 한다는 주장이다.28)

'경(敬)'은 앞에서 여러 번 반복하여 강조했듯이, 『논어』를 비롯한 여러경전에서 주요한 모습으로 등장한다. 송대(宋代) 성리학자들의 경우에도다양한 용어로 표현한다. "마음을 한 곳으로 모아 흩어지지 않게 하는 일," "몸가짐을 가지런히 하고 태도를 삼가고 공경함," "별이 반짝 반짝 빛나듯이 마음을 늘 깨어 있게 하는 법," "마음을 수렴하여 다른 사물이 개입하게용납하지 않는 것" 등이 그러하다.29) '경'을 드러내는 언표는, 표현이 다를지라도 그 요체는 모두 비슷하다. 주자는 이런 '경(敬)'을 유학에서 가장중요한 공부로 인식했다. 그러므로 '처음부터 끝까지 잠시라도 중단해서는안 된다'라고 여겼다.30)

여헌은 이러한 '경의 공부법'을 교육의 기본 양식으로 강조했다. 마음을보존하고 몸을 받들 때, 일상에서 활동할 때나 쉴 때, 말할 때나 침묵할 때, 일할 때나 물건을 마주할 때 등, 삶의 전반적 영역에서 '경(敬)'을 필수 요소로 삼았다.31) 이는 자로(子路)가 공자(孔子)에게 건전한 인격자인 군자(君子)의 수기(修己)에 대해서 물었을 때, 공자가 그토록 강조한 점과 통한다. 군자는 "먼저, 경(敬)으로써 몸을 닦는다. 다음으로, 몸을 닦아서 다른

---

28) 이희평, 「여헌 장현광의 심과 도덕·성경수양론」, 고려대 민족문화연구원, 『여헌 장현광의 학문세계』 2, 서울: 예문서원, 2006, 109쪽.

29) 『大學或問』: 程子於此, 嘗以主一無適言之矣. 嘗以整齊嚴肅言之矣. 謝氏之說, 則又有所謂常惺惺法者焉. 尹氏之說, 則又有所謂其心收斂不容一物者焉.

30) 『朱子語類』 卷12; 『性理大全』 卷46: 敬字工夫, 乃聖門第一義, 徹頭徹尾, 不可頃刻間斷.

31) 「晚學要會」: 存心以敬, 奉身以敬, 動靜以敬, 語默以敬, 應事以敬, 接物以敬.

사람들을 편안하게 한다. 마지막으로, 내 몸을 올바르게 잘 닦아 모든 다른 사람들[백성]을 편안하게 살 수 있도록 하는 것이다."[32]

공자가 수양의 문제에서 가장 중시한 부분은 '경(敬)'으로 자신을 닦고 기르는 일이었다. 즉 '경(敬)'을 토대로 개인의 완성을 추구하는 사업이었다. 그 다음의 문제가 개인의 사회성 획득이라는 타인과의 관계였다. 이렇게 볼 때, 유학은 개인의 수양이라는 측면을 선차적인 과제로 내걸고, 연속적 차원에서 그것을 타인에게로 넓혀 간다. 나아가 사회적 공공성의 획득으로 확장해 간다.

여헌의 '경'에 대한 인식은 몸을 단속하는 요체라는 점에서, '수기(修己)'의 기초이자 '덕(德)'에 들어가는 초기 단계에서 중시된다.[33] 그리하여 '경'은 몸단속을 통해 몸의 올바름을 지속하게 만들고, 모든 선(善)이 모이고 온갖 행실을 실천할 수 있는 도덕적 실천력을 갖추게 한다. 이것이 바로 성스러운 인간의 도리를 구현하는 바탕이다. 그것이 완성될 때, 덕이 갖추어지고 사람됨으로 드러난다.[34] '경'은 이 모든 작업의 바탕에서 '수기(修己)교육'의 핵심으로 자리한다.

그러기에 『대학』에서도 '수신(修身)'을 "두려워하고 공경하는 일"[35]이라고 하여, '제가(齊家)'의 전제 조건으로 제시했다. 그리고 『중용』에서도 "가지런하고, 씩씩하고, 적절하며, 바르게 되는"[36] 인격을 갖추어, 예로 들어갈 수 있음을 말했다. 정자(程子)의 경우, '경(敬)'을 마음의 문제와 직결시켰다. "경은 단지 마음을 스스로 주재하게 만드는 일"[37]이라고 보았다.

---

32) 『論語』「憲問」: 子路問君子, 子曰, 修己以敬, 曰, 如斯而已乎. 曰, 修己以安人. 曰, 如斯而已乎. 曰, 修己以安百姓, 堯舜, 其猶病諸.
33) 「晚學要會」: 此則敬之始終, 而所重者在始也.
34) 「晚學要會」: 身須檢, 然後身之道始迪, 而萬善是集百行皆備, 而聖道可造也. 此所以人之爲人, 惟在於德矣, 而德之爲德, 惟在於敬矣.
35) 『大學』 傳8章: 之其所畏敬而辟焉.
36) 『中庸』 31章: 齋莊中正, 足以有敬也.
37) 『性理大全』 卷46: 敬只是此心, 自做主宰處.

그것은 '경'이 '마음의 수렴(收斂)'을 중심으로 성찰(省察)하고 함양(涵養)하는 공부임을 일러 준다. '경(敬) 공부'는 일상생활에서 조심스런 태도이다. 이런 차원에서 여헌은 경을 "마음을 다잡고 몸을 단속하는 긴요한 방법"으로 보았다.[38] 다시 말하면, 여헌은 조심(操心)하고 검신(檢身)하는 전반적인 삶의 노력을 강조한다. 그러기에 그것은 '진지성(眞摯性)'으로도 번역된다.[39] 이는 마음을 다잡고 긴장의 끈을 놓지 않는 주의(注意)이다.[40] 다르게 표현하면, 일종의 정신 집중인 동시에 몸과 마음을 하나로 모으는 작업이다.

한편, 성(誠)에 대한 언급은 『상서(尙書: 書經)』「태갑(太甲)」, 『주역본의(周易本義)』, 『대학』과 『중용』 등 여러 문헌에서 보인다. 성(誠)은 대체로 믿음(信), 순박함(純), 진실(眞實), 무망(無妄), 충성(忠誠), 실정(實情) 등 다양한 의미를 지니고 있다.[41] 성리학의 성(誠)을 보다 구체적으로 이해하기

---

38) 「晩學要會」: 敬者, 操心檢身之要法也.

39) 앞에서 언급한 것처럼, Wing-Tsit Chan, *A Source Book of Chinese Philosophy*(Princeton: Princeton Univ. Press, 1963)에서는 경(敬)을 "seriousness"로 英譯하였다.

40) 김성태, 『敬과 注意』, 서울: 고려대출판부, 1989 참고.

41) 정병련, 『중국철학연구』 I, 서울: 경인문화사, 2000, 361~367쪽; 『性理大全』 卷 37에는 다음과 같이 성을 규정한다: "誠이라는 글자를 천도에서 논의한다면, 오직 하늘의 명령이 조화로워 그치지 않는 것이다. 천도의 흐름은 옛날부터 지금까지 조금도 망령됨이 없었다. 그러기에 더운 여름이 가면 추운 겨울이 오고, 해가 지면 달이 뜨고, 봄이 되면 싹이 나고 여름이 되면 [무성하게] 자라며 가을이 되면 열매가 맺고 겨울이 되면 [식물이나 곡식들은] 움츠리고 있다가, 다음 해 봄을 준비한다. 元亨利貞이 終始로 순환함이 늘 이와 같다. 이것은 진실한 이치가 그것을 주재하는 것이다. 하늘은 하루 낮 하루 밤을 움직여 일주하고, 또 한 도수를 지나간다. 해와 달, 별자리의 운행이 예나 지금이나 변함없이 성실하니, 하늘의 이치가 이와 같다. 과일 또한 단 것은 늘 단맛이고, 쓴 것은 늘 쓴맛이며, 푸른 것은 늘 푸른빛을 띠고, 흰 것은 늘 흰 빛을 띠며, 붉은 것은 늘 붉은 빛을 띠고, 보랏빛은 늘 보랏빛을 띠며, 둥근 것은 늘 둥근 모양이고, 비뚤은 것은 늘 비뚤한 모양이다. 하나의 꽃과 잎사귀가 무늬 결을 서로 같이하여 늘 그렇게 변함없으므로, 사람의 힘으로 안배해서 될 일이 아니다. 모두 하늘의 진실한 도리로 저절로 그러한 것일 뿐이다.(誠字, 本就天道論, 維天之命, 於穆不已, 只是一箇誠. 天道流行, 自

위해서는 『대학』과 『중용』의 표현을 살펴볼 필요가 있다. "'그 뜻을 참되게 한다'는 말은 '스스로 속임이 없게 하는 일'이다. 나쁜 냄새를 싫어하듯이 하고, 좋은 색을 좋아하듯이 하는 것이다. 이를 '자기만족'이라고도 한다. 그러므로 군자는 반드시 홀로 있는 경지를 삼가야 한다."42)

성(誠)은 일차적으로 '속임이 없는 삶'과 연관된다. '속인다'는 것은 참된 마음과 거짓된 마음이 다투고 있는 상태이다. 두 마음의 갈등 상황이자 대립된 국면이다. 다시 말하면, '성(誠)'은 '기(欺)'와 상반되는 개념이다. 속이지 않는 사람의 진실한 모습은 거짓이 없으며, 확고한 자기 정체성을 지니고 있어, 어떤 상황에서도 머뭇거림이 없다.43) 여헌의 경우에도 이와 동일한 이해에 기초하고 있다. 거짓됨이 없고 망령됨이 없는 상황을 우선적으로 상정한다. 즉 "성(誠)은 이치가 본디 그러한 것, 도(道)가 마땅히 그러한 것, 덕(德)이 실제 그러한 것으로, 위아래를 꿰뚫고 안팎으로 꿰어서, 일의 처음과 마침에서 조금이라도 거짓되거나 망령됨이 없고, 조금이라도 단절됨이 없다."44)

이 근거는 자연의 질서인 하늘[天]에서 찾아진다. 『중용』에서는 "진실함은 하늘의 도이고 진실을 추구하는 것은 인간의 길이다. 진실한 자는 힘쓰지 않고도 도(道)에 맞으며, 생각하지 않고도 자연스레 도(道)를 알 수 있으니, 성인(聖人)에 해당한다. 진실을 추구하는 자는 선(善)을 가려서 굳게

古及今, 無一毫之妄, 署往則寒來, 日往則月來, 春生了便夏長, 秋殺了便冬藏. 元亨利貞, 終始循環, 萬古常如此. 皆是眞實道理, 爲之主宰, 如天行一日一夜, 一周而又過一度, 與日月星辰之運行躔度, 萬古不差, 皆是誠實道理如此. 又就果木觀之, 甛者萬古甛, 苦者萬古苦, 靑者萬古常靑, 白者萬古常白, 紅者萬古常紅, 紫者萬古常紫, 圓者萬古常圓, 缺者萬古常缺, 一花一葉文縷相等, 對萬古常然, 無一毫差錯, 便待人力, 十分安排選造來, 終不相似, 都是眞實道理, 自然百然)."

42) 『大學』 傳6章: 所謂誠其意者, 毋自欺也. 如惡惡臭, 如好好色, 此之謂自謙, 故君子, 必愼其獨也.

43) 정병련, 앞의 책, 364쪽.

44) 「晚學要會」: 誠者, 理之固然, 道之當然, 德之實然, 徹上徹下, 貫裏貫表, 有始有終, 無少仮借, 無少僞妄, 無少間斷之謂也

잡는 사람이다"45)라고 하였다.

여헌은 이런 맥락에서 '성(誠)'을 '치중화(致中和)'를 비롯하여 '귀신론(鬼神論)'에 이르기까지『중용』사상의 핵심에 연결시키고,『대학』의 '성의(誠意)'로 풀어낸다. 인간은 '성(誠)'에 도달하기 위해, "중(中)을 이루어 핵심 기준을 세우고, 화(和)를 이루어 보편적 도리를 실천하며, 하늘과 땅으로 그 역할이 어긋남이 없게 하고, 해와 달로 그 밝게 비추는 역할을 다하게 하며, 네 계절로 그 순환이 어긋나지 않게 하고, 오므리고 펴는 일로 길하고 흉한 것을 어긋나지 않게 한다. 때문에 확실하게 사이가 없고 순수하게 섞임이 없다."46)

천지자연의 운행과 질서의 변화는 진실 자체이다. 있는 그대로 스스로 그러하다. 묵묵히 한 순간도 쉬지 않고 자기 전개를 할 뿐이다. 이 자체가 바로 우주적 진실이다. 성실하고 참된 하늘[자연]의 도(道)이다. 그러므로 성(誠)은 우주의 본질, 하늘의 운행과 질서, 그 전체의 원리를 핵심적으로 드러낸 용어이다. 성(誠)은 천(天)이고, 천리(天理)이며, 천도(天道)이다. 주자는 "성(誠)은 진실하고 망령됨이 없는 것으로 천리의 본연(本然)"47)이라고 했다.

인간은 그러한 천도(天道)의 성(誠)을 바탕으로 '성지(誠之)'하는 일을 사명으로 한다. 그것이 교육으로 표출된다.『대학』에서 "의성(意誠)·성의(誠意)"를 강조했듯이, 여헌은 성(誠)에 도달하는 방법으로 그것의 중요성을 재차 확인하며 교육철학과 그 실천양식을 보여준다. 사람의 뜻이 진실해지기 위해서는 선(善)을 이루고 악(惡)을 제거하여, 스스로 속임이 없고 스스로 흡족해야 한다.48) 그러므로 뜻을 진실하게 하는 일은『대학』의 8

45)『中庸』20章: 誠者, 天之道也, 誠之者, 人之道也. 誠者, 不勉而中, 不思而得, 從容中道, 聖人也. 誠之者, 擇善而固執之者也.
46)「晩學要會」: 致中以立大本, 致和以行達道, 天地合其德, 日月合其明, 四時合其序, 鬼神合其吉凶者, 所以確然無間, 純然無雜也.
47)『中庸章句』20章 : 誠者, 眞實無妄之謂, 天理之本然也.

조목에서 '격물치지(格物致知)'와 '정심(正心)', '수신제가치국평천하(修身齊家治國平天下)'의 연결고리로서 교육과정의 핵심이 된다.49) '성의(誠意)'는 "격물(格物)을 가능하게 하고 치지(致知)를 할 수 있게 하는 원동력이다. 정심(正心)과 수신(修身)을 가능하게 하는 근본이다. 나아가 제가치국평천하(齊家治國平天下)의 근원이 된다.50) 여헌은 이러한 '성(誠)'과 '경(敬)'의 관계에 대해, '경(敬)이 쌓여서 성(誠)을 이룬다'라고 인식한다.

3) '분-합'의 조화교육

여헌의 사유가 조선의 다른 지성(知性)에 비해 독특성을 갖는 것은, 성리학 자체의 본질에서 나온다. 여헌 학설의 특징으로 거론되는 '리기경위설(理氣經緯說)'의 경우, '역(易)'의 논리에 따라 어느 한쪽으로 치우치거나 지나치지 않는 '중용(中庸)'의 관점을 유지한다. 그것은 여헌이 '중용'을 교육철학사상의 '표적(標的)'으로 보고 있는 데서도 확인된다.51) 다시 말하면, 여헌은 역(易)의 '이간(易簡)'이나 '리기불리부잡(理氣不離不雜)', '체용(體用)', '동정(動靜)'의 관계, '분이언(分而言)과 합이언(合而言)' 등, 성리학적 변주(變奏)를 통해 세계를 읽고, 교육철학을 고심했다.

이러한 학문 자세는 교육의 방법을 거시적으로 제시하는 교육철학사상의 기준이 된다. 유권종은 그것을 '통찰(洞察)'과 '수렴(收斂)'으로 해석한다.52) '통찰(洞察)'은 전체를 통일적으로 포착하여 그 원리와 성질을 이해

---

48) 「晩學要會」: 其於善也, 如好好色, 而求必得之, 其於惡也, 如惡惡臭, 而求必去之, 則無所自欺, 而有所自慊者, 所謂意誠也.

49) 이희평, 앞의 논문, 113쪽.

50) 「晩學要會」: 誠意之前, 所以格物致知者, 非此誠, 則何得以能格能致哉. 誠意之後, 所以正心修身者, 非此誠, 則何得以能正能修哉. 況至於家國天下, 非此心之誠, 而能有以齊治平乎.

51) 장숙필, 앞의 논문, 참고.

52) 유권종, 앞의 논문, 72~73쪽.

하려는 관찰의 방법으로, 일종의 거시적 성찰(省察)에 해당한다. '수렴(收斂)'은 전체의 복잡한 상호 관계를 자기에게로 끌어 내림으로서 그것을 내면화하는 작용으로, 미시적 존양(存養)의 과정을 거친다. 이러한 통찰과 수렴은 순환 반복하며 상호작용을 지속하여 '도덕 사업(道德 事業)'이라는 교육의 궁극 목적을 지향한다.

여헌은 『역학도설』에서, '교육과 학습은 역(易)에 근원을 두고 있다'라는 의미의 「교학지립본어역지설지도(敎學之立本於易之說之圖)」를 그려내었다. 그것은 교육과 학습의 성립을 역(易)에서 찾고 있다.53) 왜 그런 태도를 보인 것일까? 여헌은 『성리대전』의 『황극경세서(皇極經世書)』를 비롯하여 여러 편을 읽으며, 자신의 독자적 학문 체계를 구축해 나갔다. 거기에서 사물을 그 자체로 성찰하는 동시에 우주의 운행 원리가 역(易)에 있음을 간파한 듯하다. 그리하여 여헌은 "팔괘(八卦)를 그려 우주의 이치를 다하고, 하늘의 이치와 땅의 이치, 인간의 이치가 이와 같으니, 교육 또한 이 이치를 다하여 사람다운 사람을 갈구해야 한다"54)라고 인식했다. 따라서 여헌은 인생의 모든 면을 역(易)의 논리에 따라 파악하고 진행해야 한다는 교육철학사상과 방법을 제시해야만 했다.

그것은 '분(分)'과 '합(合)'으로 표현된다. 현대적 의미로 본다면, 분석과 종합, 또는 분리와 결합의 변증법적 철학이자 방법론으로 이해할 수 있다. '분(分)－합(合)'의 기본 의미는 "세상의 모든 도리는 처음에는 하나였다가, 변하는 과정에서 반드시 나누어지고, 마지막에 가서 반드시 합해지는" 원리에 기초한다.55)

성리학에서 교육의 주요 내용인 우주와 인생, 즉 천지(天地), 성명(性命), 오상(五常), 도리(道理), 도덕(道德), 예의(禮義) 등은 기본적으로 하나의 원

---

53) 「敎學之立本於易之說」: 聖學, 其出於此易乎.
54) 「敎學之立本於易之說」: 蓋八卦劃, 而宇宙之理盡矣, 無虧欠焉, 無 漏焉. 天之理如此, 地之理如此, 人之理亦如此 …… 學者, 學所以盡夫此理, 而能爲人也.
55) 「分合」: 凡爲道理, 其初也, 不得不一. 其變也, 不得無分, 其終也, 不得無合

리로 관통되어 있다. 그러나 상황에 따라 바뀌고, 다시 근원을 반추하며 질
서를 형성하는 단계를 거치며, 성장과 성숙을 거듭한다. 교육의 방식 또한
시간과 공간 속에서 삶의 변화를 기저로 한다. '차고 비고[盈虛], 사그라들
고 자라나고[消長], 오르고 내리며[升降], 열리고 닫히고[闔闢], 구부리고
펴며[屈伸], 모이고 흩어지는[聚散]' 다양한 작용을 통해, 길흉회린(吉凶悔
吝)의 분합(分合)을 거듭한다. 특히, 개인의 욕망[私欲]을 조절하여 공공의
질서[天理]를 회복하려는 성리학의 보편적 교육철학에서 볼 때, 여헌의 분
합론은 인간의 '어두움과 밝음[昏明], 맑고 흐림[淸濁], 강함과 부드러움[剛
柔], 순수함과 섞임[粹雜], 두터움과 옅음[厚薄]'이라는 선악의 분리 과정을
인식하고 터득한, 학문(學問)과 교화(敎化)를 거친 교육받은 사람(educated
man)에게서 온전한 선(善)의 구축으로 드러난다.

한편, 다양한 사물의 존재와 통합이라는 방법적 측면에서, '분합(分合)'
의 사유는 모든 사물의 '분수(分數)'를 인정하고, 교육을 통한 '조화'를 도
모하는 단계로 의미 전환한다. 여헌은 모든 사물은 제각기 '분수'가 있음을
확인하고,[56] 그것의 온전함과 조화를 통해 우주의 사업을 달성하려고 한
다. 주어진 분수에 따라 실제로 마땅히 행해야 할 것을 실천하자! 그것은
일상생활에서는 일상생활의 이치를 다하고, 사물을 마주칠 때는 그것에 마
주하는 이치를 다하며, 마음으로는 마음의 이치를 다하고, 몸에 대해서는
몸의 도리를 다하며, 가문이나 마을이나 나라에서 하는 일은 그 나름의 도
리를 다하고, 천지 우주에 이르러서 만물이 조화롭게 될 때, 인간의 사업을
다하는 것이다.[57]

이런 점에서 여헌은 사물 자체에서 유추하여 사물을 파악하는 방법을
쓰면서, '분합'의 방식을 통해 사물의 통일된 이치를 발견하려고 했다.[58]

---

56) 「明分」: 分也者, 有物之各定, 而不能齊同焉.
57) 「明分」: 以分內當爲者言之, 一動靜而盡動靜之理, 一應接而盡應接之理, 在心
　　盡心之理, 在身盡身之道, 在家鄉邦國無不盡家鄉邦國之道, 而至於在天地宇宙,
　　亦須能盡其參三中立之道者, 非吾人事業乎.

그것은 실제로 제자(弟子)들의 강학(講學)에서 구체적으로 적용되었다. 예컨대, 학문을 처음으로 접하는 초학자의 경우, 뜻을 크고 견고하게 제대로 세우라고 했고, 인간의 성정(性情)을 잘 파악하여 수준과 단계에 맞게 이해시키고 스스로도 그런 점에 유의하여 공부하라고 권고했다. 또한 학문을 할 때, 숙독하고 정밀하게 연구하며 탐구할 것을 강조하였다. 성실한 자세로 지식과 행실, 즉 이론과 실천의 종합을 목표로 하였다.[59]

4. 닫는 글

주자의 『대학장구』·『중용장구』나 퇴계의 『성학십도』, 율곡의 『성학집요』처럼, 완정(完整)한 교육철학 체계를 드러내지 않은 한, 한 사상가의 교육철학사상을 정리하는 일이 쉽지는 않다. 여헌의 경우, 교육학을 체계적인 논설로 제시하지는 않았지만, 여러 저작에서 그 중요성을 언급하였다. 특히, 역학(易學)과 관련하여 그 근거를 제시했다는 점에서 천지 우주와 인간, 그리고 교학(敎學)의 관계망을 일러 주었다. 그 전모를 밝힌 것은 아니지만, 부분적으로나마 여헌이 주장한 사유를 중심으로 그의 교육철학사상이 지닌 특색을 간략하게 살펴보았다. 여헌의 교육철학사상은 다음과 같이 특징지을 수 있다.

첫째, 『대학』과 『중용』 및 성리학자들이 강조하는 유학의 기본 교육 체계를 심화한 양식을 띠고 있다. 그것은 '존천리 알인욕(存天理 遏人欲)'을 지향하고, 『대학』의 3강령 8조목과 『중용』의 머리 장을 이행하도록 추동한다. 다시 말하면, 여헌은 성리학적 질서에 충실한 교육철학과 사상적 태

---

58) 「人身說」: 蓋此道之爲太極者, 本自有爲天爲地爲人之道. 苦遂得其爲人之理, 而不得不有此身, 人身亦物也, 天地亦物之大也, 以物推物, 可以互認其理也.

59) 우인수, 「여헌의 강학 활동과 문인들」, 고려대 민족문화연구원, 『여헌 장현광의 학문세계』, 서울: 예문서원, 2004, 401~405쪽.

도를 지니고 있었다.

둘째, 성리학 교육의 표준 또는 기준을 보다 명확하게 구명하였다. 물론, 조선조 성리학자들의 교육철학사상은 그 기준이 유학의 범주에서 성학(聖學)이라는 동질성을 갖추고 있다. 여헌은 여기에 '경위설(經緯說)'을 비롯한 여러 학설을 통해, 보다 분명하게 그 의미를 부여했다. '학(學)―행(行)―도(道)―덕(德)'의 유기체적 실천을 통해, 자기수양과 타자에 대한 인간됨의 기준을 제시함으로서 '성인군주(聖人君主)'의 이론 체계를 재확인하였다.

셋째, 교육의 핵심 양식[文法]으로서 '성(誠)'과 '경(敬)'의 공부를 표리일체(表裏一體) 형식으로 강조하였다. 사실, '성(誠)―경(敬)'은 성리학의 핵심 공부법이다. 그러나 상황의 변화에 따라 그 강조점이 조금씩 달라졌다. 여헌은 성리학의 본질에 따라 그것의 유기체로 연계하고, 그 특성과 실천의 내용을 구체적으로 밝혔다.

넷째, 교육의 방법적 측면에서 역(易)을 원용한 '분합(分合)'의 사유 논리를 강조하였다. 분합(分合)은 우주 천지와 인간, 사물을 바라보는 근원적 시각이다. 그것은 본래 하나였던 것[一元]이 상황의 변화에 따라 다양하게 나누어지고[分], 다시 본래의 상황으로 통일적으로 드러나는[合] 우주 법칙의 구현이다.

총괄컨대, 여헌의 교육적 사유는 일관성을 지닌 교육의 지혜이다. 그것은 적절하게 이해되고 응용된다면, 다양한 영역의 교육에서도 상당 부분 적용 가능한 근본적 사유이다. 중요한 것은 '성리학적 가치가 현대 교육철학사상의 논리와 어떻게 소통할 수 있는가? 어떤 양식으로 현대화 작업을 진행할 수 있는가?'에 관한, 교육학적 심사숙고(深思熟考)이다.

요약과 전망

　제1장은 소요당 박세무(逍遙堂 朴世茂)의『동몽선습』을 교육철학사상의 차원에서 분석·검토하였다. 아동·청소년 교육을 선도하는 유학의 교과서로서『동몽선습』의 구조와 내용을 중심으로 교육과정을 조명하였다.

　『동몽선습』은 조선의 독자적인 아동·청소년 교육의 기초 교재로서 조선 후기에 이르러 영조(英祖)의 어제문(御題文)을 비롯하여 송시열(宋時烈)의 발문(跋文)이 붙여질 정도로 공인된 아동·청소년교육의 필수 교재였다. 내용은 크게 두 가지 교육과정으로 나누어진다. 하나는 오륜(五倫)으로 대변되는 생활윤리이고, 다른 하나는 역사(歷史)이다. 이는 '경학(經學)'과 '역사', 즉 유학적 의미의 '경사(經史)'로 구분된다. 이를 현대적 교육과정에 대비하면, 크게 종적 계열(sequence)과 횡적 영역(scope)으로 구성된 것으로 볼 수 있다.

　세부 내용 구조로는 '서문(序文)－오륜－총론(總論)－역사'의 네 부분으로 나눌 수 있는데, 이는 교육의 단계별 특징을 감안하여 정돈한 것으로 이해된다. 서문의 경우, 인간의 존재 이유를 구명함으로써 인문학적 도덕정신을 강조하였고, 오륜에서는 쌍무 윤리질서를 구체화 했다. 총론에서는 오륜의 근원을 효(孝)로 재강조하고, 옛날과 지금의 일에 두루 통하고 사물의 이치를 꿰뚫는 작업을 학문의 목적으로 정돈하였다. 마지막 부분에서는 과거와 현재를 전통으로 연결하는 시대정신을 고양하기 위한 역사교육을 배치하였다.

　이러한『동몽선습』의 교육철학은 아동에게 인간의 자기 확인과 정체성 확립을 위한 기준과 요건을 제시하여, 사람의 존재 의의를 구명한 것으로 평가된다. 또한 오륜 가운데 핵심을 '효(孝)'로 자리매김하여 인간의 쌍무 윤리 질서를 온전하게 이행할 바탕을 마련하였고, 학문의 목적과 방향을 구체화하여, 윤리 도덕과 역사를 통합하는 인간학을 지향했다고 판단된다.

제2장은 퇴계 이황(退溪 李滉)의 교육철학을『성학십도(聖學十圖)』를 통해 재조명하였다. 특히, 서구 전통철학의 세 가지 큰 영역인 형이상학과 인식론, 가치론의 차원에서 퇴계철학을 재분류하고 퇴계의 교육철학을 구명하였다.

『성학십도』는 조선 중기까지 성리학의 우주론(宇宙論)과 심성론(心性論), 수양론(修養論)을 압축적으로 정리한 교육철학사상의 정점이다. 주요 내용은 천도(天道)에서 인도(人道)에 이르기까지 매우 체계적이다. 그 구조 또한 형식이나 내용에서 논리적이며 전반부와 후반부로 나누어진다.

전반부에는 천도로 대변되는 우주 본질의 존재인 형이상학을, 후반부는 인도의 차원에서 고심하는 인식론과 가치론을 배치하였다. 이는 천인합일(天人合一)의 세계를 추구하며 그것을 삶에서 지속하려는 유학의 구조를 상징하는 동시에 퇴계의 교육철학이 형이상학에서 인식론, 가치론에 이르기까지 중층적이며 다차원적으로 구성되어 있음을 확인시켜 준다. 요컨대, 퇴계의 교육철학은 조선 유학의 전통교육에서 본다면, '경(敬)'의 실천이자 일상생활의 합리성을 추구하는 차원으로 정돈하였다고 판단된다.

제3장은 퇴계 철학의 핵심인 '경(敬)'을 교육철학사상의 차원에서 조명하였다.

퇴계를 비롯한 동아시아 성리학자들에게서 '경(敬)공부'는 일상생활의 모든 차원에서 조심하는 태도를 기르는 작업이다. 이는 삶의 전반적인 일 처리의 측면에서 진정성을 갖고 노력할 것을 강조하며, 마음을 다잡고 긴장의 끈을 놓지 않는 일종의 주의(注意)와도 통한다. 그것은 유학의 궁극적인 공부로 연결된다.

유학의 목적은 단순하게 우주 본질론(本質論)이나 인성론(人性論) 등을 논의하는 이론적 구성에 있다기보다는 그것을 바탕으로 이루어지는 수양(修養)교육의 실천에 있다. 퇴계는 '경(敬)을 성학(聖學)의 처음과 끝이 된다'라고 강조하며 자신의 교육철학이 유학의 전통에 의거하고 있음을 밝혔다. 경(敬)은 성(誠)과 더불어 성리학의 알파와 오메가이다. 성(誠)은 우주의 본질로서 인간 수양의 근거가 되고, 인간은 이 근거를 바탕으로 '경공부'를 실천하며 자기실현과 완성을 도모한다.

조선의 유학자들은 보편적으로 성과 경을 통해 삶을 영위하고, 공부를 심화해 나갔다. 중요한 것은 퇴계의 교육철학이 사유에만 머무르지 않고 실천적 특징을 지닌다는 점이다. 무엇보다도 일상에서 자세를 가다듬고 마음을 엄숙하게 가지는 정제엄숙(整齊嚴肅)을 제일 먼저 내세우고 있다는 점에서 그렇다. 다음으로 자주적 의식의 각성(覺醒)을 강조하였는데, 이는 양심의 자각과 통하며 도덕적 자아의 구현으로 이어진다. '경(敬)의 실천학'을 교육철학으로 정립한 셈이다.

제4장은 남명 조식(南冥 曺植)의 교육철학을 평천하(平天下) 지향의 차원에서 검토하였다. 그것이 유학의 본령에 맞닿아 있음을 정돈한 것이다.

남명은 경(敬)과 성(誠), 의(義)의 의미와 맥락, 교육의 방법론은 보다 강화된 양식으로 유학의 핵심을 정비하였고, 종국적으로는 유학의 이상인 『대학』의 평천하를 모색하는 교육철학을 고민하였다. 경(敬)은 신독(愼獨)으로 귀결되고, 의(義)는 혈구(絜矩)로 확장되었다. 경의(敬義)는 성(誠)과 함께 논의되면서 『대학』의 교육철학을 강화하는 양식을 보이며, 『대학』의 궁극 목표인 평천하를 지향한다. 이는 남명이 전형적인 성리학(性理學)의 교육방식을 고수하고 있음을 의미한다.

『대학』의 '격물(格物)·치지(致知)·성의(誠意)·정심(正心)-수신(修身)-

제가(齊家)·치국(治國)·평천하(平天下)'의 과정은 남명에게서 '경(敬)－성(誠)－의(義)'의 구도에서 진행되고, 내면과 외면으로 구분하여 설명되면서 교육의 연속체를 이룬다. 내면과 외면은 '직내(直內)－방외(方外)'로 나뉘어 이해되면서 '신독(愼獨)－혈구(絜矩)'의 핵심 가치를 안고 마음의 수양을 통해 평천하를 염원한다.

남명에게서 '경(敬)－의(義)'는 '내명(內明)'에서 '외단(外斷)'으로 나아가는 도식으로 압축되었다. 내면적으로는 자기 안에서 일어나는 사리사욕과 싸워 이겨야 하고, 외면적으로는 세상의 유혹과 자극으로부터 다가오는 죄악을 물리치는 가운데 제 각기 부여받은 직분에 따라 맡은 임무를 충실히 이행한다. 그렇게 하여 인류의 공동 이상인 지선(至善)에 이르는 영역이 남명이 열망하는 교육철학사상의 핵심이다.

제5장은 율곡 이이(栗谷 李珥)의 교육철학 가운데 일반적인 교육 양식에 관해 탐색하였다.

율곡의 저서 가운데 『격몽요결』은 초학자(初學者)를 위한 교육은 물론, 자신의 자기반성과 배려를 위해 지은 것이다. 즉 초학자를 위한 교육이론서이면서도 자기 성찰을 위한 수양교서의 성격을 지닌다. 『격몽요결』의 핵심 내용인 「입지(立志)」에서 「처세(處世)」에 이르는 과정은 교육의 단계로 볼 수도 있고, 교육과정으로 이해할 수도 있다. 그 시작과 종결은 개인이 어떤 뜻을 정립하여 자기교육을 정확하게 실천하느냐에서 출발하여 세상에서 타자와 더불어 삶을 누리는 처세에서 마무리 된다. 이러한 '격몽(擊蒙)'의 요점은 기본적으로 '수신(修身)'과 '제가(齊家)'의 차원에서 '수기치인(修己治人)'의 양식을 담보한다.

한편, 『학교모범』은 『격몽요결』과 달리 교육을 왜하는지, 그 본질을 전반적으로 열거하고 있는 '교육학개론' 내지 '교육학원론'에 해당한다. 『학교모범』은 교육의 원칙과 위상 정립, 현실 인식과 교육의 역할, 교육 현실의 성찰과 미래 교육의 지침, 그리고 그것의 활용에 이르기까지 다양한 내용을 담고 있다.

『격몽요결』과 학교모범』은 공통적으로 유학이 추구하는 교육이상을 포괄하고 있다. 그러나 『격몽요결』은 '개인교육' 차원의 '수기치인'에 대해 제시하였고, 『학교모범』은 '공동체 교육' 차원의 '수기치인'에 대해 정돈하여 그 영역을 확장하였다. 요컨대, 유학교육의 일반적 특성을 정리한 교육철학사상으로 이해할 수 있다.

제6장은 『대학』의 재해석이자 학문적 심화인 율곡의 『성학집요』를 통해, 조선시대 『대학』의 교육철학사상의 수용 양상을 탐구하였다.

조선의 경우, 『대학』은 성학(聖學)을 지향하는 지성 사회에서 핵심 경전의 위상을 확보하고 있었다. 제왕학(帝王學)이자 성학의 기본 교재로 탐구의 대상이 되었고, 『성학집요』는 그 총집결체라고 볼 수 있다. 율곡은 『성학집요』의 체제를 크게 다섯 편으로 구성하고, 『대학』의 3강령 8조목을 적절하게 배치한다.

특히, 2편의 「수기」는 3강령 가운데 '명명덕(明明德)'을 핵심으로 하되, 8조목 가운데 '격물-치지-성의-정심-수신'의 '지어지선(止於至善)'을 다루었다. '수기'의 이치는 '명명덕', '격물-치지-성의-정심'의 '수신' 총론을 다룬 부분과 이를 '입지, 수렴, 궁리' 등 열두 가지의 교육철학으로 확장한다. 이는 수기치인(修己治人)을 핵심으로 하는 유학의 기본 체제를 잘 보존하면서도 각 영역별로 구체적 실천 지침을 제시하여 교육의 타당성을 논리적으로 뒷받침 한다. '치인(治人)'은 제3편 「정가(正家)」와 제4편 「위정(爲政)」에 집중적으로 논의한다. 「정가」는 『대학』의 '제가(齊家)'내용을 세분화하여 실제로 가문에서 행해야 하는 핵심 사항을 명확하게 정돈하고 있고, 「위정」은 치국평천하(治國平天下)의 내용을 심화하여 시대정신의 인식 및 국가 경영의 실제를 적극적으로 제시하였다.

「정가」에서는 『대학』의 '제가(齊家)' 내용을 세분화하여 '효경(孝敬)', '형내(刑內)', '교자(敎子)', '친친(親親)', '근엄(謹嚴)', '절검(節儉)' 등, 실제로 집안에서 행해야 하는 핵심 사항을 명확하게 정돈하였고, 「위정」은 '치국평천하(治國平天下)'의 내용을 심화하였는데, '용현(用賢)', '식시무(識時務)', '법선왕(法先王)', '안민(安民)', '명교(明敎)' 등 시대정신의 인식과 국가 경영의 실제를 적극적으로 제시하였다.

이는 '수기(修己)'를 바탕으로 '치인(治人)'으로 나아가는 유학의 교육철학사상을 잘 보존하면서도, 상황에 맞는 실천 지침을 제시하여 교육의 타당성을 입증한다. 그것은 중국 유학보다 훨씬 풍부하고 심화 과정을 거친 조선 유학의 특징을 담고 있다. 조선 민족이 지닌 인간과 학문, 정치의 특성을 이해하는 기준이 될 수 있다. 그것은 중국 유학과 다른 조선 유학의 교육철학사상이 드러난다. 그만큼 조선 민족이 지닌 인간과 교육의 특성을 이해하는 기준이 된다.

제7장은 내암 정인홍(來庵 鄭仁弘)의 실천적 삶을 통해, 유학의 진정한 교육정신을 도출해 보았다.

내암은 남명의 최고 제자로 교육에 힘썼고, 임진왜란 때는 의병을 일으키면서까지 실천적 면모를 보여준 모범적 산림처사이자 교육철학자이다. 특히, '성(誠)'과 '경(敬)'을 교육의 핵심으로 제시했던 조선의 지적 풍토에서 '의(義)'를 생명으로 하는 교육철학사상을 발현하였다. 이런 시각을 바탕으로, 내암의 인간적 풍모와 실천적 학문의 연원, 경(敬)과 의(義)를 중심으로 하는 교육철학사상을 고찰하였다.

유학에서 '경(敬)'은 자기수양이고, '의(義)'는 현실 세계를 살아가는 삶의 운영 원리이자 타인에 대한 이해와 배려로 드러난다. 이는 현대 교육적 의미에서 개인의 수양교육과 공동체에 대한 책임의식과 맞닿아 있다. 내암에게 '경'과 '의'는 개인의 수양과 공동체와의 관계를 고려하는 교육철

학으로 드러난다. 종국적으로는 자기수양이 현실 세계의 배려라는 사고로
귀결하고, 사회적 실천성을 더욱 강조하는 보민(保民)의 교육정신으로 이
어진다. 이러한 내암의 교육적 실천은 현재 한국의 교육이 무엇을 지향해
야 하는지, 교육의 방향을 지시한다.

제8장은 석탄 이신의(石灘 李愼儀)의 『대학차록(大學箚錄)』을 통해, 『대
학』을 바라보는 독창적 안목을 고찰하였다.

『대학차록』은 주자의 『대학장구』를 읽고 체득한 내용을 수시로 적은 기
록으로 석탄이 정치지도자로서 기초를 다지는 학문의 초기 과정에 드러난
교육철학사상이다. 석탄은 『대학장구』의 체제인 장(章)과 구(句)의 의미를
명확하게 구분하여 분석적 교육철학의 새 지평을 열었다.

『대학장구』 「서」에서는 대학의 핵심이 경(敬)에 있음을 강조하였고, 『대
학』이 심(心)과 성(性)을 함께 다루고 있다는 사실도 밝혔다. 『대학장구대
전』의 경문(經文) 독해에서는 3강령(三綱領)의 핵심을 '명(明)'과 '신(新)'과
'지(止)'에 달려 있다고 보고, 대학의 '도(道)', '명(明)'과 '덕(德)'의 맥락을
구체적으로 해석하였다. 또한 명명덕(明明德)과 신민(新民)을 비롯한 『대
학』의 여러 개념과 의미를 '지(知)'와 '행(行)', '체(體)'와 '용(用)'의 관계로
읽어내며, 성리학을 한층 발전시켰다.

『대학장구』 전문(傳文)을 독해하면서, 전10장 전체에 걸쳐 50여구 하나
하나를 분석적으로 검토하였다. 주자의 격물(格物) 이론이 담겨 있는 전5
장의 경우, 세 부분으로 나누어 해독하면서, 이치의 궁구와 개별 사물에 대
한 격물치지(格物致知), 모든 사물에 대한 물격지지(物格知至)로 나누어
'이치─공부─효험'의 순서로 정돈하였다. 마지막으로 교육철학사상의 핵
심을 보여준 전10장에서는 혈구(絜矩)의 길을 집중적으로 강조하며, 그것
이 교육 제일 덕목임을 일러주고 있다.

제9장은 여헌 장현광(旅軒 張顯光)의 성리학 인식과 독특한 유학교육철학에 관해 검토하였다.

여헌은 조선시대 다른 유학자에 비해 철저하게 성리학의 본질을 충실하게 탐구하고, 심도 있게 학설을 확장시킨 학자이다. 여헌은 성리학 교육의 기본 체계인 『대학』과 『중용』에 의거하여 자신의 교육철학사상을 강화한다.

그것은 세 측면에서 조명해 볼 수 있다. 첫째, 여헌은 교육의 기준으로서 '성인군주(聖人君主)' 이론을 심화한다. 이는 본질적으로 '존천리 알인욕(存天理遏人欲)'을 추구하며, 도덕적 각성과 덕치를 강조한다. 둘째, 여헌은 교육의 양식으로서 '성경(誠敬)'의 공부론을 강조한다. 여헌은 마음에 '성(誠)'과 '경(敬)'을 세울 것을 강조하고, 두 가지의 차별성을 인정하면서도 동일한 맥락에서 통합한다. 셋째, 여헌은 교육의 방법으로서 '분합(分合)'의 조화를 주창한다. 여헌은 그의 독특한 '리기경위설(理氣經緯說)'을 통해, 역(易)의 논리에 따라 어느 한쪽으로 치우치거나 지나치지 않는 '중용(中庸)'의 관점을 유지한다.

이러한 여헌의 교육적 사유는 교육의 표준을 도덕의 확립에 두고, 교육의 양식과 방법에서 중용적 통찰을 고려하는 아이디어를 제공한다.

참고문헌

『童蒙先習』『退溪集』『退溪全書』『聖學十圖』『自省錄』『天命圖說』『朱子書節要』『南冥集』『學記類編』『來庵集』『栗谷全書』『聖學輯要』『擊蒙要訣』『學校模範』『石灘先生文集』『大學箚錄』『旅軒集』『入學圖說』『高峰集』『洪範衍義』『天命圖解』『朝鮮王朝實錄』

『詩經』『書經』『周易』『禮記』『論語集註』『孟子集註』『大學章句』『大學章句大全』『大學或問』『中庸章句』『中庸章句大全』『小學』『朱子全書』『朱子語類』『性理大全』『近思錄』『太極圖說』『通書』『二程全書』『荀子』『列女傳』『管子』『國語』『史記』『宋史』

강명숙, 「조선 중기 초등교육에 관한 시론적 연구: 교재분석을 중심으로」, 교육사학회, 『교육사학연구』 8, 1998
강봉수, 「퇴계의 『성학십도』에 함의된 도덕교육론」, 한국도덕윤리과교육학회, 『도덕윤리과교육』 19, 2004.
강준모, 「퇴계 이황의 『성학십도』에 나타난 성학의 교육이념에 관한 고찰」, 서울교육대학교 초등교육연구소, 『한국교육논총』 7, 1995.
강태훈, 「『學校模範』에 나타난 栗谷의 敎育的 價値論」, 혜전대학, 『論文集』 3, 1985.
강희복, 「退·栗의 修養論에 관한 淺見」 『율곡사상연구』 12, 2006.
고려대 민족문화연구원 한국사상연구소 편, 『여헌 장현광의 학문 세계 2: 자연과 인간』, 서울: 예문서원, 2006.
고려대 민족문화연구원 한국사상연구소 편, 『여헌 장현광의 학문 세계 3: 태극론의 전개』, 서울: 예문서원, 2008.
고려대 민족문화연구원 한국사상연구소 편, 『여헌 장현광의 학문 세계: 우주와 인간』, 서울: 예문서원, 2004.
고려대 민족문화연구원 한국사상연구소 편, 『역주와 해설 성학십도』, 서울: 예문서원, 2009.
고려대 민족문화연구원, 『역주와 해설 성학십도』, 서울: 고려대학교 한국사상연구소, 2009.

高樹藩, 『正中形音義綜合大字典』, 臺北: 正中書局, 1974.

郭安全, 『韓國敎會史』, 서울: 대한기독교서회, 1973.

溝口雄三·丸山松幸·池田知久(김석근·김용천·박규태 옮김), 『中國思想文化事典』, 민족문화문고, 2003.

권미숙, 「荀子 禮治思想의 社會思想的 含意」, 한국학대학원 박사청구논문, 1996.

權寧徹, 「石灘 時調에 對하여」, 『李宣根 古稀論文集』, 1974.

권인호, 『조선 중기 사림파의 사회정치사상―남명 조식과 내암 정인홍을 중심으로』, 서울: 한길사, 1995.

金用馹, 『韓國敎育思想史』, 서울: 삼광출판사, 1978.

금장태, 「여헌 장현광의 사상」, 고려대 민족문화연구원 한국사상연구소 편, 『여헌 장현광의 학문 세계 3: 태극론의 전개』, 서울: 예문서원, 2008.

금장태, 「退溪의 仁思想과 人道情神―『聖學十圖』 第7 「仁說圖」에 대한 해석을 중심으로」, 안동대학교, 『퇴계학』 10-1, 1999.

금장태, 『韓國實學思想研究』, 서울: 집문당, 1987.

김경미, 「『동몽선습』의 역사교육적 의미」, 한국교육사학회, 『한국교육사학』 25-2, 2003.

김경호, 「조선후기 율곡교육사상의 전승과 변용―『擊蒙要訣』을 중심으로」, 율곡학회, 『율곡사상연구』 22, 2011.

김경호, 「『學校模範』에 나타난 栗谷의 敎育思想―교육이념과 내용을 중심으로」, 율곡학회, 『율곡사상연구』 6, 2003.

김낙진, 「여헌의 자연 인식방법」, 고려대 민족문화연구원 한국사상연구소 편, 『여헌 장현광의 학문 세계: 우주와 인간』, 서울: 예문서원, 2004.

김낙진, 「여헌의 학문에 나타난 우주사업과 심신의 문제」, 고려대 민족문화연구원 한국사상연구소 편, 『여헌 장현광의 학문 세계: 우주와 인간』, 서울: 예문서원, 2004.

김미라, 「전통 유아예절교육의 현대적 활성화 방안 연구―『擊蒙要訣』의 입지(立志)와 실천위주 교육을 중심으로」, 미래유아교육학회, 『미래유아교육학회지』 18-2, 2011.

김병희, 「율곡의 아동교육론―『격몽요결』을 중심으로」, 한국교육철학회, 『교육철학』 40, 2010.

김봉건, 「退溪 『聖學十圖』에 있어서 心의 구조」, 퇴계학 부산연구원, 『퇴계학논총』 16, 2010.

김성태, 『敬과 注意』, 서울: 고려대출판부, 1989.

김수일, 「退溪의 聖人論 硏究－성학십도를 중심으로」, 동국대학교 박사논문, 2011.

김순영·진윤수, 「栗谷의 『學校模範』에 나타난 體育思想」, 충남대학교 체육과학연구소, 『體育科學硏究誌』 24, 2006.

김영희, 「율곡의 『학교모범』에 기초한 인성프로그램 개발연구」, 경기대학교 학생생활종합센타, 『學生生活硏究』 19, 2004.

김왕규, 「栗谷 李珥의 『學校模範』 연구」, 한국한문교육학회, 『한문교육연구』 6, 1992.

김철운, 「『大學』의 平天下思想에 관한 硏究」, 고려대학교 박사논문, 1998.

김충렬, 『유가윤리강의』, 서울: 예문서원, 1994.

김충렬, 「南冥學의 要諦－敬義; 그 淵源 脈絡과 涵養踐履」, 『南冥學硏究論叢』 1, 1988.

김충렬, 「來庵集 解題－鄭仁弘의 略狀을 겸하여」, 韓國學文獻硏究所 編, 『來庵集』, 서울: 아세아문화사, 1993.

김충렬, 「神明舍圖·銘의 새로운 考釋」, 『南冥學硏究論叢』 11, 2002.

김충렬, 『중국철학사 1－중국철학의 원류』, 서울: 예문서원, 1994.

김충렬, 『中國哲學散稿』 Ⅱ, 청주: 온누리, 1990.

김충렬, 『중용대학강의』, 서울: 예문서원, 2007.

김학수, 「17세기 영남학파 연구」, 한국학대학원 박사학위논문, 2008.

김학수, 「여헌학맥의 성장과 장현광의 임고서원 제향 논쟁」, 고려대 민족문화연구원 한국사상연구소 편, 『여헌 장현광의 학문 세계 2: 자연과 인간』, 예문서원, 2006.

김학주, 『孔子의 生涯와 思想』, 서울: 명문당, 1988.

김형효, 『構造主義의 思惟體系와 思想』, 서울: 인간사랑, 1992.

南懷瑾, 『大學微言』, 北京: 世界知識出版社, 1998.

류부현, 「『동몽선습』의 서지적 연구」, 중앙대학교 석사논문, 1989.

류부현, 「『동몽선습』의 저자에 관한 연구」, 『한국도서관 정보학회지』 40-3.

리기용, 「栗谷 李珥의 人心道心論 硏究」, 연세대학교 박사논문, 1995.

李愼儀(신창호 역), 『대학에서 치국의 도를 깨닫다: 『대학차록』 독해』, 서울: 민속원, 2014.

李愼儀(임민혁 역), 『주자가례에서 통치이념을 배우다: 『가례차록』 읽기』, 서울: 민속원, 2014.

리차드 테일러(엄정식 옮김), 『형이상학』, 서울: 종로서적, 1988.

문태순, 「격몽요결의 학문론 연구」, 안암교육학회, 『한국교육학연구』 10-2, 2004.
문태순, 「童蒙先習의 교육적 의의에 대한 연구」, 한국교육사학회, 『한국교육사학』 25-1, 2003.
閔庚培, 『韓國基督教會史』, 서울: 기독교서회, 1972.
박균섭, 「남명 조식의 교육사상 재검토」, 『인격교육』 10-1, 2016.
박균섭, 「퇴계철학의 교육학적 해석」, 한국교육개발원, 『한국교육』 30-1, 2001.
박덕원, 「『동몽선습』의 교육과정적 고찰」, 『부산외국어대학논문집』 1, 1983.
박동수, 「『동몽선습』의 아동교과서적 의의와 저자 이설에 관한 연구」, 함양박씨 종친회, 1986.
박영태 외, 「조선시대 『童蒙先習』과 제7차 『유치원 교육과정』 비교 연구」, 동아 대학교 석당연구원, 『石堂論叢』 44, 2009.
박재문, 『한국교육사』, 서울: 학지사, 2001.
박청미, 「퇴계 이황의 공부와 심미체험」, 부산대학교 박사논문, 2013.
박학래, 「여헌 장현광의 시대인식과 경세론」, 고려대 민족문화연구원 한국사상연 구소 편, 『여헌 장현광의 학문 세계 2: 자연과 인간』, 서울: 예문서원, 2006.
富金壁, 『訓詁學說略』, 湖北人民出版社, 2003.
사재명, 「남명 조식 교육사상의 계승」, 경상대학교 박사논문, 1999.
사재명, 「남명 조식 교육의 계승－실천성의 강조」, 『남명학연구』 19, 2005.
사재명, 「남명 조식의 교육사상에 관한 연구－「학기유편」의 「학기도」를 중심으로－」, 『남명학연구』 1, 1991.
사재명, 「來庵門人에 관한 고찰」, 남명학연구원, 『남명학연구논총』 8, 2000.
사재명, 「문인의 교육 연구동향」, 남명학연구원, 『남명학연구논총』 13, 2004.
사재명, 「조선 중기 남명의 교육이론 계승: 인간 본성 회복의 강조」, 『남명학』 11, 2002.
설석규, 「여헌의 리기심성론과 정치철학」, 고려대 민족문화연구원 한국사상연구 소 편, 『여헌 장현광의 학문 세계: 우주와 인간』, 서울: 예문서원, 2004.
蕭 兵, 『中庸的文化省察』, 武漢: 湖北人民出版社, 1997.
孫培靑, 『中國敎育史』, 上海: 華東師範大學出版社, 2000.
송석구, 『栗谷의 哲學思想研究』, 서울: 형설, 1981.
송준식, 「남명학 연구성과의 회고와 전망(4)－교육연구」, 『남명학연구』 35, 2012.
신귀현, 『퇴계 이황, 예 잇고 뒤를 열어 고금을 꿰뚫으셨소』, 서울: 예문서원, 2001.
신창호 외, 「退溪의 '경(敬)' 공부 고찰」, 동양고전학회, 『동양고전연구』 제39집,

2010.

신창호, 「남명 조식의 평천하(平天下) 교육관 고찰: 「학기유편(學記類編)」을 중심
　　　으로」, 『남명학연구』 제23집, 2018.

신창호, 「내암 정인홍의 실천적 교육정신」, 안암교육학회, 『한국교육학연구』 제
　　　11권 2호, 2005.

신창호, 「石灘 李愼儀의 『大學』 讀解와 그 特徵」, 한국철학사연구회, 『한국철학
　　　논집』 제35집, 2012.

신창호, 「修己의 측면에서 본 『大學』에서 『聖學輯要』로의 학문적 심화」, 동양고
　　　전학회, 『동양고전연구』 제34집, 2009.

신창호, 「여헌 장현광의 교육관 탐구: 성리학적 본질의 심화」, 동양고전학회, 『동
　　　양고전연구』 제33집, 2008.

신창호, 「유학에서 誠의 의미와 敬공부」, 한국교육사학회, 『한국교육사학』 24-2,
　　　2002.

신창호, 「유학의 교육전통과 현대적 의미－교육단계와 중용적 가치를 중심으로」,
　　　한국교육사상연구회, 『교육사상연구』 17, 2005.

신창호, 「율곡 교육론의 구조와 성격: 『격몽요결』과 『학교모범』의 비교」, 동양고
　　　전연구소, 『동방학』 제24집, 2012.

신창호, 「中庸 敎育思想의 現代的 照明」, 고려대학교 박사논문, 2001.

신창호, 「治人의 차원에서 본 『大學』에서 『聖學輯要』로의 학문적 심화」, 동양고
　　　전학회, 『동양고전연구』 제36집, 2009.

신창호, 「퇴계의 교육철학과 전통교육: 『성학십도』를 중심으로」, 한국교육철학회,
　　　『교육철학』 제50집, 2013.

신창호, 「『大學』의 주요 개념에 대한 교육학적 해석」, 동양고전학회, 『동양고전
　　　연구』 제31집, 2008.

신창호, 「『동몽선습(童蒙先習)』에 나타난 아동교육과정의 특징」, 한국교육사학
　　　회, 『한국교육사학』 제33집 제3호, 2011.

신창호, 「『書經』「洪範」의 이해와 교육적 의의」, 동양고전학회, 『동양고전연구』
　　　제10집, 1998.

신창호, 「『중용』 수장(首章)의 교육학적 해석－성(性)·도(道)·교(敎)의 인간학적
　　　관점－」, 한국교육철학회, 『교육철학』 34, 2008.

신창호, 『敬이란 무엇인가』, 서울: 글항아리, 2018.

신창호, 『공부, 그 삶의 여정』, 고양: 서현사, 2004.

신창호, 『대학, 유교의 지도자 교육철학』, 서울: 교육과학사, 2010.

신창호, 『수기, 유가교육철학의 핵심』, 서울: 원미사, 2004.

신창호, 『유교 사서의 배움론』, 고양: 온고지신, 2011.

신창호, 『유교의 교육학 체계』, 서울: 고려대출판부, 2012.

신창호, 『함양과 체찰』, 서울: 미다스북스, 2010.

신창호·서은숙, 『한국사상과 교육윤리』, 서울: 서현사, 2002.

아베 요시오(김석근 옮김), 『퇴계와 일본 유학』, 서울: 전통과 현대, 1998.

안동교, 「석탄 이신의의 학문과 정치활동」, 호남사학회, 『역사학연구』 39, 2010.

안병걸, 「退溪思想體系의 마음공부」, 안동대학교, 『퇴계학』 10-1, 1999.

안춘근, 『한국서지의 전개과정』, 서울: 범우사, 1994.

양호환 외, 『역사교육의 이론』, 서울: 책과함께, 2009.

오석원, 「退溪의 聖學에 관한 考察－『성학십도』를 중심으로」, 성균관대학교 대
　　동문화연구원, 『대동문화연구』 24, 1990.

오이환, 『남명 조식』, 예문서원, 2002.

우인수, 「여헌의 강학 활동과 문인들」, 고려대 민족문화연구원 한국사상연구소
　　편, 『여헌 장현광의 학문 세계: 우주와 인간』, 서울: 예문서원, 2004.

유권종, 「여헌의 역학과 성리학의 철학적 연관성」, 고려대 민족문화연구원 한국
　　사상연구소 편, 『여헌 장현광의 학문 세계: 우주와 인간』, 서울: 예문서
　　원, 2004.

유명종, 『남명 조식의 학문과 사상』, 부산: 세종출판사, 2001.

유명종, 『퇴계와 율곡의 철학』, 부산: 동아대학교출판부, 1993.

유명종, 『韓國儒學硏究』, 대구: 이문출판사, 1988.

윤사순, 「退溪의 『聖學十圖』에 대한 연구」, 퇴계학연구원, 『퇴계학보』 106-1, 2000.

윤사순, 『퇴계철학의 연구』, 서울: 고려대학교출판부, 1980.

윤사순, 『한국의 성리학과 실학』, 서울: 열음사, 1987.

윤사순·고익진 편, 『한국의 사상』, 서울: 열음사, 1984.

윤영옥, 「孤山의 五友歌」, 고산연구회 『고산연구』 2, 1988.

윤정일 외, 『敎育行政學原論』, 서울: 학지사, 1999.

윤천근, 『퇴계철학을 어떻게 볼 것인가』, 청주: 온누리, 1987.

이　황(이광호 역), 『성학십도』, 서울: 홍익출판사, 1998.

이광호, 「이퇴계의 『성학십도』 연구」, 한림대 태동고전연구소, 『태동고전연구』 4,
　　1988.

이달우, 「立嚴 閔齊仁의 敎育思想」, 충남대학교 유학연구소, 『유학연구』 18, 2008.

이동건, 「퇴계 『성학십도』의 성학(聖學)과 자기혁신(自己革新)의 방법」, 동북아시

아문화학회, 『동북아문화연구』 20, 2009.

이명수, 「퇴계 이황의 심학에 있어 '敬'과 욕망의 문제」, 『유교사상연구』 28, 한국 유교학회, 2007.

이병도, 『韓國儒學史』, 서울: 아세아문화사, 1987.

李相斐, 「四友歌와 李愼儀에 關한 硏究」, 『圓大 論文集』 13, 1979.

李相斐, 「李愼儀의 四友歌와 短歌6首」, 『시문학』 32, 1974.

이상은, 「退溪先生圖說 『聖學十圖』 譯解」, 퇴계학연구원, 『퇴계학보』 2, 1974.

이상은, 『퇴계의 생애와 학문』, 서울: 예문서원, 1999.

이상필, 『남명학과의 형성과 전개』, 서울: 와우출판사, 2005.

이성무, 「퇴계 이황과 남명 조식」, 『학술원논문집－인문·사회과학편』, 대한민국 학술원, 2008.

이승환, 『유가사상의 사회철학적 재조명』, 서울: 고려대출판부, 1998.

이용숙, 「四友歌와 五友歌의 比較硏究」, 고산연구회, 『고산연구』 2, 1988.

이원재, 『과거공부를 알아야 우리교육이 보인다』, 서울: 문음사, 2001.

이인철, 「退溪의 作聖的 人間觀과 그 敎育的 含意」－『聖學十圖』를 中心으로」, 경북대학교 박사논문, 2009.

이재현, 「남명 조식 교육사상의 사회과교육적 고찰」, 『사회과교과교육』 16-1, 2009.

이한창, 『文貞公 石灘 李愼儀 關聯 資料集』(蒼岩文集 第七號), 石灘公派 宗中, 서울: 충주문화사, 2007.

이희평, 「여헌 장현광의 심과 도덕·성경 수양론」, 고려대 민족문화연구원 한국사 상연구소 편, 『여헌 장현광의 학문 세계 2: 자연과 인간』, 서울: 예문서 원, 2006.

이희평, 『여헌 장현광의 철학사상』, 서울: 월인, 2006.

임민혁, 「石灘 李愼儀의 生涯와 思想」, 『민족문화』 5집, 1991.

임민혁, 「石灘 李愼儀의 위민의식과 정치활동」, 고양시씨족협의회, 『文貞公 石灘 李愼儀 先生』 학술발표회 자료집, 2012.

岑溢成(황갑연 옮김), 『大學義理疏解』(대학철학), 서울: 서광사, 2000.

장숙필, 「여헌 장현광의 중용철학」, 고려대 민족문화연구원 한국사상연구소 편, 『여 헌 장현광의 학문 세계 2: 자연과 인간』, 서울: 예문서원, 2006.

장숙필, 「율곡의 사단칠정론」, 민족과 사상연구회 편, 『四端七情論』, 서울: 서광 사, 1992.

장숙필, 『栗谷 李珥의 聖學硏究』, 서울: 고려대 민족문화연구소, 1992.

장승희, 「남명조식의 선비정신과 도덕교육」, 『도덕윤리과교육』 36, 2012.

장윤수, 「남명 조식의 공부론과 인성교육의 연계성-'正直'의 덕목을 중심으로 하여-」, 『남명학연구논총』 22, 2017.

장정호, 「조선시대 독자적 동몽 교재의 등장과 그 의의」, 한국영유아교원교육학회, 『유아교육학논집』 10-1, 2006.

장현광(성백효 역), 『국역 여헌집』(Ⅰ·Ⅱ·Ⅲ·Ⅳ), 민족문화추진회, 1996.

장현광, 『旅軒先生全書』, 仁同張氏南山波宗親會 刊(影印本), 1983.

장현광, 『易學圖說』(全2冊), 대구: 旅軒學硏究會, 2007.

장희구, 「朝鮮時代 初等課程 敎材內容 分析考察-『童蒙先習』을 中心으로」, 한국한자한문교육학회, 『漢字漢文敎育』 창간호, 1994.

錢 穆, 『朱子新學案』, 臺北: 三民書局, 1971.

정 종, 『孔子의 敎育思想』, 서울: 집문당, 1980.

정낙찬, 「旅軒 張顯光의 敎育思想」, 한국교육철학회, 『교육철학』 30, 2006.

정낙찬, 「旅軒 張顯光의 道德敎育論」, 한국교육철학회, 『교육철학』 31, 2007.

정도원, 「퇴율 성학 체계의 심학적 분석」, 한국국학진흥원·한국동양철학회, 2010. 한국학학술대회, 『신세대 퇴계학 연구의 진로와 전망』 자료집, 2010.

정범모, 『교육과 교육학』, 서울: 배영사, 1994.

정병련, 『중국철학연구』 I, 서울: 경인문화사, 2000.

정선영 외, 『역사교육의 이해』, 서울: 삼지원, 2001.

정순목, 『퇴계의 교육철학』, 서울: 지식산업사, 1986.

정우락, 「『남명학논총』을 통해 본 남명학파 문학연구의 과제 분석」, 『남명학연구논총』 13, 2004.

정인재, 「유학의 실재관」, 『동서양의 실재관』, 성남: 정신문화연구원, 1994.

정호훈, 「16세기 말 栗谷 李珥의 교육론-『擊蒙要訣』『學校模範』을 중심으로」, 한국사상학회, 『韓國思想史學』 25, 2005.

조 식(경상대학교 남명학연구소 옮김), 『남명집』, 서울: 한길사, 2001.

조 식(경상대 남명학연구소 역주), 『사람의 길, 배움의 길-學記類編』, 서울: 한길사, 2002.

조장연, 「여헌 역학의 연원과 성격」, 고려대 민족문화연구원 한국사상연구소 편, 『여헌 장현광의 학문 세계 2: 자연과 인간』, 서울: 예문서원, 2006.

주영은, 「『擊蒙要訣』에 나타난 아동교육에 관한 연구」, 한국보육학회, 『한국보육학회지』 3-1, 2003.

진윤수, 「栗谷의 『擊蒙要訣』과 『學校模範』에 나타난 體育思想」, 한국체육학회, 『체육사학회지』 15-2, 2010.

蔡茂松, 『退溪·栗谷哲學의 比較 硏究』, 서울: 성균관대출판부, 1985.

채휘균, 「남명 敬과 義 교육사상」, 남명학연구원, 『남명학연구논총』 9, 2001.

채휘균, 「남명학파의 교육사상」, 영남대학교 박사논문, 1999.

천병준, 「退溪의 『聖學十圖』에 나타난 主敬의 眞意」, 경북대학교 퇴계학연구소, 『퇴계학과 한국문화』 38, 2006.

천웨이핑(신창호 옮김), 『공자평전』, 서울: 미다스북스, 2002.

최광만, 「『성학십도』의 구조 분석」, 교육사학회, 『교육사학연구』 12, 2002.

최봉영, 「『동몽선습』 연구」, 『항공대학교논문집』 22, 1884.

최영성, 『한국유학통사』, 서울: 심산, 2006.

최재목, 『쉽게 읽는 퇴계의 성학십도』, 서울: 예문서원, 2004.

최재호, 「남명의 인성교육과 제자들의 실제적 실천」, 『남명학연구논총』 22, 2017.

최진덕, 「퇴계 성리학의 자연도덕주의적 해석」, 김형효 외, 『퇴계의 사상과 그 현대적 의미』, 성남: 한국정신문화연구원, 1997.

최해갑, 『남명철학과 교학사상』, 서울: 교육출판사, 1986.

콰인-울리안(정대현 옮김), 『인식론』, 서울: 종로서적, 1984.

한국사상연구회, 『조선유학의 학파들』, 예문서원, 1997.

한국사연구회, 『한국사연구』 8, 1972.

한상규, 「남명 '敬·義'의 교육철학적 이해」, 남명학연구원, 『남명학연구논총』 9, 2001.

한상규, 「남명 조식 교육사상에서의 敬義 공부론」, 『남명학연구논총』 12, 2003.

한상규, 「내암 정인홍의 선비 정신」, 한국교육사상연구회, 『교육사상연구』 1, 1992.

한상규, 「조식의 교육사상 연구」, 중앙대학교 박사논문, 1990.

한형조, 『성학십도, 자기구원의 가이드 맵』, 성남: 한국학중앙연구원, 2018.

한형조, 『조선유학의 거장들』, 서울: 문학동네, 2008.

홍후조, 『알기 쉬운 교육과정』, 서울: 학지사, 2011.

황금중, 「退溪의 工夫論과 『聖學十圖』」, 한국교육사학회, 『한국교육사학』 23-2, 2001.

黃明喜·于述胜, 『中國敎育哲學史』(第2卷), 濟南: 山東敎育出版社, 1999.

황의동, 『栗谷哲學硏究』, 서울: 경문사, 1987.

황준연 외 역주, 『역주사단칠정논쟁』(1·2), 서울: 학고방, 2009.

황준연, 『율곡철학의 이해』, 서울: 서광사, 1995.

『南冥集校注』(上海古籍出版社, 2014)

『韓國經學資料集成』2 「大學」二, 서울: 성균관대학교 출판부, 1989.

A. N. Whitehead, *The Aims of Education*, New York: Macmillan Company, 1929.

Patterson. C. H, *Philosophy An Introduction*, Nebraska: Cliff's Notes Inc, 1972.

Wing-Tsit, *A Source Book of Chinese Philosophy*, Princeton: Princeton Univ. Press, 1963.

찾아보기

신창호申昌鎬

고려대학교 교육학과 교수

학력
고려대학교 학사(교육학/철학) / 한국학중앙연구원 석사(철학) / 고려대학교 박사(교육사철학)

경력
경희대학교 교육대학원 교수 / 학부대학 부학장
고려대학교 입학사정관실 실장 / 교양교육실 실장 / 교육문제연구소 소장 / 평생교육원 원장
율곡학회 교육분과위원장 / 한국교육사학회 편집위원장 / 한국교육철학학회 회장 / 한중철학회 회장

논저
중용 교육사상의 현대적 조명 / 유교의 교육학 체계 / 『대학』유교의 지도자 교육철학 / 한글 사서(대학·
논어·맹자·중용) / 함양과 체찰 / 율곡 이이의 교육론 / 정약용의 고해 / 유교 사서의 배움론 / 주역절중
/ 주역 64괘와 384효의 본질 / 논어집주상설 외 100여 편

조선유학의 교육철학사상 변주 Ⅰ - 성리학의 확장과 심화 -

초판 1쇄 인쇄   2020년 12월 21일
초판 1쇄 발행   2020년 12월 31일

지 은 이   신창호

발 행 인   한정희
발 행 처   경인문화사
편 집 부   유지혜 김지선 박지현 한주연
마 케 팅   전병관 하재일 유인순
출 판 신 고   제406-1973-000003호
주   소   경기도 파주시 회동길 445-1 경인빌딩 B동 4층
대 표 전 화   031-955-9300   팩 스   031-955-9310
홈 페 이 지   http://www.kyunginp.co.kr
이 메 일   kyungin@kyunginp.co.kr

ISBN 978-89-499-4936-9   93150
값 22,000원

ⓒ 신창호, 2020

* 저자와 출판사의 동의 없는 인용 또는 발췌를 금합니다.
* 파본 및 훼손된 책은 구입하신 서점에서 교환해 드립니다.